自然の人間的歴史と
人間の自然史

カントとアドルノ

横田榮一 著

梓出版社

カントとアドルノ　目次

自然の人間的歴史と人間の自然史

凡例

一、カントとアドルノの以下の著作への引証にあたっては、次の略記号を用い、その引証を本文中に埋め込むことにする。

KpV: Immanuel Kant, *Kritik der praktischen Vernunft*, Werkausgabe Band VII, heraus. von Wilhelm Weischdel, Suhrkamp, 1974.（カント『実践理性批判』宇都宮芳明訳、以文社、一九九〇年。）

GMS: Immanuel Kant, *Grundlegung zur Metaphysik der Sitten*, Werkausgabe Band VII, heraus. von Wilhelm Weischdel, Suhrkamp, 1974.（カント『道徳形而上学の基礎づけ』宇都宮芳明訳、以文社、一九八九年。）

KU: Immanuel Kant, *Kritik der Urteilskraft*, Werkausgabe Band X, heraus. von Wilhelm Weischdel, Suhrkamp, 1974.（カント『判断力批判」上下巻、宇都宮芳明訳、以文社、一九八九年。）

PM: Theodor W. Adorno, *Problem der Moralphilosophie*, Suhrkamp, 1996.（アドルノ『道徳哲学講義』船戸満之訳、作品社、二〇〇六年。）

ND: Theodor W. Adorno, Theodor W. Adorno, *Negative Dialektik, Gesammelte Schriften 6*, Suhrkamp, 1970.（アドルノ『否定弁証法』木田元・徳永恂・渡辺祐邦・ほか、作品社、一九九六年。）

一、引用文中の［　］については、三頁、四頁、一〇〇頁、二一六頁の［　］のみ、筆者が付け加えたものである。

カントとアドルノ

自然の人間的歴史と人間の自然史

序章

1 自然の人間的歴史と人間の自然史

アドルノは『道徳哲学講義』の中で、次のように言っている。

自然を超越するものは、自己の自然に気付く自然である（PM, 155/176）。

自分が自然の一部であると気づき、認識する瞬間、そもそも私たちはもはや自然の一部ではないのです（PM, 154/175）。

［カントは］自然支配の原理としての精神を人間における自然の自己省察として弁証法的に媒介することが出来ずに、この精神を、あたかもその支配の原理が、独立した原理であるかのように、いわば思慮を失って、盲

目的に絶対化するほかない……。そして［カントは］この精神と自然の二元論にとどまらざるを得ない。カントにおいては他ならぬ媒介というものが存在しないからということも出来るかもしれません。中間項として理解される媒介のことではありません。互いに対立する二つの契機を通じて一方が、他方を自己のうちに必然的に内包することに気付くという意味での媒介がカントには欠けています。したがってその限りでは、カントにおいてはこの盲目的自然支配を通じて今度は、他ならぬ照明を当てられなかった自然が再生産されているといえるでしょう。換言すれば、カントの道徳はそれ自身が本来、支配に他ならないということが出来るのです(PM, 156/177–8)。

精神あるいは人間が自分が自然の一部であることに気付き認識するとき、まさしくこの瞬間に精神あるいは人間は自然の一部ではなく、自然を超越するものである、とアドルノは言う。私はこのアドルノの議論から二つの概念を取り出したい。精神が自然を超越するというのはこの場合もとより精神が自然ではなくなり、自然の外に立つということではない。自らが自然の一部であることを認識する精神はあくまで自然の一部であり続けながら、同時に自然を超えている。アドルノからすれば、文化というものは人間が自然的世界に居住する仕方であり、生の人間的形式は自然的世界内部で自然から生じ、アドルノのこの意味での自然主義からすれば、完全に非物質的で脱身体化された自律的・自己立法的な主体というものは、すなわち内在から切断された超越的なものは、理解できないものなのだ(1)。

精神は自然であり、その意味で自然に内在しながら、自然を超越するという、アドルノがここで言及している事態を私は「内在的超越」と呼ぶ。

人間は、それ自身自然として自然の一部であり、かつ自然を超えたものとして人間であり、それ故人間的自然であるが、このことは人間が自然と連続しているとともに人間として非連続性を有しており、それ故、人間は自然との連続性と非連続性との媒介的統一であるということを意味する。この連続性と非連続性との統一は、内在的超越として捉えられる。すなわち、人間は自然との関係において人間的自然であり、そして人間的自然は内在的超越である。

人間は全自然の歴史という意味での自然の歴史の中で誕生した。春夏秋冬のごとく、自然は永遠の循環であるという自然に対する見方は、ダーウィンの進化論によって打ち破られたと言われるが、(2)今日自然を単なる循環過程、永遠の循環過程と見なすことはもはやできない。ヘーゲルのみならず、アーレントも自然を永遠の循環過程と見なしていたのだが。(3)もしも自然が永遠の循環過程であるならば、自然の歴史の中で人間が誕生するということもなかったであろう。人間は、従ってまた人間の社会は、全自然の歴史の中で人間的自然として誕生し、以後人間の歴史と自然の歴史は相互に絡み合う。こうした意味での人間の歴史を私は、人間的自然の歴史として「自然の人間的歴史」と呼ぶ。

ところが、アドルノは前掲の引用において、もう一つ別のことを言っている。人間はまさしく、路傍の石とは違って(4)自然に関して内在的超越であるが故に、内在的超越の内在と超越という契機を分断して、自分を単に自然を超越するものとして、それ故、自然に対して自立するものとして誤認し、そして誤認するばかりではなく、現実的実践的に自らを立て（stellen）、そうした自立したものとして自然に対して振る舞うということが起こりうる。アドルノの言葉では、このとき、精神は「あたかもその支配の原理が、独立した原理であるかのように、いわば思慮を失って、盲目的に絶対化」されることになる。アドルノはカントでは事態はこうなっていると言いたいのだが、もし精神が（つまり人間が）自然から自立化されるならば、精神は絶対的な自然支配の原理となるとともに、それ自身が自然化してしまう。もとより、精神が自然化するといっても、それが石や岩石のような自然物になるということを意味しているのではなく、精神は精神でありながら、いわば疑似自然化するということである。精神が自然から分断されて、自立化されるとき、精神自身が（疑似）自然化してしまう。自然から切断され、自然の他者となった理性はそれ自身自然へと退化する（Vgl. ND, 285/350）。それ故に、アドルノはヘーゲルの「世界精神」を自然史のイデオロギーであると語ったのである（Vgl. ND, 350/433）。このとき、人間の歴史は、一種自然的な過程へと凝固する。私はこうした意味での、すなわち、人間の歴史が一種自然過程として現れるという意味での人間の歴史を「人間の自然史」と呼ぶ。

2　人間の自然史

自然の人間的歴史はとりわけ近代以降、人間の自然史として実現された。この過程はマルクスやルカーチ、ベンヤミンやアドルノによって、認識された。例えば、ルカーチは、『資本論』のマルクスを継承しながら、次のように語った。

完成された商品経済の場合には——人間の活動は自分自身に対立して客体化され、商品となるのであるが、この商品は、社会的自然法則の人間には疎遠な客観性に従うのであって、したがって人間の活動は、商品体となった欲望充足の財と同じように、人間から独立してみずからの運動を行わなければならないのである。(5)

人間の活動は、それが人間の活動であるのに、その人間から独立して自らの運動を行うということは、人間の活動が人間から独立するということであり、この運動は（社会的な）自然法則に従うのである。人間の活動、それ故にまた社会過程は自立的に運動する一種自然過程となり、人間の活動がその活動において自らの活動を一種自然過程として産出する。この過程の中で、人間主体は自らを自然支配の主体として確立するが、しかし、人間主体はますます自己を客体化する。つまり、「労働者の心理学的な特性さえも、かれの全人格から切り離されて全人格に対立して客体化され、その結果、合理的な専門体系の中に組み入れられて、そこで計算出来るものとして把握されることになる」(6)。こうした歴史過程は、アドルノの言い方では、己を自然から分断して自然から自立化した精神は、それ自身（疑似）自然化し、自然支配は自然の虜になった自然支配であるということになる。ただし、ルカーチとアドルノでは、次の違いがある。すなわち、ルカーチは、資本主義的経済システムの運動について自然化を語っているが、アドルノの言い方では、それは資本主義的生産過程についてのみ語られているわけではない。

自然制御（技術）の進歩の原動力をなすものは、私見では、Ge-stell というよりは、相対的剰余価値の生産要請である。ところで、自然制御の進歩は一見人類の進歩であるように見えるが、ベンヤミンからすれば、それは退歩に他ならず(7)、そこには無数の犠牲が孕まれている。進歩という強風がクレーが描いている天使を未来の方向へと不可抗的に運んでいくが、この天使の眼前に広がるのは、実は廃墟であり、廃墟の山に他ならない(8)。こうした歴史過程は、先に導入された用語を用いて言うなら、それは人間の自然史だということになろう。一種疑似自然過程へと凝固した人間の自然史は無数の犠牲と苦悩を生みだしながら、その犠牲の上に進行する。

更に、アドルノは「人間の自然史」という語を用いず、「自然史」というが、この自然史について次のように言っている。

社会が人間と人間関係の直接性の全契機を容赦なく我がものにするにつれて、社会の複雑な仕組みが生成したものであることを思い出すことはますます不可能になり、自然という仮象はますます抗い難いものになる。人類の歴史が自然から遠ざかるにつれて、この仮象はさらに強まり、「自然（Natur）」がこの囚われの身を示す不可抗的な比喩（Schein）となる（ND, 351/434）。

とりわけ近代以降、人間の歴史は人間の自然史としての様相を帯び、否、人間の自然史として実現されてくる。けれども、これは事柄の一面にすぎない。アドルノによれば、精神が自然から分離されて自立化し、それが絶対的自然支配の原理となれば、精神自身が自然化し、かくて人間の歴史は残忍な自然史になるのであった。しかしながら、歴史と社会のそうした自然化は何の矛盾もなく均質的な空間のなかで進行するのではなく、その過程、人間の自然史的過程は無数の苦悩と犠牲を、従って、人間の自然史的過程において生起するものを停止させようとする衝動をも生みだす。そもそも人間が人間的自然である限り、人間の単なる（疑似）自然への還元は人間の身体的痛みと苦悩を生みださずにはおかない。なるほど、身体的衝動が盲目的な衝動であれば、それがネオナショナリズムや新たなるファシズムの方向に誘導されることもしばしばであるが、そしてそれは今日においても目撃されるところであるが——そうでなければ、その衝動はそれ自身において既に理性的な衝動であろう——、しかしまた人間の自然史を止揚し、アドルノの言い方に倣って言えば、精神と自然がもはや対立しない人間的自然を回復せんとする運動もまた生じる。現代の新自由主義的グローバリゼーションにおいては、もとよりアドルノはこれを目撃することはできなかったのであるが、ますます多くの人間が単なる物件として扱われ、貧困化が普遍化するという事態が臆面もなく、それ故恥もなく進展する。人間が目的自体としてではなく、単なる物件として扱われるという事態が生みだす身体的苦悩（Leiden）――これはフォーディズムの時代にアドルノが語った、主観性にのしかかる客体性としての苦悩（Vgl. ND, 29/26）とは違ってきている――と苦悩の連帯性からして、新自由主義的グローバリゼーションが生みだした世界に対して「別の世界」を産出しようとする世界大の運動が生じる。私見では、この運動は人間の、精神の（疑似）自然化の止揚、従って、人間的自然の生成であり、人間の自然史の自然の人間的歴史への変換の運動である。

3　アドルノのカント読解と本書の試み

ところで、アドルノは、冒頭におかれたアドルノからの引用が既に示しているように、カントの道徳哲学をもっぱらアドルノの言う自然史、つまり人間の自然史のうちに位置づけ、それを人間の自然史を表現するものと解釈している。このことは、次のアドルノの言明の内で明瞭に語られている。

カント倫理学は、自分が絶対的自然支配であると宣言することによって、つまり自分の本来の根本原理は自然を抑圧し、自然の同一性のために自然の統一を統御することであると宣言することによって、自身が依然として自然に従属しているのです。つまり、人間外的自然が従う合法則性の盲目的強制力は、こうしてカント倫理学の中でも存続します。私たちが暮らす社会、私たちが暮らす見かけは自由な世界も、実は、自然史の継続に他ならないと言ってもよいでしょう。なぜなら、私たちが人間外的自然に付与した必然性、人間外的自然の上に投影した盲目的自然的必然性に、私たちも同じように依存しているのですから（MP, 200/226-7）。

ここでは、カント倫理学、とりわけカントの実践理性が絶対的な自然支配の原理に同化されている。私には、カント道徳哲学のアドルノの読解には何かしっくりこないものがあるように思われる。

アドルノは、これとは別の文脈で、「しっくりこないもの」に言及している。アドルノは、ヒトラー暗殺計画の重要人物が、謀叛が成功するチャンスが最小であり、もし失敗したら想像を絶する恐ろしいことが待ち受けていることが分かっていたはずなのに、何故行動したのかと問うたアドルノに対して、後がどうなるのであれ、もうこれ以上は耐えられない状況というものがあるのだ、と語った経験に言及している（Vgl. PM, 19/18–9）。如何なる結果が生じようとも事態を変えようと試みざるを得ないほど耐え難いことがある。この抵抗の契機は道徳的行為の非合理性であり、アドルノによれば、ここに道徳的概念のなかに何か、理論としての道徳哲学がこの契機を無視してきたが故にどうにもしっくりこないものが入りこんできたのである。しかし、この抵抗の契機が非合理的であるのは、自己保存の原理に照らしてであり、理性の別の地平からすれば、それは直ちに非合理的だとは言えないであろう。なるほど、カントは第三帝国を経験したわけではないが、そしてそのようなことは不可能であるが、カントの実践理性には、死の脅威にあっても偽証を拒否するという点も含意されている。このような偽証の拒否は、自己保存の原理からすれば非合理的なものであろう。

しかし、ここではこの点に関する更なる論究はせずに、「しっくりこないもの」というアドルノの語を用いて、私はカント道徳哲学に対するアドルノの読解には、何かしっくりこないものがあると言いたい。このアドルノの読解において抑圧されているものは、私の見るところ、それが未だ十分ではないにせよ、カントに見られる自然の人間的歴史の構想である。カントのこの構想は、カント道徳哲学のアドルノの読解では、私の見るところ、人間の自然史へと同化され、かくて抑圧されてしまっている。カントのこの構想はそうしたものとして、アドルノのカント読解では隠されたもの、抑圧されたもの、非同一的なものとして存続している。ハーバーマスは、「アドルノは、彼の学生たちを前にして、道徳哲学者カントから語る社会批判家を決して隠していない。まさしく、人倫的法則の形式主義と無条件性パトスのうちに、アドルノは、カントが均等化する機能化に対立させる可能なもの……を発見する」[(10)]と言う。すなわち、アドルノは、カントの内に道具的理性あるいは機能主義的理性に対する修正物を見出すのである（Vgl. PM, 225/253）が、それにもかかわらず、アドルノはカントの実践理性を絶対的自然支配の原理と同一視する。すなわち、アドルノはカントの実践理性を自己保存的、道具的理性に還元し、理性を自己保存的理性と同一視し、かくてまたカントの実践理性を自己保存的理性と同一視する。これは、われわれの用語では、カントの実践理性を人間の自然史の内部に位置づけ、人間の自然史を表現するものとして解釈することである。

私は本書で、カント道徳哲学に対するアドルノの読解を解体し、カントの自然の人間的歴史の構想を取り出すように試みる。先に言及した、アドルノのカント読解において何かしっくりこないものとはカントの道徳哲学という一つの思考モデルに対するアドルノの取り扱いと矛盾するものに他ならない。本書はこの矛盾の展開の試みである。

このように、アドルノのカント批判に破壊的な読解を施せば、それはカントを救出することになるだろうか。確かに、カントを救出することにはなる。けれども、私はこうした救出だけを意図していない。むしろ、私の目的は、同時にとりわけ人間と自然との関係に関するアドルノの立場に照明を与え、アドルノのこの立場が、アドルノの理解に反して同じく人間と自然との関係に関するカントの立場と通底するところがあることを示し、カントを媒介にすることで、人間と自然との関係に関するアドルノの見解を一層展開することである[(11)]。

4　『啓蒙の弁証法』とは別の構図

以上の試みは『啓蒙の弁証法』の構図の変換へと導く。『啓蒙の弁証法』は啓蒙に自己崩壊を扱っている。簡単に言えば、神話は既に啓蒙であったが、啓蒙はその進展過程において神話へと反転して自己崩壊を遂げる。一九三七年に論文「伝統的理論と批判理論」で学際的唯物論を提唱したホルクハイマーは、一九四〇年代のはじめまでに、道具的理性を克服する理性の見込みは現実の歴史的経験の地平からは失われた、ということを認識した。道具的理性を克服すること、可能な自己克服はむしろ自己保存の反復的過程へと変換されてしまい、かくて、量－質移行がブロックされたために、自己を克服するために必要な実践的ステップを示す理性の能力が掘り崩されてしまったのである。[12]『啓蒙の弁証法』はこうした思考の延長線上にある。だから、カントによれば、啓蒙とは、人間が知性を用いる能力が欠如しているのではなく、それを用いる勇気と決意が欠如しているが故に自らに責任がある未成年状態から抜け出ることを意味するが、ホルクハイマーとアドルノは、『啓蒙の弁証法』のなかで、この未成年状態を自己自身を保存する能力の欠如と同一視する。このことはホルクハイマーとアドルノがカントが語る啓蒙を自己保存の能力と同一視したということを意味している。この点は、アドルノがカントの道徳哲学を（人間の）自然史を表現するものとして読解したことと相即しているのである。

『啓蒙の弁証法』の著者たちが啓蒙の自己崩壊を論じたのは、啓蒙の新しい概念を準備するためだった。啓蒙、そしてまた成年性という啓蒙の要素、カントの啓蒙哲学のそうした要素を彼らは本当は継承せんとしている。けれども、これまで、啓蒙のプロジェクトは失敗してしまった。ここに必要なのは、啓蒙の徹底した自己批判である。

彼らによれば、啓蒙それ自身の内にその失敗の要因があったのだ。では、その失敗の要因とは何であったのだろう。神話は既に啓蒙であり、啓蒙はその進展過程において再び神話へと逆転してしまうが、この逆転こそが啓蒙のプロジェクトの失敗を表している。この失敗の根源を探求することは、啓蒙を投げ捨てることを意味してはいなかった。むしろ、啓蒙の徹底した批判は啓蒙の新しい概念を準備するであろう。啓蒙への徹底した批判は、啓蒙それ自身を否定することを意図していない(13)。

のみならず、アドルノの哲学には、ユートピア次元が含まれている。アドルノは抑圧された自然の想起について語る。あるいは、彼は和解の状態における、主観と客観の無差別的な統一でもそれらの相互的敵対でもない、区別されたもののコミュニケーションについて語り(14)、もっぱら生産性の観点から自然に相対するのではない、人間の自然に対する振る舞い、自然の多様性を保持する可能性(15)について語る。更に、アドルノは『否定弁証法』のなかで、

> 人間と事物に注いでいる光のうちで、超越の反照を光らせていないものはひとつとしてない。代替のきく交換世界に対する抵抗にあっては、世界の色彩が無と化すことを欲しない瞳の抵抗こそ抹消不可能なものである。仮象のうちには仮象なきものが約束されているのである（ND 396–7/499）。

と言う。ここでは、抵抗はもっぱら瞳の抵抗として現れている。けれども、今日新自由主義的グローバリゼーションの進展において現出している人間の自然史の新たな展開にあっては、この新たな自然史的事態に対する抵抗はもはや単に瞳の抵抗として在るのではなく、現実の運動として、現実の威力として生起している。このような事態は啓蒙の自己崩壊という構図に修正を迫るものである。私見では、確かに一方では、啓蒙の理性は（人間の）自然史

過程で道具主義的・機能主義的理性に変質するが、他方ではカントの啓蒙哲学に内包される思考要素がそれに対立するに至り、ここに啓蒙は自己分裂して、分裂した諸要素は相互に抗争するに至るのである。この抗争を私は人間の自然史と自然の人間的歴史の抗争へと翻訳する。瞳の抵抗は今では新自由主義的グローバリゼーションという人間の自然史的過程に対して、その内部で人間の自然史を止揚し、自然の人間的歴史（別の世界）を産出する運動として現れる。それ故に、自然の人間的歴史は人間の自然史（アドルノの言う自然史）の止揚を意味している。アドルノは自然史（人間の自然史）について語ったが、これはアドルノ以降、新自由主義的グローバリゼーションの発動とともに新たな展開を見せた。これが人間の自然史の新たな展開であるのは、資本の蓄積衝動を己の衝動として内化した主導的主体群が存在し、その運動が我を忘れて人々の間に分断と分裂、格差と貧困を生みだし、人間的自然を単なる物件と化し、人間たちの苦悩の経験にお構いなく、人間の生活世界を解体していくからである。これに対して、そうした人間の自然史の止揚としての自然の人間的歴史は人間と自然との和解としての人間的自然の再興であり、それは同時に、理性と自然との、道徳と自然との綜合でもある。

5　K・エーダーの「自然の人間的歴史」

なお、本書で使われる「自然の人間的歴史」という用語はK・エーダーに由来しているが、その意味はエーダーの場合とは異なっている。それで、ここでその意味の相違に立ち入っておくことにしたい。

エーダーは自然と社会の関係を理論化する自然主義的仕方を批判するが、この自然主義的仕方にエーダーが対置するのが「自然の人間的歴史」の概念である。「エコロジー的危機によって先進産業社会における対自然関係の自己破壊的性格が誰の眼にも明らかとなった」[16]とエーダーは語る。対自然関係とはもとより人間ないし人間社会の自然に対する関係がであるが、この関係が自己破壊的だというのである。この関係が自己破壊的だということは、対自然関係というこの関係が人間的生の営みにおいて解体されてしまうということである。それ故、人間の対自然関係が理性的に規制されなくてはならない。この場合、人は、エーダーによれば、エコロジー的理性に頼ってきたが、エコロジー的理性はエーダーにおいては単に功利主義的理性として概念化されており、それ故、エコロジー的理性は、単に、自然に対する過度の搾取を制限し、自然の負荷を制限することを主張するにすぎず、従って、エコロジー的理性によっては、自然に対する搾取はより合理的になるかもしれないが、人間の自然に対する搾取という関わり方はそのままに維持されてしまう。エコロジー的理性にあっては、自然は人間の欲求を満たすための客体であるにすぎず、自然はそうした客体としてのみ見られており、こうして自己破壊的な対自然関係の根本的な、人間の自然に対する構えである文化的源泉がそのままに維持されている。現在の対自然関係を規定している文化的習性が問題にされなければならない。文化とはこの場合、自然に対する人間の関係、自然に対するわれわれの振るまい、思考と知覚の仕方を規定しているものである。エーダーによれば、われわれの（西洋人の）対自然関係を規定しているのはプロテスタンティズムの精神であって、これ以来近代の対自然関係は自然に対するシンボル的意味を最小限に切り詰めてしまったのであり、そのために自然は結局のところそのシンボル的意味を喪失してしまったのである。これは有用性以外には一切を見えなくしてしまう自然理解に他ならない。しかしながら、人間の対自然関係はそうした有用性によってのみ規定されるわけではない。例えば、食は一方では確かに、生理的欲求を満たすメカニズムではあるが、しかしそれに尽きるのではなく、すなわち食は消費に尽きるわけではなく、他方では、食は文化形式でもあって、それは対自然関係における人間の文化でもある。食は自然から文化への移行を表している。このような文化的形態の歴史が（自然の歴史の延長として）自然の人間的歴史である。それで、こうした歴史構想にあっては、自然の自己表現としてのシンボル的諸形態を再構成することが必要になる。

エーダーによれば、これまでの社会学的進化論は、それがマルクスのであれ、ルーマンのであれ、社会発展を生産力の発展・社会分化としてきたのであり、このような理論形態をエーダーは自然主義と呼ぶ。マルクスは生産的労働の社会的発展を基礎に据え、デュルケームは社会的分業を出発点に据えたが、それは、彼らの理論では、社会の再生産が自然の中での人間の生存を可能にする資源の処分能力、社会の自然への適応能力という尺度によって測られているからである。エーダーは「生産諸力の発展、技術的進歩、分業の増大は社会の自然的進化の表現なのであり、社会史は自然史の継続として現れるのである」(17)と語る。してみれば、そのような理論において現れる人間の歴史は、エーダーにとって自然史である。だから、エーダーはこのような自然史に対して、自然の人間的歴史を対置する。

私が自然の人間的歴史と人間の自然史について語るとき、いずれの場合にも、文化のみならず、エーダーが語っている（自然主義における）生産諸力だけではなく、他の諸々の社会的なものすべてを含む社会総体の歴史を意味している。自然の人間的歴史がとりわけ近代以降人間の自然史として実現されたということは、まず自然の人間的歴史があり、この歴史がある時から人間の自然史に転換したということを意味しているわけではない。近代以降、社会とその歴史は一種疑似自然過程として実現されてくるが、自然の人間的歴史は、人間の自然史のまっただ中での人間の自然史の止揚として人間たちによって構想されるものである。かく構想されるものとして、それは自然の延長と考えられる文化にのみ関係しているのではない。あるいは、カントに即して言えば、カントは、以下本書で立ち入ることになるが、近代世界の生成期にあって、一つには野蛮な現状に抗して自然の人間的歴史を構想したのであるが、この構想は現実にはそれとしては実現されず、逆に歴史は人間の自然史として実現されたのである。この場合、自然の人間的歴史も人間の自然史もいずれも、政治領域や経済領域をも含む社会総体の歴史を意味している。その上で、私は自然の人間的歴史と人間の自然史との抗争、人間の自然史のただ中でのそれの自然の人間的歴史への変換の試みを主題化したいのである。（サパティスタは、生産関係であれ、政治的決定であれ、ジェンダー関係であれ、回復された自己尊重としての尊厳の主張であれ、共同体内の社会諸関係の変換を主張した(18)。）

人間とは人間的自然であり、そうしたものとして人間の社会もまた人間的自然であり、それは自然の一形態であるとともに、人間的自然でもある。ここには、「内在的超越」の概念が関係している。内在と超越が分断されて超越がそれ自身として立てられると、超越は自然化する。アドルノの議論を念頭に置いて言えば、理性あるいは精神が自然から切断されて自立化されるとき、その理性あるいは精神は自然化する。私見では、理性ないし精神は自らを自然でないもの、自然の外にあるもの、非自然として定立するが、このことによって人間的自然は解体し、理性なしいは精神は己を疑似自然化してしまう。このとき、自然の人間的歴史は人間の自然史として実現される。とはいえ、これはアドルノの言い方に倣った言い方であり、人間の歴史の人間の自然史としての実現を生みだしているのは、資本の近代的生活史である。

エーダーは社会と自然との関係に関する自然主義的解釈を批判する。この自然主義的解釈とは、社会を自然の中での人間の生存を可能にする処理能力という点から解釈するものである。エーダーはこの意味での社会史を自然史の継続としている。それ故、エーダーでは彼の言う自然主義的解釈の元での社会史は自然史の延長であり、自然進化の表現である。エーダーはこれに対して自然の人間的歴史を対置するわけである。しかしながら、近代以降の世界は、これは人間社会の自然化の過程でもあったのではないだろうか。それ故に、社会が一種自然過程として現れたのであって、自然と社会の近代における分裂は社会の（疑似）自然化を伴っていた。従って、ルーマンの生態学的システム論にも社会的根拠があるのである。それは、私見では、社会とその歴史の自然化を表現しているのである。私は社会のこの自然化を「人間の自然史」と呼ぶ。

6 「現代はアドルノを前にして何を意味するか」という問い

「ヘーゲルにおいて生きたものと死んだもの」を選り分けようとする試みは「ヘーゲルのうちで現代にとって多少とも意味があるものは何か（was an Hegel der Gegenwart etwas bedeutet）」という問いに答えようとするものであるが、アドルノは、このような問いのうちに、たまたま（ヘーゲルよりも）後に生まれた者がもうそれだけで自分は死者（ヘーゲル）よりも偉いと思ってもかまわないのだという厚顔無恥なうぬぼれ、死者に対してあっちに行けこっちに行けとその位置を指示することができるのだという思い上がりが聞こえてくると言う。アドルノによれば、これとは逆の問い「現代はヘーゲルを前にして何を意味するか（Was die Gegenwart vor Hegel bedeutet）」という問いは発せられてさえいない(19)。

「ヘーゲルのうちで現代にとって多少とも意味があるものは何か」という問いは、ヘーゲルの絶対的理性以後に達成されたとされる現代の地平に立って、その地平の、地点の優越性を前提にして、つまりそれを固定して、この地平から、ヘーゲルのこの点は未だ有意味で生きているが、この点はもう死んだものにすぎないと判定しようとしている。もし人あって、『現代はヘーゲルを前にして何を意味するか』という問いは発せられてさえいない」というアドルノの発言を聞き、これをヘーゲルの立場を前提にして、つまりそれを固定して、その立場から現代を判断しようとするものだと解するなら、それは単に思考方向を逆転させただけであり、自分はヘーゲルの立場に立って、なにせヘーゲルの立場は優れているのだから、自分はその立場から現代に対してあっちに行けこっちに行けとその位置を指示することができるのだという、同じ厚顔無恥な思い上がりを表現しているものになる。

「現代はヘーゲルを前にして何を意味するか」というアドルノが提出した問いは、以上に見た思考方向の単なる逆転とは全く違った意味を持っている。この問いは、現代の人間がヘーゲルの絶対的理性以後に一つの理性に到達したと思っているが、実はそれはヘーゲルの絶対的理性以前に逆戻りしているのではないかという疑念と結びついている。「ヘーゲルの理性は、存在者自身の内に働く理性の力でこの現に在るものの重みを揺り動かそうとした」[20]というのに、現代に到達された理性というものはこのことに何ら気が付いていない。「ヘーゲルの理性は、存在者自身の内に働く理性の力でこの現に在るものの重みを揺り動かそうとした」ということ、このことがまさしく「彼の哲学が主張する真理性要求」[21]であり、アドルノが行うのは、このヘーゲル哲学が主張する真理性要求に照らして、ヘーゲル弁証法を変革することだった。

同じことは、アドルノにも当てはまるであろう。「ヘーゲルのうちで現代にとって多少とも意味があるものは何か」と同じ文脈で提出される問い「アドルノのうちで現代にとって意味あるものは何か」に対して、もし単にその思考方向を逆転しただけを意味する問い「現代はアドルノを前にして何を意味するか」を提起するならば、この問いは厚顔無恥なうぬぼれという点では、「アドルノのうちで現代にとって意味あるものは何か」という問いに引けを取らない。このとき、思考はアドルノの立場を前提にし、固定し、それを永遠化して、現実に対してあっちに行けこっちに来いと指示することになる。こうした思考は現実のうちに結局まだアドルノ哲学に適合するものを見出すが故に、「現代はアドルノを前にして何を意味するか」という問いは畢竟「アドルノのうちで現代にとって（まだ）意味あるものは何か」と同じ問いになる。

「現代はアドルノを前にして何を意味するか」という問いは、これとは全く違ったことを意味している。それはアドルノ哲学が要求する真理性要求に照らしてアドルノ哲学を変換することと結びつく問いである。

注

（1）Cf. J. M. Bernstein, *Adorno Disenchantment and Ethics*, Cambridge Uni. Press, 2001, p. 246.

（2）Cf. Susan Buck-Morss, *The Dialectics of Seeing Walter Benjamin and the Arcades Project*, The MIT Press, 1989, p. 58.

（3）アーレントにとって、「自然界全体の運動」は「永久に回転している疲れを知らない絶えざる循環」（H・アーレント『人間の条件』志水速雄訳、筑摩書房、一九九四年、一五三頁）に他ならない。なお、アーレントはニーチェの永劫回帰について、次のように言っている。「ニーチェは、存在の最高原理として『永劫回帰』（ewige Wiederkehr）を確信したが、生の哲学のなかで、このような確信に到達しないものがあるとすれば、それは、ただ自分の無知をさらけ出しているにすぎない」（同上、一五二頁）。

（4）石は世界を持たない。もし路傍の石が自らを路傍の石として反省的に理解することができるならば、それは路傍の石ではない。

（5）ルカーチ『歴史と階級意識』城塚登・吉田光訳、白水社、一九七五年、一六七頁。

（6）同上、一六九頁。

（7）ヴァルター・ベンヤミン「歴史の概念について」、『ボードレール』野村修役、岩波書店、一九九四年、三三八頁参照。

（8）同上、三三五—六頁。

（9）同上、三四四頁。

(10) Vgl. J. Habermas, „»Ich selber bin ja ein Stück Natur« - Adorno über die Naturverflochtenheit der Vernunft. Überlegungen zum Verhältnis von Freiheit und Unverfügbarkeit", *Zwischen Naturalismus und Religion Philosophische Aufsätze*, Suhrkamp, 2005, S. 203.

(11) アドルノのカント批判が誤解の体系であることを承認しながら、アドルノのカント批判をアドルノの立場を理解するという目的で検討する試みがある。このような試みについては、Christian Henning, *Der Faden der Ariadne, Eine theologische Studie zu Adorno*, PETER LANG, 1993, 2. Kapitel: Adornos Kantkritik を参照されたい。

(12) Cf. Darrow Schecter, *The Critique of Instrumental Reason from Weber to Habermas*, continuum, 2010, pp. 89–90.

(13) ホルクハイマーとアドルノの積極的な啓蒙の概念を再構成したものとしては、Yvonne Sherratt, *Adorno's Positive Dialectic*, Cambridge Uni. Press, 2002 参照。しかし、ここで再構成された啓蒙の概念は依然として意識哲学のパラダイムの枠内にある。

(14) Vgl. Th. W. Adorno, „Zum Subjekt und Objekt", *Gesammelte Schriften 10・2*, Suhrkamp, 1977, S. 743.

(15) Vgl. Th. W. Adorno, „Über Statik und Dynamik als soziologische Kategorien", *Gesammelte Schriften* 8, 1972, S. 235.

(16) K・エーダー『自然の社会化』寿福真美訳、法政大学出版局、一九九二年、一頁。

(17) 同上、二〇頁。

(18) Cf. Geoffrey Pleyers, *Alter-Globalization Becoming Actors in the Global Age*, polity, 2010, p. 39.

(19) Vgl. Th. W. Adorno, „Drei Studien zu Hegel", *Gesammelte Schriften* 5, Suhrkamp, 1970, S. 251.(『アドルノ 三つのヘーゲル研究』渡辺祐邦訳、河出書房新社、一九八六年、九頁。)

(20) Ebenda, S. 251.(同上、一〇頁。)

(21) Ebenda, S. 251.(同上、一〇頁。)

第一章　アドルノのカント解釈

1　意志のモナド的構造

アドルノは、カントの意志や自由について、「……そして主観的内在性の哲学のモデルに定位した概念形成にあっては、とりわけ、意志や自由のモナド的構造が暗黙のうちに想定されている」（ND, 212/258）と言い、カントにおけるこの暗黙の想定も問題化しなくてはならない、と言う。これに対して、アドルノによれば、意志や自由には現実吟味を経由して外的現実、社会的現実の夥しい契機が侵入しているのであって、それ故、意志や自由の暗黙のうちに想定されたモナド的構造は、意志や自由の問題を扱うには十分ではない。

ここでアドルノはカントが自由な意志のモナド的構造を想定している点を批判しているわけである。このモナド的構造によってアドルノが意味しているのは、カントでは孤立化されたという意味での抽象的な個体が想定されており、意志や自由とはそうした孤立した個体の意志や自由だということである。意志における理性的なものという概念は意志や自由への社会的現実、外的現実の契機の浸入から切断することはできないが、アドルノはこの点をカントは頑強に否定している、と言う。確かに、意志や自由に関して、モナド的構造を想定することは十分ではないし、もしモナド的構造をそのように想定すれば、アドルノが言うように、意志や自由には外的現実、社会的現実の夥しい契機が浸入しているという事態を看過することになろう。けれども、ここでの私にとっての問題は、自由や意志に外的現実、社会的現実の諸契機が浸入しているか否か、ということではない。むしろ、われわれにとってのここでの問題は、カントの理説を読解し解釈する際のアドルノのやり方である。アドルノは、カントの実践理性を理解する際に、カントが語る意志や自由はモナド的なものだと解釈している。これがカントの理説に対するアドルノの見方なのである。

アドルノは、個体と社会的現実・外的現実という（二項的な）思考枠組みを採用してカントを解釈し、そのうえで、意志や自由を個体のそれであるとし、さらに、カントでは、そうした個体の意志や自由は社会的現実から切断されているとする。これに対して、アドルノが言うのは、個体の意志や自由には社会的現実・外的現実の夥しい契機が侵入しているのだ、ということだった。だから、アドルノによって見られたカントが個体−社会的現実・外的現実という二項図式において現れるのと同じく、アドルノのカント批判もまた同じ二項図式において現れる。カントの理説が実際のところはどうであったのか、そうした二項図式で解釈することが妥当であるか否かという問題がここで生じるが、この点については後に立ち入ることとする。いまここで私が確定したいのは、アドルノがカントを解釈する際のアドルノの解釈図式である。それはかの二項図式である。

このような二項図式のもとで、アドルノは、次のように語る。

①主観内在の哲学というのは正しくない。

②理性的存在者の意志、これ自体実は社会的現実の契機だったのである。

かの二項図式のもとでアドルノはカントを理解する。そうした前提のもとで、カントでは、個体の意志や自由は、社会的現実・外的現実から切断されているとされる。すると、カントが語る意志や自由は主観内在的なものとして現れてくる。だから、アドルノは、カントの理説を主観内在的哲学として理解する。こうした理解は、アドルノがカント読解に際して、カントは意志や自由にモナド的構造を想定していると理解していることから出てくるのである。従って、カントの理説が主観内在の哲学だということは、カントがモナド的構造を想定しているということの一つの系である。アドルノは主観内在の哲学を次のように批判する。

意志の自由への問いを各個人の決断の問いに切り縮め、……個人を社会から切り離してしまうなら、自由の問題はたちどころに絶対的で純粋な自体的存在という虚偽に屈服する（ND, 213/259）。

かくて、アドルノのカント読解にあっては、（カントの）自由は絶対的で純粋な自体存在の自由として現れる。すなわち、現象する。さらに、アドルノは次のように言っている。

即自的だと自称している主観なるものはそれ自身で、おのれと区別されるものによって、つまり他のあらゆる主観との連関によって媒介されているのである（ND, 213/259）。

こうして、カント的主観はアドルノの解釈においては即自的なもの、即自存在としての主観として現れる。すなわち、現象する。カントに対するナルシズムという理解はこのモナド的構造の論定と関係がある。カントの自由の理説の動機となっているものをアドルノは次のように解読する。すなわち、それは人格の内的価値の増大に対する期待である。カントはこの期待を道徳法則によって基礎づける、と言われる。けれども、アドルノは相変わらず孤立した個人の人格の内在的価値をカントのうちに論定しているのである。

以上をまとめよう。アドルノは、カントについて、意志や自由のモナド的構造が暗黙のうちに想定されていると言った。われわれがまず初めに確認すべきなのは、アドルノが、カントにあっては自由意志のモナド的構造が想定されていると言っていることである(1)。モナド的構造を想定しているとはどういうことかといえば、意志の自由への問いを各個人の、各主体の決定へと切り縮めている、ということである。この場合、個人はモナドなのであって、このモナドが決断するというわけである。このモナドをアドルノは、社会から、社会との連関から切断された自体存在と見なしたが、それと同時に、つまりカントの個人はモナドであるという読解と同時に、この読解のうちにアドルノの解釈図式である主観－客観が現れている。アドルノの見るところでは、カントの主観はモナドであって、他の客観から、つまり社会から切断をされているのである。してみれば、主観がモナドとされ、社会は客観であるとされていることになる。これがアドルノの解釈図式なのである。

ここで次の問題を提起しておきたい。アドルノはカントの内に自分が見たい像を、それのみを見ているのではないか。要するに、アドルノは自分（の哲学）を見、そして自分（の哲学）しか見ていないのではないか。アドルノの思考それ自身がナルシズムになっているのではないか。本当にカントの主観は言われるところのモナド的主観として理解されることができるのだろうか。

2　主観－客観図式

モナドとしての意志対客観的現実

アドルノはカントの実践哲学を主観内存在の哲学として理解した。それはアドルノがカントにあっては、意志や自由のモナド的構造が想定されているとしたからである。それ故にまた、それは理性のモナド的構造を前提している、とされる。先に見たように、アドルノは個体－社会的現実・外的現実という二項図式をもってカントの実践哲学を捉え、カントの意志や自由は主観内在的であり、理性的存在者はそうしたモナド的構造を有し、そこからは社会的現実が捨象されていると批判し、それに意志や自由には社会的現実の夥しい契機が浸入していると語ったのであった。しかし、その際、アドルノは、二項図式を何ら否定したのではなかった。むしろ、その二項図式はアドルノ自身の思考の枠組みなのである。この二項図式は別の言い方では主観－客観図式となる。すなわち、意志や自由(あるいは個的人格)が主観の地位につき、社会的現実ないし外的現実が客観の位置につく。カントに対するアドルノの批判を、主観－客観図式を基礎にして言い換えれば、カントは主観を客観から切断して即自存在としているが、主観には客観の夥しい契機が浸入しているのだ、ということになる。だから、アドルノは、主観－客観図式をもってカントの理説を理解したうえで、主観の客観からの切断を批判し、こうしたカントの暗黙の想定を問題化しなければならないとする。彼は、主観には客観が浸透しているという点をカントは頑強に否定している、と言った(Vgl. ND, 212/258)。

もとより、アドルノ自身は、主観と主観によって構成された客観には還元できないものを非同一性として捉え、そこに思考の眼を向けようとした。抹消不可能なものとしての瞳の抵抗こそ、そうした非同一性の表現であろう。この意味で、アドルノは、主観－客観図式のもとで、ハーバーマスの言葉では、意識哲学のパラダイムのもとで、あくまでこのパラダイムのもとで、これを超えている。だが、アドルノには、ハーバーマス的な意味での意識哲学の突破という発想はない。

今一度言えば、アドルノの見るところでは、カントの意志というのは社会的現実、従って客観から切断されたモナドとしての主観の意志である。カントが言う自由もまた、そのように理解される。アドルノによれば、カントの意志や自由は主観的なものであり、それ故、カントの実践哲学におけるカントの試みは自由への問いを主観の中に位置づけようとする試みである。もし主観が客観あるいは客観のあらゆる契機から純化された主観であるならば、そこには客観性の契機は一切ないのだから、自由といってもそれは個人の、つまりは主観の決断の事柄である他はなくなる。それ故に、意志の自由へのカントの問いは諸個人の決断の問いであるということになった。

かくて、アドルノの理解では、自由の問題は社会から切断された主観、個人の絶対的自我存在の問題になるが、ここから純粋意志といえば直ちに社会から切断された主観の意志を意味することになる。社会から切断されたということは、カントの主観は、他の主観からも切断された主観だということでもある。主観が客観から切断された絶対的な自我存在であれば、その意志は、同じく他の主観の意志からも切断され、そうした意味で純粋意志となり、その意味でまた純粋実践理性になる。(2)

アドルノの主観－客観という解釈図式からすれば、主観（個人）に対して他のあらゆる主観はまた客観として現れる。それ故、アドルノによれば、カント的な自由の意識は始めから他のあらゆる主観との媒介項を欠いているのである。だから、「媒介によって主観はおのずと、おのれの自由の意識からすればそれであろうとは欲しなかったものになる。つまり他律的になる」（ND, 213/259）というアドルノの言明は、アドルノが理解するカントの理説に対する批判であるとともに、その理説に対するアドルノの対案でもある。カントが語る自律というのは、アドルノの理解では、絶対的自我存在たる主観の自律なのであり、それ故、この自律は主観の客観（この場合には、他の主観（他者））による媒介によって自ずと他律的になる。けれども、事柄からすれば、主観の自律が他者による媒介によって自ずと他律的になるということはない。(3) この結論は、ただ、自律というものをもっぱら他者から切断された主観の内に位置づけるという前提のもとでのみ出てくるのである。

私はここで再び次の問いを提起しておきたい。カントに関してこの前提は成り立つのであろうか。むしろ、アドルノが主観－客観を前提にしてしか物事を見ないために、彼はカントの理説に分離した孤立した個としての主観しか見ることができないのではないであろうか。つまり、アドルノという媒体を通すと、カントの理説に関して、ある種の仮象、つまりまことにアドルノ的なカントが現れるというのではないであろうか。私はここでアドルノという媒体（カント読解に際するアドルノのメタ哲学）を通して現象したカントから、その媒体を再構成しようとしているのである。

個人と社会

以上で、モナドとしての意志対客観的現実というカントに対するアドルノの解釈図式を見たが、これは主観－客観図式の一つの変容である。個人対社会というのは、主観－客観図式のもう一つの変容であり、アドルノは、個人対社会という点からもカントの理説を解釈している。

さて、アドルノは次のように言っていた。

意志の自由への問いを各個人の決断の問いに切り縮め、決断をそのコンテクストから、個人を社会から切り離してしまうなら、自由の問題はたちどころに絶対的で純粋な自体的存在という虚偽に屈服する。

見られるように、カントの理説は個人の社会からの切断としても捉えられた。ここで、主観の位置にあるのは、個人であり、客観の位置にあるのは社会である。それ故、主観の客観からの切断というアドルノのカント解釈は個人の社会からの切断として理解される。カントにあっては、個人とは理性的存在者としての人間たる個人であるから、アドルノの理解では、カントが言う理性的存在者たる人間は社会から切り離された、この意味で純粋な存在者として現れ、その理性的存在者たる個人の意志は、客観的現実のあらゆる契機が奪われた純粋意志として現れる。このように、個人－社会という二項対置的思考図式をもってアドルノは、それは主観－客観図式の一変容なのであるが、カントを解釈するのであり、それ故、アドルノでは、個人を社会から切断することはできないにもかかわらず、カントは個人を社会から切断するというカント解釈が直ちに生じてしまうのである。既述のように、個人を社会から切り離すという理解では、意志の自由の問題が各個人の決断の問題になるということが帰結した。

概念的抽象的統一としての個

以上見たように、アドルノにあっては、カントの人間としての理性的存在者たる個は社会的現実から切断されたモナドとして現れている。この個はカントにあっては人格であり、それ故、人格はモナドとして理解される。カントは二世界説を採用し、理性的存在者たる人間は一方で感性界に属しながら、他方で同時に英知界に属するとするのであるが、アドルノが社会的現実から切断された個として理解するのは、英知界に属する限りでの理性的存在者である。この（アドルノによって）モナドとして理解された個としての理性的存在者は人格である。アドルノは、まず、人間の本質的性質が設定され、その上で、そのあるがままに行動すべしという考えがあるが、こうした考えはカントにさかのぼるのであり、カントの場合、この本質的性質は人格性として現れている、と言う（Vgl. PM, 26/31）。アドルノはカントの人格性というもの、人格性の概念を次のようにとらえている。すなわち、人格性というのは人格とは同一ではなく、人格の概念的抽象的統一を意味する。従って、人格は人格性という概念的抽象的統一性を有する。だから、人格は経験、単に現存する自然的存在者としての人格を超えたものである。ここで、現存する自然的存在者というのは、例えば、山や石がそうであるように、外的自然の一部としての現存在であるが、理性的存在者の人格というのは、超経験的なものとして人格性を有し、そしてこの人格性というのは、あらゆる人格に欠くことのできない普遍性である。かくして、モナドとしての、そして英知的存在者としての理性的存在者である個は、超経験的な人格性という普遍性を有するものとして理解される(4)。

アドルノにとって道徳的問題とは何か

アドルノは次のように論じる。倫理という語は良心が感じる良心のやましさを意味するであろうが、それは神学的概念から出てきたものである。ところが、神学的カテゴリーが色あせてしまった後では、そうした色あせた神学的カテゴリーの代わりにそれに似たものを作りだす試みが行われたが、その際、人びとは何らの超越もなしにことを行い、それがために、われわれ自身の自然発生性、自然的規定性を越えるものを抜きに人倫を捉えるに至ってしまった。けれども、人間はその自然的カテゴリー、自然規定性に収まりきるものではない。もしも人間をその自然的規定性に還元すれば、このことは自然なままの人間の規定と善とが直接に同一視されているということになろう。

もしヒューマニティに意味があるとすれば、それは人間はその直接に自然発生的規定性に収まりきるものではないということの発見にある。ここで、アドルノは次のように言う。

とりわけカント哲学においてきわめて鋭く定式化されている道徳の概念において、普遍と特殊、経験的生活と善との間の緊張関係が、つまり私たちは人間としての規定において、直接的なありのままの存在に収まり切れるものではない、という契機が、倫理という概念を用いるときとは比較にならないほど率直に厳しく示されるのです（PM, 29/33）。

ありのままの自然的規定性を越える契機は善によって表現されている。善は普遍に位置づけられ、経験的生活は特殊に位置づけられており、普遍と特殊の間に緊張関係が論定されている。アドルノにとって、道徳の問題とはそうした普遍と特殊との緊張関係・矛盾に他ならない。更に、普遍は人格の人格性、英知的人間であり、特殊とは経験的に自然な人間である。

さて、アドルノはカント倫理学においては、①英知的人間と②経験的に自然的な人間との関係が問題になっているという。アドルノにとって、道徳的課題が扱う事柄の問題圏というのは、①生きている人間に逆らって対象化された抽象的規範と②内在的生活によって自由に達することのできない心理学的に孤立した人間の偶然性との間の関係である。この場合には、ここで言及されている抽象的規範が普遍であり、心理学的に孤立した人間の偶然性が特殊である。アドルノはカントの英知的性格を個人の行動様式（特殊）に対立する普遍と捉えており、その上で、両者の対立、矛盾、緊張関係は、（前史においては）解消されないのであり、だから、それを何らかの概念操作によって解消しようとする試みは、ごまかしに他ならないとする。正しい社会において始めて、そうした緊張は解消されるであろう。

ところが、アドルノからすれば、カントは、そのモナド的構造を保持するために、英知界に属する限りでの理性的存在者を一切の客観的現実から切断してしまった。この時現れるのは感性界に属するものとしての人間の契機が一切剥奪された英知的性格である。主観－客観図式のもとで、カントの英知界に属するものとしての理性的存在者は、客観が一切排除された、その意味で抽象的な純粋存在として現れ、純粋意志たる実践理性はそのような純粋な主観の、つまり英知的性格を有する理性的存在者の意志として、そして、この理性的存在者は一切の感性的衝動を持たないものとして現れる。

3 衝　動

アドルノはカントの英知的存在者たる限りでの理性的存在者をモナドとして、一切の客観的現実の契機が捨象されたものとして、概念的抽象的統一という意味での人格性を有する人格として理解した。カントの実践哲学の試みはこうした意味でのいわば純粋な主観のうちに自由を位置づける試みとして解釈される。自由はこの場合絶対的で純粋な自体存在として現れた。

けれども、アドルノによれば、自由、意志の自由はそのような絶対的で純粋な自体存在などではない。そうではなく、自由の意識は原初的衝動への追憶を糧にしているのであって、こうした衝動への追憶なしには、人は自由の理念を創りだすことはできなかったであろう（Vgl. ND, 221/269）。自発性としての自由という哲学的概念にあっても、そうした衝動の残響が聞こえるのだ。ところがアドルノからすれば、カントは自由を、純粋意志の自由とすることによって、つまりは絶対的で純粋な自体存在としてしまうために、そうした衝動、原初的衝動を看過し、捨象してしまう。その原初的衝動とは自由への衝動であろう。カントでは、意志とは、すなわち思考されている意志とは、純粋意志であり、アドルノはこの純粋意志からカントは衝動や経験を排除していると言いたいのである。確かに、意志や自由はこれを物のように扱うことはできない。けれどもだからといって、個々の衝動や経験が排除されることになるわけではない。むしろ、意志はあらゆる衝動の合法則的統一であろう。

アドルノは、カントは実践理性をすべての素材に優越する理性と見なしたと言う（Vgl. ND, 226/276）。この場合優越というのは、如何なる素材によっても拘束されないということであり、それ故、カントでは「意志を媒介にしてはじめて、理性はいかなる種類の素材によっても拘束されることなく、おのれを実現する」（ND, 226/276）。意志は自由の真髄であるが、もし意志（実践理性）からあらゆる経験、素材、実質、衝動が排除されるなら、実践理性はそれだけで己を実現するとされる他はない。実際、カントは、ある原因性がわれわれを限定する外的な原因から独立に働きうるなら、その原因性のもつ特性が自由であると考えるが、このカントの考えはアドルノのここでのカント理解の妥当性を示しているように見える。アドルノは「第三アンチノミーのテーゼにおいて現れ、『道徳形而上学の基礎づけ』において展開された「自由による因果性」という撞着語法が説得力をもつのは、ただひたすら意志を理性と同化する抽象のおかげである」（ND, 227/277）と言っている。ここで「意志を理性と同一視した」というのは、意志には衝動が不可欠であり、意志は己を実現するためには素材を必要としているのに、カントは意志から衝動やあらゆる素材を排除したということを意味しよう。

けれども、アドルノによれば、意志から衝動を排除することなどできない。主体は自ら様々な決断を行い、展開するが、この諸決断は因果連鎖をなしているのでなく、そこでは何かが突発的に生起する。この何かをアドルノは「付け加わるもの（das Hinzutretende）」と呼んでいる。これは、予期せずに飛び出し、不意に現れるものであるが、この衝動は心的であり身体的なものである。アドルノはこれは自発性であると言う。ハーバーマスによれば、アドルノはここで身体の有機的存在を反省の内にもたらしているのである。その身体は私の身体であり、私は主観的自然を私が生きる肉体的存在として経験する。かくて、アドルノは、カントの意志、すなわち理性に導かれた意志を行為する人格の身体経験と生活史の領域に連れ戻しているのである。(5) アドルノによれば、カントは意志からあらゆる衝動を排除してしまったが、このようなカントのやり方を前提にすれば、この突発的に生じる何かは、それは衝動なのであるが、（意志に）付け加わるものとして現れるのである。純粋実践理性に還元された意志が抽象であるからには、その抽象によって排除されたものこそが付け加わるものである。意志はカントにおいて欲求能力であるが、この欲求能力から衝動が排除されているというのである。だから、意志に付け加わるものを考慮しなければならない。

アドルノの言い方では、意識はそれだけで、いわば無媒介的に行為になることはできず、何かが意識に付け加えられなければならない。この付け加わるもの、すなわち、衝動において意識は己を外化するはずであり、つまり行為になるはずである。それで、その衝動は意識に付け加わるものであるが故に、それは意識ではないのである。にもかかわらず、伝統的哲学はそれを意識としてしか解釈しなかったとアドルノは言っている。更に、実践のためには、何か身体的なものが必要であり、その身体的なものは理性に与えられはするが、理性とは異なるものである。行為には不意に現れてくるもの、突発的に現れてくるものが含まれているのであって、それが衝動であるが、この衝動は、アドルノによれば、自発性であった。先に、アドルノが語った原初的衝動を私は自由への衝動として解釈した。自由には自由への衝動がまとわりついているのであって、これを自由から排除することはできない。この衝動とともに、自由は経験の領域に浸入するのであり、経験の領域に達する。

ところが、カントはそうした衝動を排除してしまったために、カントは実践の動因として理性しか認めなかったのであり、かくて、アドルノによれば、カントでは、行為へと強いるものは純粋意識であるということになり、かの衝動としての不意に現れるもの、すなわち自発性は純粋意識の内に移植されたのである。

アドルノの見るところ、こうして、カントは自由をもっぱら主観の内に位置づけようとした。それ故、アドルノはカントは自由を主観に内在するものとして位置づけようとしたと解釈したのである。けれども、自由の現実的な歴史的経験を見れば、自由をもっぱら主観内在的なものとすることはできない。人間の現実の歴史経験にあって、主体の自己経験が進展するとともに、自由、すなわち自発性としての自由な主体の自己経験にとって自由は疑わしいものになるが、しかし自由への期待は消えないので、それは自由の理念へと昇華されることになる。アドルノからすれば、人間の現実の社会経験においては、人間の歴史が残忍な自然史（このような自然史を私は「人間の自然史」と呼んだ）へと硬化している限り、そこには絶えず主体に対して抑圧が働くのであり、この抑圧とは強制のメカニズムに他ならない。自由の機関は自我であるが、強制メカニズムを執行する機関は実はこの同じ自我である。アドルノはここで心的なものと外的なものという二項関係を持ち出す。自由というのは社会的な強制が主体にもたらす苦痛に反抗するための、強制に対する反対像なのであり、非自由というのはその強制の似像なのである。それ故、自律が存在するか否かは、むしろ自律の反対であるその敵対者、客体に依存している。アドルノは、主体－客体という概念対を用いて言うなら、カントは主体からその客体の一切の契機を奪い、その意味で抽象的な主体の内に自由、自律性を位置づけたと解釈するのであり、これに対してアドルノは、主体に自由、自律性が存在することはむしろ逆に客体（社会とその強制メカニズム）に依存しているというのである。かくして、ここで再び、アドルノのカント読解とアドルノ自身の思考の枠組みが主観（主体）－客観（客体）図式であることが示される。

4　英知的なもの、そしてオデュッセウス

アドルノからすれば、カントは意識の統一を一切の経験から独立なものとし、内容を犠牲にして人格的統一を主張する。英知的性格というのは、人格のこの統一に他ならない。カントは人格と普遍性としての人格性を区別したが、この人格性とは普遍性であり、それをアドルノは純粋理性としての主体であると言う。つまり、人格性が主体とされており、人格性としての普遍性が、主体即ち純粋理性である。この主体が経験的で自然的な個別存在である人格を己の元に服属させるのである。だから、アドルノの見るところでは、主体としての理性とはあくまで人格的統一であり、これが英知的性格である。あらゆる実質を欠いた人格の統合の形式的遂行は、アドルノによれば、実は内的自然に対する支配であり、支配の沈殿である。「自分のあらゆる衝動を理性的に統制する強い自我というものは、近代の合理主義の全伝統において、とりわけスピノザとライプニッツによって説かれてきた。……カントが英知的性格をそのような強い自我として考えていたことは、十中八九間違いないであろう」(ND, 289/356)。カントの言う主体、英知的性格はこうしてブルジョワ的であって、それは強い自我、強い男である。それ故、その主体は、アドルノは明示的に言及していないが、『啓蒙の弁証法』に登場するあの啓蒙的主体、あのオデュッセウスに他ならない。というのは、オデュッセウスは、神話的世界からの脱出に際し、内的外的自然を抑圧し、かくして己の自我を確立し、維持する主体であるからである。アドルノはカントの主体をこのように捉えるのである。

ところで、アドルノによれば、カントにとって理性のカテゴリーによる自然支配は自明なものである。確かに、カントには自然支配の契機がある。しかし、カントの実践理性に関してこれを言うことができるであろうか。アドルノは、またたく間にカントを（人間の）自然史の文脈において、カントの理説をその自然史の一環をなすものとして解釈する。例えばアドルノは次のように言う。「カントの定言命令は、規範に変えられた自然支配の原理、絶対的なものに高められた自然支配の原理に他ならない」(PM, 155/176)。アドルノからすれば、理性を自然と切断することはできない。純粋理性とは実は自然の脅威の中での自己保存の衝動から派生したものに他ならない。アドルノのこの考えがカントの実践理性をもっぱら絶対的自然支配の原理と解釈するアドルノの傾向を生みだしている。この点については後に立ち入る。ここでは、「カントの実践理性を自然支配の原理と解することは妥当であろうか」という問いを提起するにとどめる。

傾向性に対する支配。アドルノはこれを直ちに自然支配と言う。このように言うとき、アドルノは実践理性をオデュッセウスに仕立て上げているのである。

5　カントの二分法的調停

アドルノによれば、道徳の問題とは普遍と特殊との矛盾にあり、この矛盾を考え抜くことが重要であった。ところが例えば唯名論は論理学の基準を盾にとって客観的アンチノミーを疑似問題の領域へと追放し、このことによって矛盾を否認してしまうが、これは矛盾の隠蔽である。まず論理学の基準が言及される。この基準に訴えることによって、唯名論は矛盾を否認するというわけである。これと同じように、カントは矛盾を悟性論理を使用することによって回避したとアドルノは言う。つまり、カントは事実性、自然と英知的なものとの間の矛盾・葛藤、つまり特殊と普遍との間の矛盾・葛藤を、英知的なものを英知界として物自体の領域に割り当て、特殊、自然的なもの、事実的なものを現象界に割り当てることによって、その矛盾・葛藤を考え抜く代わりに、それを居心地のよい仕方で調停してしまった。カントは『実践理性批判』のなかで、「同一の行為する存在者が現象としては……感性界におけるつねに自然機構に適合した原因性をもつが、しかし同一の出来事にかんしても、行為する人格が同時に本体として……見られるなら、かの自然法則に従う原因性の規定根拠でありながらそれ自身は一切の自然法則から自由な規定根拠を含むことができるのである」（KpV, 243/286）と述べたが、アドルノによれば、そうした矛盾・葛藤を二分法的に調停してはならず、矛盾・葛藤をそのものとして展開しなくてはならない。つまり、事実性、自然と英知的なものとの葛藤を二分法的に調停してはいけないのである。

だが、アドルノが自然と英知界との葛藤という場合、彼は何を、どんな葛藤を念頭に置いているのか。その葛藤とはどんなものなのか。もとより、それは事実性、自然的なものと英知的なものの間の矛盾・葛藤であるが、アドルノの思考枠組みからして、この矛盾・葛藤を更に次のように規定することができよう。英知的なもの・英知的性格とは人格の人格性としての理性であり、そうしたものとして、主観とされた。それ故、事実的なもの、自然的なものはそうした主観に対するものとして客観と見なされることができよう。つまり、アドルノが念頭に置いている矛盾・葛藤とは、畢竟以上のように解された主観と客観との矛盾に他ならない。アドルノにとっては、主観と客観、主観的なものと客観的なものとの矛盾、従って弁証法を徹底して、すなわちごまかさずに追求することが肝要である。

客観的アンチノミー、あるいは客観的矛盾を疑似問題の領域に追放してしまう唯名論のやり方に対する、あるいは悟性論理を用いて英知的なものと事実的なものとの間の矛盾を調停してしまうカントのやり方に対するアドルノの批判は一見すると説得的であり、また魅力的でもあるが、ここでアドルノの語ることをそのまま受け入れないという方針を堅持するとしたらどうだろう。ひょっとしたら、カントの言われるところの二分法的調停なるものがアドルノによって看過された意味を持っているとしたらどうだろう。もし別領域にそれぞれを、英知的なものと経験的なものを割り当てることがそれ自身正当な意味を内包しているのだとすれば、逆に言えば、アドルノは、そうした二つの領域にあるものを単に主観－客観図式という思考枠組みの内に閉じこめていることにならないのかどうか。主体と客体との弁証法、これがアドルノの解釈図式なのである。それ故、もし言われるところのカントの二分法的調停にアドルノのカント読解では看過されてしまっているある次元があるならば、このことはアドルノの思考枠組み、従って主観－客観という思考図式を問題化することになる可能性があることになろう。もしそうした次元があるならば、それこそがアドルノのカント読解における「しっくりこないもの」であるだろう。

これまでに見た矛盾・葛藤、緊張関係とは、英知的なものと事実的なもの、自然的なものとの間のそれであった。ところで、アドルノは『道徳哲学講義』のなかでこれと関係するが今一つ違った意味での矛盾・葛藤について語っている。アドルノは、カントは因果性を経験可能性の限界を超えて適用したのだと言う。アンチノミーは自発性のカテゴリーのあり得べき適用と意味との対決から生じてくる。ここで言われる対決とは「因果性」の意味とその適用との間の対決、矛盾である。「因果性」というカテゴリーの適用は経験可能性の限界ないに限定されているはずであるが、カントはこの「因果性」のカテゴリーをその限界を超えて適用し、自由による因果性について語るのである。すると、ここに「因果性」の意味とその適用との間に矛盾があることになろう。そうすると、カントが考えた居心地のよい解決は、カント自身がここで獲得した洞察の深みに本当は矛盾する。

確かに、「因果性」の意味とその適用と間の矛盾は、（私見では）更に展開すべき内実を含んでいるが、アドルノが言うように、言われるところのカントの二分法的調停が「カントが自身が獲得した洞察の深み」に矛盾するのかどうかには問題がある。

6　経験的なものと自然的なものの同一視と絶対的分離

アドルノは、カントは事実性、〈自然〉と思惟必然的なもの、英知的なもの・英知的性格・英知界との葛藤を二分法的に調停してしまったと語った（ND, 212/257）。ここで英知的性格とはあの人格の抽象的統一としての実践理性である。道徳行為はカントにおいて形式的なものとなりまた形式的なものとならざるを得ない。それは、アドルノの見るところ、カントが実践理性をそれとは異質なもの、一切の実質、客体から独立したものと考え、そうした教義から道徳法則を導き出すからである（Vgl. ND, 234/287）。それ故に、「対象を奪われてはじめて実践理性はあの絶対的に至高の理性になり、経験のなかで経験を顧慮せずに、そして行為と行動のあいだの亀裂を顧慮せずにはたらきうるということになる」（ND, 235/287–288）。

ここで、私が注目したいのは、アドルノがカントにおける経験的なものと自然・自然的なものを同一視しているという点である。アドルノのカント読解においては、経験的なものと自然的なものは同一視において現れる。両者が同一視された上で、実践理性はそれ自身で超経験的なものとされ、従ってまた超自然的なものとされている。従って、アドルノのメタ哲学に関するわれわれの更なる論点は、この自然と経験の同一視である。(6) すなわち、ここに見られるのは、超経験的なもの（超自然的なもの）対経験的なもの（自然的なもの）という二項対置であり、超経験的なものの領域には自由が、経験的なもの、従って自然的なものの領域には因果性が割り当てられる。その上で、両者の間にアドルノは絶対的分離を論定し、カントでは両者は絶対的に相容れないもの・異質のものとされていると見なしている。アドルノは次のように言っている。「カント道徳哲学は本来、真の意味での道徳哲学、道徳哲学そのものといえる……。カント道徳哲学が経験（Empirie）を遮断することによって、つまり道徳と自然の領域の極端な分離、この分断によって、それ自体で完璧に構成された、首尾一貫した道徳哲学とも言うべきものが可能となりました」（PM, 158/179）。

では、超経験的なものと経験的なもの（自然）、即ち道徳と自然とが絶対的に分離・分断されているというのなら、両者の媒介は全く不可能なのだろうか。否、アドルノによれば、両者が全く異質的で絶対的に分離されていると考えられているからこそ、その媒介のためにカントは実例を必要としたのである。カントは実例を用いたし、そして彼はいつも実例を必要としたが、それは、アドルノによれば、形式的道徳法則を経験的なものにすり替えるためである。それ以外には道徳と自然の媒介のしようがなかったというのである。本来は形式的道徳法則は経験的なもの、自然的なものでは全くないのに、それでは、形式的な道徳法則を経験的、自然的なものと媒介することが不可能であるために、媒介の必要性からカントは形式的道徳法則を経験的なものにすり替えざるを得ず、カントが実例を用いたのはこのすり替えのためだった。これがカントが用いた実例に関するアドルノの解釈である。

以上、私はアドルノがカントにおける経験的なものと自然ないし自然的なものを同一視していることを見た。けれども、もしもカントにおいて「経験的なもの」と「自然的なもの」、「自然」とは同一視されえず、両者の外延が異なっているとしたらどうだろう。もし実践理性がそれ自身で自然でもあるとしたら、かの同一視は崩れ、超経験的なものとしての理性も経験的なものもいずれも自然であるということになるであろう。もしそうなら、超経験的なものも経験的なものもいずれも自然であるから、両者の絶対的分離は論定されない、ということになるのではないか。(7) ところが他方、アドルノは『道徳哲学講義』のなかで、超経験的なもの、従って実践理性がまた自然として理解されうることについて語っている。アドルノの議論を見てみよう。

理性が諸法則を与える。その諸法則とは「命法、すなわち客観的な自由の法則」である。ここにある矛盾が凝縮している。というのも、カントによれば、自由は法則に従わないものであるからである。一つの定式「命法、すなわち客観的な自由の法則」のなかに矛盾が解決されずに押し込められているのであり、その種の矛盾の解決と展開を試みるのが弁証法である。アドルノによれば、カントは法則と自由の矛盾を克服しようとしていた。すなわち、カントはここで合法則性は生起するものの合法則性ではなく、生起すべきものの合法則性であるとする。それは、カントによれば、絶対的拘束力を持っているが、にもかかわらず、この命法が向けられる個々の主体は、この命法に従うかどうかに関して自由である、とされる。さて、アドルノは次のカントの言明を引用している。

しかし、理性が法則を提示するこれらの所業において、その理性自身がまた他からの影響によって規定されているのではないか、また感性的欲動に対して自由と呼ばれるものが、それより高次の、はるかな影響を及ぼす作用原因に関連してはやはり自然と見なされるのではないか、というような問題は、実践的なものにおいて私たちにはまったく関わりがない。私たちは理性に、私たちの行動に対する指示を問うだけだからである。むしろそれは全く思弁的な問題であり、私の意図が行動するかしないかに向けられている限り、私たちはこれらの問題をまったくわきに置くことができる。(8)

この引用の「それより高次の、はるかな影響を及ぼす作用原因に関連しては自然と見なされるのではないか」の部分に関して、アドルノは二つの解釈が可能だと言う。

① カントはここで自然のはるかな意図を考えており、この意図は自由の王国と一致する。感性的衝動に対して自由と呼ばれるものは、この自由よりも高次の作用原因との関連で見れば、それ自身自然と見なされるのではないかとカントは語っている。してみれば、自由と呼ばれるものは、あくまで、その自由よりも高次の作用原因との関連でという限定はついているが、この限定のもとで、それ自身自然であることになる。この点をアドルノは、この場合、自由の領域と自然の領域との間の矛盾の解決は高次の自然のなかに求められているものと解釈する。

② この自由の法則も決定論的関連としての自然関連に属するという解釈、つまり、道徳法則もまた所与として、生成し発生したものであり、その源泉においてはやはり自然因果性に従うものであるという解釈。これは「心理分析において、超自我、良心の法廷が、欲動力学と欲動経済学に基づいて、同一化メカニズムに基づいて、つまり自然領域に属するカテゴリーによって説明できるのと同様です」(PM, 136/156)。

アドルノは第一の解釈の可能性が高いにもかかわらず、カントにおいていずれであるかは未定であると言うが、いずれにしても、道徳と自然、あるいは自由と自然、超経験的なものと経験的なものはいずれも自然であるということになろう。

アドルノの見るところ、カントの「自然」概念は二義的であるが、この二義性をアドルノは「物（Ding）」の二義性に遡及させている。「物」はカントにおいて次の二つの意味を持っている。

①現象の原因としての物自体、絶対的な超越者。
②構成体としてのもの、つまり対象。

物に適用された二元論が自然概念にも適用されることになる。このとき、自然は両義的になるであろう。自然は一部は構成されたもの、条件付けられたもの、経験の総括概念であるが、他方では、自然は物自体として存在根拠である。それはわれわれの中に君臨し、何が善く何が悪いかを指示する絶対者である。すると、現象も物自体も自然であるから、英知的なものとしての、超経験的なものとしての（純粋）実践理性も、自然であるということになろう。してみれば、経験的なものと自然的なものの同一視は崩れるはずであるが、他方、アドルノは両者の同一視に固執している。アドルノは「カント道徳哲学は本来、真の意味での道徳哲学、道徳哲学そのものといえる……。カント道徳哲学が経験（Empirie）を遮断することによって、つまり道徳と自然の領域の極端な分離、この分断によって、それ自体で完璧に構成された、首尾一貫した道徳哲学とも言うべきものが可能となりました」と言っていた。

7　自由の強制的性格

カントは『道徳形而上学の基礎づけ』で次のように述べた。

そこで私は言う、自由の理念の下でしか行為することのできない存在者は、いずれもまさにその理由から実践的見地において現実に自由である、言いかえれば、そういう存在者に対しては、自由と不可分に結び付いたすべての法則が妥当する、そしてそれはあたかもその存在者の意志がそれ自体においても、そして理論哲学においても妥当する形で、自由であると解明されるかのごとくである（GMS, S. 83/178）。

カントのこの言明をアドルノは、自由が積極的に立てられると、そうした自由（積極的自由）は虚構（als ob）に成ることとの証言として引用している。アドルノによれば、自由が把握されるのはただ、具体的な非自由を否定する場合だけであるが、カントは自由をそうした媒介なしに積極的に立てるために、その自由は、虚構（als ob）になる。

虚構としての自由にアドルノは次のようなアポリア的性格を見出している。すなわち、カントは自由の理念のもとで以外には行為しえない存在者について語るが、この行為者はやはりどうしても現実的人間でなければならず、アドルノはカントもそうした現実的人間を念頭に置いていると言う。カントは経験的人間に自由を保証しなければならない。人間は一方で自由の理念のもと以外では行為し得ない存在者であるが、この存在者はやはりどうしても現実的な人間でなければならない、ということである。これが言われるところの虚構としての自由のアポリア的性格である。けれども、それがアポリア的性格であるのは、あるいはここにアドルノがアポリア的性格を認定するのは、アドルノが、カントにおける経験的なものと自然的なものを同一視しながら、超経験的なものと経験的なものとのいわば絶対的分離を論定し、この絶対的分離を前提しているからである(9)。言い換えれば、その絶対的分離を前提しているからこそ、アドルノは、虚構としての自由にアポリア的性格を論定するのである。かくて、アドルノは

「カントは、存在するものと存在すべきものとの分離を実践哲学において厳格に公言しながらも、それにもかかわらず両者の調停を余儀なくされたのである」（ND, 230/281）と言う。この場合、カントは①自由の理念と②これとは両立し得ない現象界の原因とを一体化しなくてはならない。これがカントにアドルノが論定する自由の理念のパラドクス的性格である。自由の理念とこれとは両立し得ない現象界との原因を一体化するためにはどうしなければならないか。抑圧、強制以外にはない。それ故に、アドルノは「定言命法と人間とのあいだの溝を埋めて自由に名誉を与えるために、カントが『実践理性批判』で提出した概念のすべて、たとえば、法則、強制、尊敬、義務といった概念のすべてが抑圧的である。自由からの原因性が自由を損なって、それを服従と化してしまうのである」（ND, 231/282）と言う。

さらに、アドルノは、以上に続けて、カントは強制なき自由には耐えられないと語る。強制なき自由を考えるだけで、カントには無秩序の不安が生じてくる、というのである。カントにはアナーキーに対する不安があり、経験的条件を顧慮することなく、無常に罰するという欲求があると言われる。けれども、もし強制なき自由が（即座に）無秩序の不安を惹起するのだとすれば、その場合の自由、事柄からして強制なき自由とは何であろうか。自由に強制がないならアナーキーが生ずるというのなら、その自由の概念にこそ問題があるのではないであろうか。それは自分勝手という意味での恣意の自由であろう。こうした自分勝手という恣意としての自由を前提する限りで、強制なき自由はアナーキーに導くということになる。してみれば、アドルノはカントは強制なき自由は耐えられない、と語ることによって、カントが語る自由を個別的主観の恣意という意味での自由に還元していることになる。アドルノはカントの理説にモナド的構造を論定していた。この場合、カントにおける主観はモナドとして現れるが、アドルノはカントは自由をそうした主観内在的なものとすると解釈していた。アドルノにおいては、カントの理説は自由に関して主観内在的哲学として現象している。それ故、自由を（個別的）主観に内在するものとする解釈とカントが語る自由を恣意としての自由とすることとは相即している。

自律と他律という点に関して言えば、既に述べたが、自律を以上のような孤立的主観（モナド）に内在するものと解釈する限りで、ある主観の他の主観による媒介は、それだけで自律の廃棄、他律になってしまうということが帰結する。

それからまた、アドルノは定言命法は他者の自律を踏みにじり、他者を道具化することになると言う。もし意志がその実在、つまり社会から分離しているなら、定言命法は自分自身を踏みにじることになる。というのは、この場合には定言命法の実質である他人は自律的な主体にとって手段としてのみ扱われるということになるであろうから。それ故、アドルノの思考にあっては、定言命法に従う理性的存在者は、つまり孤立したモナドとしての主観ないし主体はその他者を道具化するいわば道具的理性として現れる。すなわち、その主観ないし主体は、他者を（他の人格としてというよりも）支配の客体とする支配の主体として現れる。この点は、アドルノがカントの理性をもっぱら自然支配の主体として捉えていることと相即しているのである。アドルノは次のように言っている。いささか長くなるが、引用しておこう。

自然を超越するものは、この自然に気付く自然である……。カントはこのことを一定のやり方で言い表しました。しかし同時にカントはそのことについて何も知らないのです。彼にとって理性のカテゴリーによる自然支配が、それ自体、絶対的かつ自明なものだからです。実は理性は自然支配のカテゴリーそのものなのです。カントが倫理学において提示するすべてのカテゴリーは、そもそも自然支配のカテゴリーにほかなりません。

> いささか自由に、テキストの字句からはいささか逸脱しつつ、しかも私見によればカントの意図するところから余り外れずにいえるのは、カントの定言命令は、規範に変えられた自然支配の原理、絶対的なものに高められた自然支配の原理に他ならないということです。すなわち私が内側の所与からも外側からの所与からも独立して、自分の理性の普遍性にのみ依拠するように行動するなら、それは自然支配の総体性に近づくということです。そして理性そのものが、事実上、極度に抽象化された自然支配の原理なのです（PM, 155/176）。

私がここで指摘したいのは、こうしたアドルノの議論の前提である。以上のアドルノの議論は、私見では、カントについて何事かを語っているというよりも、むしろ、アドルノの思考についてであることを語っているのである。そのあることというのは、カントに関するアドルノの解釈図式が一言で言えば意識哲学のパラダイムだということである。意識哲学のパラダイムについては後に立ち入ることがある。このパラダイムのもとでは、主観の客観に対する作用（あるいはその逆）しか視野に入ってこないのであり、ここでのアドルノの議論では、理性が主観の位置につき、自然が客観の位置についている。理性の自然に対する作用を、アドルノは直ちに理性による自然支配として論定する。このような思考の歩みにおいて、アドルノはカント実践哲学の定言命法を（絶対的な）自然支配の原理として同定する。けれども、後に立ち入ることになるが、例えば、定言命法の一つの法式「汝の人格やほかのあらゆるひとの人格のうちにある人間性を、いつも同時に目的として扱い、決してたんに手段としてのみ扱わないように行為せよ」（GMS, 61/129）は決して（内的及び外的）自然に対する（絶対的な）自然支配の原理に還元することはできないのである[10]。

8　社会・歴史的観点

アドルノには、カント読解に際し、カントの理説を社会・歴史的状況の中において解釈するという観点がある。とりわけ、カントの理説はカントもその一員であった近代の若い市民階級の歴史的性格から解釈される。思想には社会・歴史的刻印が押されているのだ。

自由への関心、しかし同時に新たな抑圧

アドルノによれば、自由をくまなく基礎づけるというのが市民階級が哲学にひそかに委託した課題であった(Vgl. ND, 213/259)。してみれば、ここでの議論文脈からすれば、とりわけカントの実践哲学は近代市民階級のそうした要求に応答し、この要求を歴史的な動機としていたことになる。市民階級は自由の名において封建的諸関係や絶対主義国家に対抗したのであり、それ故に自由を哲学的に基礎づけることは市民階級の内発的な要求であった。けれども、他方、アドルノは、自由への要求と同時に抑圧の契機もそこに絡んでいたのだとする。この抑圧の契機の論定の際にアドルノが依拠するのが合理性である。アドルノの見るところでは、(近代市民階級は自由と同時に合理性を主張したのだが)この合理性は抑圧の契機を含むのである。アドルノの観点からすれば、合理性は自由を制限するのであり、それ故、合理性は新たな抑圧を促進しもするのである。一方で自由が主張され要求されながら、この自由が合理性に引き渡されると、この合理性から制限を被り、かくて、自由と抑圧が同時に主張されるとされる。すると、自由が経験から引き離されるということによって、自由が経験のなかで実現されることを人は望まな

くなる。これがアドルノが論定する市民階級の歴史的性格である。市民階級のこの矛盾的な性格こそがアドルノによれば、カントのアンチノミー論、とりわけ第三アンチノミーに関するカントの議論の歴史的源泉である。かくて、アドルノは近代市民階級に「自由の教養と抑圧的実践の同盟」（ND, 214/261）を論定するが、これこそアドルノがカントの理説に関して、「定言命法と人間とのあいだの溝を埋めて自由に名誉を与えるために、カントが『実践理性批判』で提出した概念のすべて、例えば、法則、強制、尊敬、義務といった観念のすべてが抑圧的である。自由からの原因性が自由を損なって、それを服従と化してしまうのである」と語っていた事柄に他ならない。

だが、以上のアドルノの議論の一つの前提であるのは合理性は抑圧の契機を含むということである。この点は、アドルノにあって、理性が、理論理性のみならず実践理性が自然支配の文脈で理解されていることと関連しており、アドルノにとって合理性は自然支配と不可分なのである。少しく先走って言えば、合理性は、前史にあっては、つまり、一種の自然へと硬化した人間の歴史としての自然史にあっては、抑圧の契機を内包せざるを得ず、このことはアドルノが彼が語る自然史のうちに、その運動過程のうちにカントの理説を位置づけてそれを解釈していることを示している。そうでなければ、合理性に直ちに抑圧的契機を結びつけることはできないはずである。

アドルノによれば、自由は歴史過程において結局廃れてしまったのであるが、それは「自由がはじめからきわめて抽象的主観的に考えられていたために社会的客観的な傾向のもとに手もなく埋葬されてしまった」（ND, 215/261）からである。ここでアドルノは、自由がはじめから抽象的主観的に考えられていたと言うが、これは逆に、アドルノ自身が例えばカントの自由を抽象的主観的なものとして理解しているということをも示している。

以上の近代市民階級の歴史的性格と（とりわけ）カントの思想との関係についてのアドルノの議論は、その妥当性という点で、そのまま受け入れてよいかどうかについては議論の余地があると思う。この点については後に立ち入ることにし、ここでは議論の余地があるという点の指摘にとどめたい。

科学化と自由

アドルノは、市民階級の科学と自由に関するアンヴィバレントな性格に言及している。アドルノによれば、

市民階級は、生産を促進するかぎりでの科学化と同盟を結びはしたが、しかし〈自由はすでに甘んじて内面性にまで引きこもっているとはいえ、やはり存在するのだ〉という信念を科学化が損なうやいなや、それに恐怖を抱かざるをえなかったのである（ND, 214/260）。

これがアンチノミーの教義の現実的背景であると言われる。ここで、自由は再び内面性に引きこもっているものとして理解されている。少なくとも、カントについてはこのように言うことはできるかどうか、カントが言う自由はモナド的主観性の主観内に押し込められていると理解することができるかどうか、問題がある。以上の引用では、市民階級について語られているが、アドルノはカントの言う自由も主観内在的なものとして理解していた。しかし、もしもカントが語る自由がそうしたモナド的主観の内に内在するような自由ではなかったとすれば、先の引用におけるアドルノの主張も問題化されることになろう。

（近代の）市場社会と自由

近代において、商品交易と社会的労働の活動圏という意味での市民社会が生成してくる。それは商品社会とも交

換社会とも言われよう。この市民社会は二つの圏の統一である。すなわち、それは商品交換の圏であり、同時に社会的労働の活動圏である。

アドルノは、以上の意味で理解される市民社会内部にいる諸個人が被る自由と非自由の経験を記述しているが、彼はカントの道徳説もこの自由と非自由の自己経験から解釈する。ここで、カントの道徳説というのはアドルノが理解するそれである。すなわち、アドルノの見るところ、カントでは、経験主体は純粋な自発性に還元されて道徳法則に服することになり、かくしてこの主体は自由であるが（自由のテーゼ）、この（道徳）法則は因果性のカテゴリー、物自体にまで拡張された因果性のカテゴリーであるから、その主体は非自由である（決定論のテーゼ）。自由のテーゼも非自由のテーゼも、それ自身として立てられると、いずれも虚偽である。というのも、自由はそれ自身非自由へと転換するからである。これが言われるところの（諸個人の）自由と非自由の自己経験であるが、こうした自己経験は上記の市民社会で生起する。この自己経験とは、自由がそれ自身で既に否定されているということ、自由のテーゼが決定論のテーゼへとそれ自身で既に転化しているということである。アドルノは、次のように言っている。

個人の自立化の過程とは交換社会を機能させるためのものであって、結局は統合による個人の廃棄で終わる。自由を生み出したものが、非自由に転化する。個人は、経済活動を営む市民的主体であるかぎりで、すなわち、経済が機能するために個人に自律を要求するかぎりで、自由であった。こうして個人の自律は、その起源からしてすでに潜在的に否定されている（ND, 259/318）。

諸個人とはここで市民社会内部の諸個人、経済活動を営む市民的主体としての諸個人であり、従って「市民社会の息子」（ヘーゲル）としての諸個人である。市民社会における彼らの役割は交換社会である市民社会を機能させるためのものであり、それ故に、諸個人の自立化の過程はそうした交換社会にとって機能的意義を有している。既にこの点からして、個人の自由は否定されているのであり、だから、「個人自身が商品社会の一契機を形成しており、彼に純粋な自発性が帰せられるにしても、社会がこの自発性を没収している」（ND, 261/320）。私がここで注目したいことは、アドルノが市民社会における諸個人の以上のごとき自己経験こそカントの道徳説が表現しているものとして解釈している点である。すると、結局のところ、カントが語る道徳的主体、英知的主体としての理性的存在者は経済活動を営む市民的主体として現れる。

実践理性の優位と伝統の墨守

アドルノは道徳的無謬性は存在しない、と言う。これを想定することがすでに非道徳的だ。客観的に矛盾している社会では、この矛盾が不可避的に個人のどのような状況にもまとわりつくのであり、客観的に矛盾している社会が個人の状況にまとわりつけばつくほど、個人の道徳的決断が正当なものと認められることはなくなる。何故であろうか。それは、個人あるいは集団が全体に対して反抗して何を企てようとも、こうした企ては全体の悪によって既に汚染されているからである（Vgl. ND, 241/295）。個々の主体が自らを道徳的に無謬だと思い込んだとしても、実際のところは己の無能力をさらけ出し、共犯者になる。この全体の中では、個人や集団の如何なる行為も、あるいは全体に対して反抗して何を企てようとも、その全体の悪によって汚染されてしまうということは、個人や集団の如何なる行為も、全体に対する反抗でさえも、その全体から逃れることはできない、ということ、個人や集団の如何なる行為も、反抗でさえも、全体の再生産と維持のための機能を果たすものになる、ということである。アドルノがここで語っている全体とはしてみれば閉鎖社会、つまり機能的に閉鎖した社会であり、この閉鎖社会では如何なる行為もその閉鎖社会の内に内閉されている。この閉鎖社会とはシステム社会の別名に他ならない。客観的に矛盾している社会とは、それ故、アドルノにあってはシステム社会として現れるのである。ここで、アドルノは「システム社会」という語を用いていないが、それはアドルノが言う全体性の別名である。

アドルノによれば、道徳的なもののあらゆる規定はそれが逃れようとしている質料から絞り出されてくる。自律を主張する道徳はかくてそれが逃れようとした他律に帰還する。これは道徳の自己廃棄であるが、この自己廃棄はシステム社会のなかで生起する。そしてこのことは「個々の主体は、自分が道徳的に無謬だと思い込んだとしても、無力を曝け出し、それどころか共犯者になる」(ND, 241/295) というのと同じことである。閉鎖社会＝システム社会は歴史的に生成したものだが、(後に見るように) 歴史的位相の、生成の位相を無視して、このシステム社会があたかも主観的観念論者、カントやフィヒテの時代から (十分に) 生成していたかのように、アドルノは、彼ら主観的観念論者たち、カントとフィヒテの理説を閉鎖社会としてのシステム社会のなかに位置づけ、閉鎖社会＝システム社会のあり方から彼らの理説を解釈する。(11) こうして、アドルノは次のように語る。「振り返ってみれば、道徳的なものの実定性、すなわち、主観的観念論者たちがその道徳的なものに設定した無謬性は、いまだ多少とも閉鎖的な社会を持続させる機能、あるいは少なくとも、そうした社会の中に閉じ込められている意識に対して閉鎖的な社会という仮象を与える機能であったことが判明する」(ND, 241/296)。

主観的観念論者たち、カントやフィヒテは、そしてわれわれは今や閉鎖社会としてのシステム社会に属し、こうした社会の中で生きている。道徳的なものが無謬だという主張は、こうした社会にあっては、道徳的なものが社会の質料から絞り出されてきたものであるかぎり、その社会を持続させる機能を有することになる。だから、理論（理性）に対する実践理性の優位の主張は、アドルノによれば、「伝統を墨守する場面でしか当てはまらない」（ND, 241/296）。ここで伝統というのは、閉鎖社会＝システム社会の伝統、従ってシステム社会の構造的編成そのもののことであろう。

以上のアドルノの議論の構成諸要素は以下の通りである。

① 閉鎖社会としてのシステム社会が念頭に置かれている。
② カントの理説はシステム社会の内部に置かれて解釈される。
③ 道徳的なものは無謬的なものであるとカントやフィヒテらによって考えられている。
④ 道徳的なものは社会の実質から絞り出されたものである。

以上から次のことが帰結する。

⑤ 道徳的なものが無謬であるという主張は、その社会を存続させる機能を果たす。

心理学的観点

アドルノは、（カントの）自由の教義に食い込んでいる強制的性格に言及していた。超自我、すなわち良心というのは、アドルノによれば、心理学的に存在する良心であり、この超自我は抗いがたいものであって、このことがカントによって道徳法則の事実性を保証している。これがアドルノの議論である。ここでアドルノは（フロイトの）精神分析の知見を援用している。自我というものは、実はリビドー・エネルギーから枝分かれしたものである。

道徳法則のいわゆる純粋で命法的な形式、これがまた、アドルノによると、自我という同一的に貫徹される固定した権威がすでに発達していることを前提とする。この固定した権威が、カントによって道徳の必然的な条件として絶対化されている、というのである。

カントが無時間的英知的なものとしたものに関して、フロイト学派はその経験的発生を明らかにした。超自我とは、この場合、社会的強制の盲目的で無意識的な内面化である。超自我を生み出しているものは社会である。アドルノによると、超自我は強制のメカニズムであり、それ故、超自我に対する批判は社会批判とならなければならない。アドルノは、良心、すなわち超自我の現実的な強制からカントの自由の教義における強制的性格を論定する。これは心理学の知見を援用したものである。それで、アドルノのこの解釈では、超自我は、抗いがたい、抵抗しがたいものだが、（カントにおける）道徳法則の事実性はこの抵抗しがたさによって保証されると解釈される。ここでのアドルノの読解は、事実的現存在を経験的とし、英知的性格を超経験的なものとするかの二分法に従っている。

9　体系のほころび

カント哲学の体系的性格

アドルノはカントの哲学について、カント哲学の全体は統一という刻印を帯びている、と言う。彼の哲学は体系という性格を持っており、そして体系であるからには、そこにはある統一がなければならない。カント哲学の統一とは、理性の概念そのものであって、この理性の概念とは純粋な無矛盾性を旨とする論理的理性である。アドルノはこの論理的理性という点に、これこそ体系の統一の原理なのだが、すでに強制の契機を見出している。アドルノによれば、論理的な厳密さというものははじめから非自由、従って強制の契機を含んでいる。というのも、判断の遂行に適合しないものは抹殺されるからだ。アドルノの思考にあっては、この強制は同一化と結びついており、そしてこの同一化は社会的強制と結びついている。とはいえ、同時にアドルノからすれば、そうした強制というものがなければそもそも思惟というものは成立し得ない。思惟と強制とはいつも結びついており、それ故に、思惟と非自由としての強制との結合はこれを解除することのできないものである。このように、アドルノにとって思惟と自由とは矛盾するものであり、だからこそ、思惟は自己反省を要求される。

ここに、システム社会において巨大な経済機構の維持機能に退化した理性、あるいは思惟の性格が思惟一般に投影されているように私には思われるが、それはともあれ、アドルノは、カント哲学の体系的統一の原理を純粋な論理的理性、すなわち無矛盾性を追い求める論理的理性とする。このように、論理的理性は体系の統一的原理として理解されるのであるが、まさしくそれが体系の統一的原理であるからこそ、理性は、一方では主観性の純粋形態であり、他方では客観的妥当性の総体、客観性の原型として、つまりはこうした（構造的）二重性として現れる。その際、アドルノはカント哲学に関して、主観に対立するものとしての客観性は主観のなかに埋没しているものと見なしている。

ここに、アドルノのカント読解の図式、換言すればカント解釈におけるアドルノのメタ哲学の基本的な思考枠組みが主観－客観図式であることが再び示されるが、アドルノはカントの意志をも直ちにこの図式のもとで解釈する。理性というのは主観性の純粋形態だが、それは同時に他方で客観的妥当性の総体である対象化を拒むあらゆる衝動を他律的なものとして自ら追放した意志である。意志は、決して対象化され得ないものとして主観以外の何ものでもないが、他方では、事実的経験的世界のなかの事実的意志へと対象化される。これが意味するのは、自発性であり、主観以外の何ものでもない意志、決して対象化され得ないものとしての意志が己を事実的経験的な意志へと己を対象化するということである。アドルノはカントが語る意志をこのように理解する。

しかし、もしそうなら、問題が生じよう。そもそも非事実的で非経験的な、純粋な主観性たる意志はいかにして己を事実的経験的意志へと対象化することができるのか。そもそもそうしたことは可能であるようには思われないであろう。アドルノはこの問題を意志というものは元々事実的に存在するという本性（Natur）を持っているのだという仕方で解決する。だが、アドルノの見るところ、カントの実践理性は対象を一切奪われ、このことによってあの絶対的に至高の理性になるが、そうなると実践理性が存在するものに如何にして到達することができるかは明らかではなくなる。

アドルノは、カントの理性を体系の統一の原理である論理的理性とした。カント哲学に見られる様々な区別、例えば、純粋理論的な教義と純粋実践的な教義との区別は理性それ自体の内部の区別ではなく、理性使用に関する区別であるにすぎない。それ故、アドルノの見るところ、カントが語る体系の統一原理はあくまで論理的理性に他ならない。この論理的理性に同一性の支配と従ってまた社会的支配が結びつけられる。

パラドクス・アポリア

アドルノはカントの体系に様々なパラドクス・アポリアを論定している。

① カントの理性批判は空間－時間を超えた主体を話題にすることを禁じているが、それにもかかわらず、カントは自由に関与し、自由を救済するためには、仮想的な主体について語らざるを得ず、そして仮想的な主体は

時間の外に存在しなくてはならない。というのは仮想的な主体、つまり英知的主体は、物自体の領域に属するものとして、時間はもっぱら現象に関わるのだから、それは時間の外に存在しなければならず、時間的に規定されてはならないものだからである。とすれば、自由は徹底して非時間的なものの述語でなければならないはずであろう。しかるに、もしそうなら、「そのように非時間的なものが、それ自身が時間的になることも、カント的な因果性の領域へ迷い込むこともなしに、空間－時間的な世界に働きかけることができるのはどうしてなのか。これを理解するのは困難である」(ND, 251/308)。ここで持ち出されるのが「物自体」という曖昧な概念であるが、この概念は曖昧であるからこそ、必要に応じて説明のために持ち出されてくるとアドルノは言う。けれども、自由が実現されるべきとすれば、すなわちこの世界で自由が実現されるべきとすれば、仮想的であるとされた主体はそれ自身現実存在でなければならないであろう。これがアドルノが指摘するアポリアである。

② このアポリアのために、カントがどうしなければならなかったかと言えば、それは経験的世界からやってくるメタファーに頼ることである。カントは自由を救済しようとしたが、「自由の教義に不可欠の理解可能性を自由に与えようとするカントの試みは、メタファーを媒介にすることによって不可避的に、経験世界からくるイメージにいきつく」(ND, 252/309)。それが因果性の概念である。カントにおいて理性とは立法する能力であり、カントは自由による因果性について語るが、このように自由は特殊な種類の因果性とされている。因果性とは必然性であるから、アドルノによれば、カントはまさしく自由を定立しながら、同時にそのことによって自由を撤回している。これがまたアポリアである。アドルノの見るところ、定言命法から強制が生じるが、強制は定言命法において表現されるとされる自由に反する。これは先に見たアポリアの変奏である。自由の因果性について語るとき、カントは「因果性」の概念をいわば拡大使用しているのであるが、アドルノはこの点に

にかの二分法的調停に陥ってしまったというのがアドルノの主張である。

矛盾を、「因果性」という概念の意味と使用の間の矛盾を論定していた。カントはこの矛盾を考え抜く代わり

③　時間は現実に存在するものを空間とともに構成するが、他方カントは英知的現実存在について語っている。英知的現実存在とは時間のない現実存在であろうが、しかし時間と空間がこの現実存在を構成するはずである。だからカントは、アドルノによれば、カントの体系によって禁じられているもの・無時間的（無空間的な）現実存在をいわば甘んじて求めざるを得ない。

更に、アドルノはカントの英知的性格を自然的・経験的領域から絶対的に分断されたものとして解釈していた。この解釈からすれば、その英知的性格が如何にして経験に対して働きかけうるか、カントは働きかけることができると考えているのであるが、明らかではなくなる。自然的経験的なものから徹底的に切断された主体がもし経験的自然的領域に働きかけを行うことができるとすれば、それは現象世界の契機であるほかはないということになろうが、この場合、英知的性格は感性界と混交することになり、これはカント的二元論からすれば、自己矛盾となろう。それにまた、英知的性格は感性界、従って幸福からも徹底的に分断されているはずであるが、カントは道徳哲学を完成させる段になると、始めには両者の絶対的分離を主張していたのに、「カントは恥を忍んで、純粋実践理性にまで世俗化された英知的な領域を、［経験的領域・自然とは］絶対的に異なるものとしては考えなくなる（Lasst er sich……zu denken）」（ND, 285/350）。

このようなアドルノの議論には二つの前提がある。

［a］カントは経験的なものと自然的なものを同一視しているというアドルノの理解。

［b］経験的なものと英知的なものは絶対的に分断されているというアドルノの理解。

これら二つの前提的理解が成り立つ限りで、以上のアドルノの議論は成立する。それ故、これらの前提が理解として成り立たないということになれば、アドルノの議論が成立するかどうかも怪しくなろう。前提的理解［a］がカントにあっては成り立たないということが明らかになれば、［b］も怪しくなる。更に、カントによる実質の捨象は、後に立ち入ることになるが、英知的なもの、あるいは実践理性をそれとして確定するための方法的抽象である可能性がある。もし実質の捨象が方法的抽象であるならば、アドルノがそう理解したかの絶対的分断の考えはカントにはなかったということにもなろう。というのは、方法的抽象は、この絶対的分断を含意しないからである。

④　体系にとっての所与。既に見たように、アドルノはカントの理性を絶対的に支配するものとして理解した。さらに、定言命法から強制が生じるのであり、自由は強制の最高の規定としての定言命法によって表現されるとされる。これはカントの自由の理説のアンチノミー的性格と称されるものである。ところで、定言命法が語る道徳法則は、『実践理性批判』では、理性の事実とされるが、この事実は体系にとって所与である。道徳法則は所与の事実として無媒介的に理性的だと見なされるとともに、アドルノからすれば、同時に非理性的であるとされる。道徳法則が理性的であるというのは、それが内容なき純粋な論理的理性に還元されるからであり、それが非理性的だというのは、それがそれ以上の分析を許さない、その意味で非合理的な権威となるからである。体系は体系としてその体系内では証明できない所与を前提とする。アドルノによれば、こうした所与はそれ以上分析できないものとして崇拝の対象にされるが、これには非理性的権威がまとわりついている。こうした所与には敬意が払われなくてはならず、それについてそれ以上詭弁を労して思い煩ってはいけないというわ

けである。体系にとっての所与としての道徳法則に関して、アドルノは（まことにアドルノ風の）解釈を施している。一つは、それは「頼むからもうこれ以上問うのはやめてくれ」ということを意味する。アドルノによれば、「もうこれ以上問うのはやめてくれたまえ」という言明にはある心理学的な防衛機構が働いている。カントの自律の理説には他律が潜んでいることにカントが気がついているために、カントは防衛的になり、道徳法則を所与としてそれ以上の分析を切断したのだというのである。つまり、「お願いだからこれ以上は止めてくれたまえ。さもないと当為の領域における世界の美しい救済策と、ヒエラルキー的構造をもつ私の哲学の最上階全体が壊れてしまう」（PM, 143/162）というわけである。

もう一つの解釈は体系にあっては一切を証明することはできないのだという点に関係している。フィヒテとは違って、カントは一切の事柄を体系内で証明しようとはしない。もしそれが何であれ一切の事柄が体系内で演繹されるということになれば、一切の事柄は体系内の契機として、体系の同一性に服することになろう。だから、ここに道徳法則が体系にとって所与、体系内では証明できず演繹できない所与の事実とすることには、ある種の非同一性の意識が存していることになる。この非同一性の意識は、『否定弁証法』のなかでは、現状とは別の状態になる可能性として言及されている。「すべての人びとはいまは彼らの自己に閉じこめられ、それによって彼らの自己から遮断されてすらいるけれども、現在われわれが置かれているのとは別の状態になる可能性もある。この可能性が英知的性格なのである」（ND, 293/361）。

10　システム社会

先に見たように、アドルノは、カントの道徳哲学を、一方では、近代に発展してきた商品交易と社会的労働の活動圏としての市民社会（これは、商品社会とも交換社会とも市場社会とも言われる）のうちに位置づけて解釈するとともに、他方では、その同じカントの道徳哲学をその市民社会の後の発展形態であるシステム社会のうちに位置づけて解釈し、読解している。近代に生成した市民社会とシステム社会とは歴史的位相を異にするが（近代に生成した、その生成期における市民社会（ハーバーマスの言葉で言えば、商品交易と社会的労働の活動圏という意味での市民社会）がシステム社会に移行するのは、とりわけ、階級闘争の弁証法が社会発展の推進力という力を失う時である。アドルノは、両者があたかも同一平面にあるかのように扱っている。ここには、私の見るところ、アドルノには、彼が歴史的社会的観点からカントの理説を読解しようとするにもかかわらず、歴史的位相を異にするものを同一の時間平面上にあるかの如くに扱うという、特有の非歴史性がある。アドルノの思考におけるこの特有の非歴史性に照明を与えるために、以下システム社会の生成について若干立ち入ってみたい。私の見るところ、アドルノの思考、それ故、アドルノのカント読解の基底には、システム社会の相貌が据えつけられている。[12]

注

（1）　この理解は、正しいとともに正しくない。そして正しくないことは決定的に重要である。この点には以下において立ち入る。

（2）デューイは「自由の哲学（Philosophies of Freedom）」を批判するが、この場合、自由の哲学というのは、以上のような意味での本体的自我（the noumenal self）を基礎に置く哲学である。この点については、Eric Thomas Weber, *Rawls, Dewey and Constructivism On the Epistemology of Justice*, continuum, 2010, chap. 4. を参照されたい。

（3）というのは、ある主観の自律は他の主観との媒介において初めて可能であるとする思考があり得るからである。ハーバーマスが言う主観哲学（ないし意識哲学）の克服においては、主観の自律は主観と他の主観との相互媒介においてのみ、可能とされることになろう。ここで少しく先走って言えば、カントの言う自律は、アドルノが理解する意味での絶対的自我存在の自律ではなく、主観相互の関係性における自律であって、それ故、カントにおいては、他者との媒介が直ちに他律的になるということはない。己を絶対的自我存在と思いなしている者は、他者との関係性をすべて自己の自律に反すると感じるであろう。

（4）ここで、アドルノが人格性はあらゆる理性的存在者に欠くことのできない普遍性であると言っていることに注意しよう。ここでは、複数の理性的存在者が想定されている。人格性というのは、そうした複数の理性的存在者の全てに欠くことのできない普遍性である。しかし、この場合、主観－客観図式（ハーバーマスやホネットが言う意識哲学のパラダイム）のもとでは、ある主観としての理性的存在者に対して他の理性的存在者のすべては客観として現れる。

（5）Vgl. J. Habermas “»Ich selber bin ja ein Stück Natur« -Adorno über die Naturverflochtenheit der Vernunft. Überlegungen zum Verhältnis von Freiheit und Unverfügbarkeit, 1 Zur Phänomelogie des Freiheitsbewusstsein”, *Zwischen Naturalismus und Religion Philosophische Aufsätze*, Suhrkamp, 2005, S. 193–4.

（6）アドルノは「理性はその自然の傾向に駆りたてられ、経験的使用を超え、純粋使用において、理念のみを頼りに、すべての認識の極限にまで敢えて迫り、そのサイクルを完成し、それ自体で存立する体系的全体において初めて、安らぎを見出すことが出来る」（KrV, B825/A797）という『純粋理性批判』におけるカントの言明を引用し、ここで言われる自然は、それはルソーから継承された自然概念であるが、心理学的な意味での自然ではなく、自然とはここでは理性がそれ自身の本質によって経験可能の限界を超えるように駆り立てられる、ということだとことわっている（PM, 90–1/105–6）。

（7）それぞれで「自然」の意味が異なるとしても。

（8）Kant, *Kritik der reinen Vernunft*, B831/A803.

（9）だから、この前提を取り外せば、あるいはさらに、カントのテキスト読解においてこの絶対的分離が仮象であることが示されれば、アドルノのカント読解とは異なるカント読解が可能となるであろう。

（10）更に、実践理性が、すなわち道徳法則が規定根拠となっている意志が、例えば、他者を己の目的の手段としてのみ用いようとする傾向性に対して闘争を交え、それを否定して、変容させることを傾向性に対する「支配」と呼ぶとしても、この意味での「支配」は決して否定されるべきではない。

（11）ここに、社会的・歴史的観点からカントを解読するアドルノの特有の非歴史性がある。ここでは、過去と現在とが同一の平面上に置かれて、システム社会の反復の論理の内に時間が押し込められている。

（12）以上、私は、アドルノがカントをどのように読解しているかを見た。なお、ハーバーマスはヘーゲルのカント批判に言及し、ヘーゲルのカント批判が討議倫理にもあてはまるか否かを吟味している（J. Habermas, "Treffen Hegels Einwände gegen Kant auf die Diskursethik zu ?" J. Habermas, *Erläuterungen zur Diskursethik*, Suhrkamp Verlag, 1991.（ユルゲン・ハーバーマス「カントに対するヘーゲルの意義は討議倫理にも当てはまるか?」、ユルゲン・ハーバーマス『討議倫理』清水多吉／朝倉輝一訳、法政大学出版局、二〇〇五年。）というのも、討議倫理はコミュニケーションの手段を用いてカントの道徳論を再定式化することを意図しているが故に、ヘーゲルのカントに対する異議は討議倫理にも関わってくるからである。ここで、私は、ハーバーマスの論考を見ておくことにする。それというのは、ヘーゲルのカント批判はアドルノのカント批判に一定の照明を与えるように思われるからである。

カントに対するヘーゲルの異議としてハーバーマスが挙げているのは次の四点である。

① 形式主義に対する批判。それは定言命法は行為の格率の特殊な内容をすべて捨象するが故に、道徳原理は同語反復的判断に行きつく、というものである。

② 抽象的普遍主義に対する異議。これは、定言命法は普遍を特殊から分離するが故に、その都度特殊な解決を必要とする問題に対して、つまり個々の事柄に対しては外面的なものになる。

③ 単なる行為の無力に対する異議。定言命法は当為を存在から分離しており、それ故道徳原理がどのように実践に転化するのかという問題が生じる。

④ 純粋な心情のテロリズムに対するヘーゲルの異議。定言命法は実践理性の純粋な要求を精神の形成過程や歴史的に具体化されたものから切断する。

若干のコメントを行う。

カントに対するヘーゲルの異議は、形式主義というものであった。ヘーゲルは善き生活を、カントがしたように抽象化してしまえば、単なる形式主義になり、道徳は日常生活の実質的に重要な問題に対してその責任を放棄することになると言う。この異議に対して、ハーバーマスはヘーゲルはねらいをはずしてしまったと言う。というのは、ハーバーマスが見るところでは、カントの道徳論は正義の問題に集中するものであるが、例えば人権は正義の問題に関係するのであり、そしてそれは法秩序の道徳的実体を構成するものとして、現代における人倫にとって重要なものであるからである。形式主義に関するヘーゲルの異議に対しては、ハーバーマスは、カントの形式主義はある実質的意義を持っている（だから、それは単なる同語反復に行きつくというのは誤りだ）、と言う。

カントでは、独白的手続きのために手続き主義的倫理学は硬直化してしまうが、この厳格主義にヘーゲルの異議は向けられる。特殊な状況への規範の適用を考えなくてはならないのに、カントではこの次元が消えてしまう。こうして、カント倫理学は、ウェーバーの言葉では、心情倫理だということになる。この心情倫理という点は、ウェーバーがカント倫理学に対する批判として挙げたものであるが、ハーバーマスはこの（ウェーバーの）異論はカントに向けられたのであって、討議倫理に対して向けられたものではないとしてすませてしまう。

カントに対する形式主義、抽象的普遍主義、当為の存在からの分離、純粋な心情のテロリズムといった批判は、いずれも、アドルノのカント読解のうちに見られるものである。アドルノのカント批判はヘーゲルのカント批判を基本線において続行していると言えよう。

第二章　システム社会の生成

1　ホルクハイマーの議論

M・ホルクハイマーは、論文「伝統的理論と批判理論」のなかで、一八世紀の経験主義的啓蒙と現代の啓蒙の巨大な違いを見誤るのは間違いだ、と言っているが、ここにすでに一八世紀の啓蒙と現代の啓蒙との巨大な相違の指摘があり、事柄・事態に対する歴史的位相の違いへの言及がある。一八世紀に、新しい社会が旧社会の枠内で発展していた。市民的経済はすでに存在していたが、市民階級にとってはこれを封建的束縛から解放すること、この市民的経済を自由放任させることが問題であった。専門科学的思考は市民経済の一部をなすのだが、それは旧来の教学的諸束縛を破砕すればよかったのである。

これに対して、現代の社会形式から未来の社会形式へと移行するためには、人類は己を意識的主体として形成しなければならず、己の生活形態を積極的に規定しなければならない。経済的諸関係の自覚的編成が必要である。それ故に、理論に対する敵意は今日では妨害となるのである。(1) 人間存在の根本的変革、このためには理性的に編成された未来社会への関心に立って現代社会に批判的に照明を与えることが必要である。それは専門諸科学のなかで形成された伝統的諸理論の助けを借りてである。実証性と事実への従属の要求、これは理論への感覚を鈍化させかねないのだが、理論にばかりではなく、解放的実践にも影響を与えるのだ。

自由主義の時代においては、経済的支配は生産手段の法的所有と結び付いていた。このときには私有財産の持ち主という大きな階級が社会を指導しており、産業はささやかな独立的諸企業の大群からなっている。工場管理は一人あるいは多数の財産家によって、あるいは財産家から直接に委任を受けた人々によって行われていた。ところが、この一〇〇年間、資本集積と集中が進行するとともに、私有財産の持ち主、すなわち生産手段の法的所有者の多くは巨大企業の指導から離れ、その指導は法的所有者の名義から独立化されて、経済の指導者つまりは経営者の手に移っていく。経済の指導者は、初めにはコンツェルンの財産の大きな部分を所有してはいたが、それは今日では異なっている。この過程の中で財産所有者つまりは資本家はますます無力になり、生産手段に対する巨大企業の支配は経済の指導者、すなわち経営者の側に移ってしまった。すなわち、資本の人格化は資本家から経営者に移動したのである。「現実の生産からの遊離と彼らの低下する影響力の二つによって、財産のたんなる名義所有者の視野はせばまっていく一方であり、彼らの生活諸条件と彼らの人格は、ますます社会的決定力をもった立場にふさわしいものでなくなっている。そして最後には、彼らが財産からまだひきだせるわけ前は、財産の増大に現実的に何か足し前をくわえることができないので、社会的にも無用であり、道徳的にも疑わしいものとして現れてくる」(2)。かくて生じるのは、独立的な財産所有者によってではなく、産業的指導者と政治的指導者によって支配される社会である(3)。すなわち、ホルクハイマーの言葉では、独占資本主義の諸関係が生じてくるわけである。

私見では、ここで、階級社会からシステム社会への移行の一局面が言及されている。それは、生産手段に対する支配が財産所有者（資本家階級）の手から、それとは区別される経済の指導者、すなわち経営者の手に移っていくということである。経営者たる経済の指導者は従来の意味での資本家階級ではなく、それ故、資本の人格化は今や資本家ではなく、経済の指導者が担うことになる。階級が消滅したというのではなく、資本の人格化として新たな階級が出現したのである。（そして、次にはこの経営者が所有者にもなりうる。）このことによって、「階級」の意味が少なくとも変容する。これが私がホルクハイマーの議論から抽出したい、階級社会からシステム社会への移行の一局面である。

自由主義の時代には、ホルクハイマーは言うが、約束を守る態度や判断の個別性などといったことは契約主体としてのいくらか独立的な経済主体からなる社会の産物であるが、独占主義の時代には個人のこの相対的な独立性さえ失われてしまう。ここでは諸個人はただひたすら経済的機構の純粋な機能として行動する。ホルクハイマーによれば、労働者たちは独占資本主義及び権威主義国家の抑圧装置を前にして無力となる。個人が経済機構の純粋な機能に還元されるという点、この点がシステム社会生成の第二の局面である。

以上のごとき事態の歴史的変容は概念や理論の変換を惹起する。例えば、「企業家」という概念は、市民的経済の最初の形成の時代と二〇世紀における経済の有り様とでは違ってくる。企業家それ自身と同様、企業家のイメージも発展しているのである。理論の同一の対象は歴史的に変化しているのであって、そのために理論の（独立に考えられた）諸部分には矛盾が生じてくる。ホルクハイマーはこの論文で、批判理論全体の一般的基準といったものは、一般的基準なるものがいつも出来事の繰り返し、それ故に自分自身を再生産する全体の存在に依存するが故に、存在しないと述べている。(4) 批判理論全体にとって何故その一般的基準が存在しないのかと言えば、その対象、すなわち社会は出来事の反復ではなく、「日の下に新しきものはなし」ということは成り立たないからである。つまり、新しきものは古きものに対して新しきものであるが、その新しきものはまた同時に古きものの反復でもある、ということはないからである。一般的基準なるものはいつも自らを再生産する全体の存在に依存しており、それ故、一般的基準に固執することは、己を（同一のものとして）再生産する全体の永遠化を惹起することになろう。

2　システム社会の生成　日本の場合

われわれはこの日本の地で生活しているのであるから、私は次にシステム社会の生成を特に第二次世界大戦後の日本を例に跡づけてみたい。

戦後経済成長と国家活動

ハーバーマスが『後期資本主義における正統化の問題』で挙げている自由資本主義時代の国家活動は、市場活動に介入せず、もっぱら資本主義発展の外的諸条件の整備を目指すというものである。それは、（a）法体系の確立、市場の副次的機能障害からの保護、鉄道、交通、港湾、教育といった総経済的条件の整備、その他通商政策、関税政策による国内経済の国際競争力の強化の助力等であり、（b）資本主義生産の運動の中で生じてくる競争形態、企業形態への法的形態の付与である。確かに、自由資本主義においても、市場の運動の自律的自己調整的機能は単に近似的にのみ成立していたにすぎず、例えば、国家による資本主義的生産の一般的諸条件の整備を必要としていたが、それでも上の二つの国家活動は、市場・資本主義的生産の運動を論理的前提としているのであって、国家の活動はそれを論理的前提とした上でのその諸条件の整備に限定される。国家活動は市場・資本主義的生産を自ら創出しようとするという意味では積極性を持ってはいないのである。それ故、自由資本主義ないし産業資本主義時代の国家が制定する法は、存在する経済的諸関係の反映とならざるを得ない。（もとより、私法と公法は分離しており、国家と国民の関係（権利・義務関係）は公法によって律せられる。）

ハーバーマスの言う組織された資本主義、つまりは後期資本主義における国家活動は、社会的生活世界への介入という積極性・能動性を特徴とし、国家の活動は目的志向的な道具主義的性格を帯びる。国家は（c）市場代行行動、（d）市場の機能障害の費用の引受けという活動を（a）と（b）の活動に加えて遂行するが、この活動の基本的性格はとりわけ経済危機回避を目指すシステム制御という、現実的危機もしくは将来に生じるであろう危機に対する反応行動にある。この反応行動の結果、経済危機は国家システムの合理性、正統性危機、更には動機づけ危機へと転化する、言い換えれば経済危機は国家システム及び社会文化システムへと移される。こうした国家活動は、危機管理と危機回避戦略のための国家の目的志向的な活動（国家は国家プログラムを策定して総資本主義的目標を追求し、このために他の生活領域に対する国家の自立性が強化される）を論定するK・オッフェの「生産的国家政策」に照応する。とはいえ、この場合にも、なるほど国家が能動的・積極的に例えば経済領域に介入するとしても、その行動が危機への反応行動であるために、国家の活動は経済危機の存在をその論理的前提としている。

しかしながら、戦後日本の高度経済成長を促進したその時期の日本国家の活動は、上記（a）〜（d）のいずれの国家活動とも直接には一致しないように思われる。

一九五一年サンフランシスコ講話条約締結（同時に日米安保条約が締結された）とともに占領権力が撤退し、日本政府（国家）は独自の統治機構の創出を図ることになるが、その際日本国家が採った方向は天皇制を軸とした戦前型統治機構の復活・占領権力によって破壊された天皇制国家形態の再確立であり、企業の経営側も戦前型の労働者支配の再確立を目指した[5]。こうした戦前型支配構造への復帰政策に対しては、占領権力のもとで、レッドパージなどによって弱体化した、そして戦後の戦闘的労働組合運動を担った全日本産業別組合会議から一九五〇年に分離し、戦後左派労働運動の中軸となったいわゆる総評が職場を中心に広範な反対運動・国民運動を組織し、これが一九六〇年の安保闘争に流れ込む。こうした国民が示した力を前にして、日本国家は戦前型統治機構の再確立の政策から転換し、高度経済成長に基づく戦後型の新しい統治機構を模索していくことになる。もちろん、そこには朝鮮戦争による特需が介在していた。

高度経済成長の本格的な始動は、所得倍増計画と前内閣とは異なる「低姿勢」を掲げた一九六〇年の池田内閣成立からであるが、一九五五から六〇年を高度経済成長期に入れることもできよう。この期間に、鉄鋼の合理化計画や電力五カ年計画、石油化学第一期計画などによって、経済成長の国内的基盤が創出されていく。鉄鋼業における当時世界最新鋭の設備の導入は、とりわけ薄板生産を可能としたということによって、自動車・家庭電器といった耐久消費材の大量生産の可能性を作り出したし、石油化学の面では、臨海石油コンビナートが形成され、石油多消費型産業・石油文明の基礎が作り出された。のみならず、電力の主流が水力から石油による火力へと転換され（そして、それに原子力が付け加えられる）、安価な石油が高度経済成長のエネルギー的基礎となっていく[6]。この間、「高度経済成長は民間の活発な設備投資が主導したものであったが、それを補完して促進したのは政府による膨大な財政投資であった。政府は産業活動に対する積極的な税や金融政策上の優遇措置をとる一方で、道路、港湾、鉄道、用地、用水などの産業基盤の整備をはかったのである。それは、政府による一連の経済発展計画とその戦略としての地域開発政策の推進によって実施された。……このような、いわば官民一体の成長主義的政策の推進のためには設備投資や産業立地のほかに、さらにこの生産力をになう豊富で良質な労働力の創出が必要であった。新しい産業と生産力を支える労働力は『近代化』政策という名の『合理化』政策が農業や中・小企業に対してすすめられるなかで大量に析出された。この『近代化』政策を具体的に推進した地域開発政策は産業立地をすすめただけではなく、労働力の流動化も促進する役割をになったのである。この結果、日本ではかつてみられない、また世界的にもこれほど短時間には例をみない大規模で急激な人口移動をともなった就業構造の変化が生じたのである」[7]。

こうした日本国家の活動は、その高い程度の積極性・目的指向性によって特徴づけられる。それは、（a）～（b）で言及された様々な諸活動を遂行するが、しかし（a）と（b）に特徴的な資本主義発展の外的諸条件の整備より以上に積極的である。即ち、あらかじめ論理的に前提された市場の運動と資本主義的生産の外的諸条件の整備というよりは、資本主義的市場と資本主義発展の可能性をこれから創出しようとする。もとより、当時の日本国家システムがいわば無から資本主義の発展・市場の発展を創出しようとしたわけではなく、またそうできるわけでもなく、高度経済成長の諸条件は一つには、戦後日本が置かれた国際的条件のうちで与えられており[8]、国内条件としては戦後改革の中で準備されていた。けれども、日本国家の活動は自立的に展開する市場のためのその諸条件の整備というよりは、こうした諸条件を整備することによって資本主義発展を促そうという目的指向性が強いのである。確かに、国家は交通、港湾、教育等総経済的条件の整備を行う。即ち、（a）において言及された活動の一種を遂行したが、それは資本主義発展を促すという高い目的志向性を持つ国家の全体的計画の一部としてである。この計画は重化学工業の育成を中心として、金融・財政政策・農業、中小企業の合理化による膨大な労働人口の創出、科学・教育政策などの諸政策の体系性を備えていた[9]。これは日本の生活世界を資本蓄積に適合する形態へと大規模に変換するものであったといってよい。だから、国家の活動は、決して単に（b）に言及された活動、即ち、「資本の蓄積過程は企業組織、競争、財務などの新しい形態に（たとえば銀行法や企業法の新しい法制の創出、租税体系の操作などによって）法体系を適合させることを必要とする。その際、国家はその活動範囲を、その過程への市場補完的適合に限定し、過程そのものの動態には影響力を行使せず、したがって社会的組織原理にも階級構造にも手を触れずにおく[10]」という活動によってもそれとして特徴づけられはしない。もちろん、国家がここで言及された諸活動を遂行するにしても、それは市場補完的適合のレベルには留まっておらず、先の国家の能動的積極的な性格を持つ全体的計画の一環としてである。それ故にまた、国家が制定する法は、民法体系の設立、反カルテル法、標準労働日の法的規制というような市場動向への適合・あるいは機能障害の回避のための立法というよりは、全体的国家計画の遂行のための政策法の性格を持つ。こうした政策法は、現にあるものの法的規制というよりは、この規制を含みつつもそれ以上のもの、即ち、新しい生活形式の文法の創出を目指している。

言語哲学者J・サールは規則を二つの種類に分けている[11]。それは、統制的規則と構成的規則である。前者は、「あらかじめ存在する行為の振る舞い形式を規制する」規則であって、この行為様式を生み出すものではなく、それを一定の仕方で規制するのである。例えば、エチケットの規則は人間の間の関係を規制するが、この関係はエチケットの規則によって産出されるのではない。それはあらかじめ存在する人間関係に一定の形式を付与する。これに対し構成的規則は人間関係、あるいは行為の新しい形式を作り出す。例えば、ソフトボールの規則は単にソフトボールのゲームを規制するばかりではなく、同時にその行為の可能性を作り出すのである[12]。ハーバーマスが自由資本主義時代の国家活動として挙げた法制定のうち民法体系の設立や資本蓄積の結果生み出されてくる新しい企業、財務、競争形態に法体系を適合させるそうした法は、サールの統制規則に照応する法（規則）であると言えよう。（ただし、この場合、現にあるものないし現に生まれつつあるものに法的形式を付与するという時、それに法的形式を付与して促進しようとする場合とそれを抑制する場合（例えば、独占禁止法）とが区別されよう。）これに対して、政策法は、これは行政による計画の手段であるが、サールの言う構成的規則[13]に対応するものであり、それはあらかじめ存在する行為様式・形式を規制するのではなく、新しい行為様式・形式を、従って新しい行為領域を構成する、あるいはそうでなければあるいはあらかじめ現存する生活領域の再構成を目指すのである[14]。こうして、官民一体となって高度経済成長を促進した日本国家の活動は、ハーバーマスやオッフェが後期資本主義国家の特徴とした目的志向性を備えているのである。

もとより、(a)と(b)に挙げられた国家活動は、理念型的に設定された自由資本主義時代における国家活動であり、戦後日本の国家の活動に直接適用できないのは当然であると言える。けれども、高度成長期日本国家の活動は、ハーバーマスが後期資本主義社会における国家の活動として挙げた活動ともやはり異なっている。ハーバーマスが挙げた国家活動は、現存する危機あるいは生じてくるであろう危機に対する反応諸形態である。だから、介入主義国家の計画的活動は、なるほど国家プログラムを策定して積極的に経済過程に介入するとしても、危機に対する反応諸形態という点では受動的性格を保持している。この受動性がむしろ積極性となって現れているのである。即ち、積極的で介入主義的な危機回避戦略となって現れているのである。ところが、高度経済成長を計画した日本国家の活動は、能動的で目的志向的な危機回避戦略としては即座には特徴づけることはできないと思われる。それは危機回避戦略というより、そうした危機回避戦略が必要となるかもしれない資本主義的経済システムの創設に関わっている。こうして、この時期の日本国家の活動は、ハーバーマスが(c)と(d)で言及した、それ故にまたオッフェが定義した生産的国家活動と目的志向性を共有しつつも、その意味合いは相違していると思われる。というのは、ハーバーマスは市場代行行動について「これはすでに独立に発生した経済的実態を顧慮して法的措置を講じるのではなく、経済的推進力の弱点に反応して、もはやその固有の動向に委ねられなくなった蓄積過程の継続を可能にし、このようにして（非生産的使用財にたいする国家需要のように）投資機会の創設と改善によるなり、あるいは（科学技術の進歩の国家的組織化、労働の職業的な質的向上などによって）剰余価値の生産形態を変化させるなりして、新しい経済的実態を創出するのである」[15]と言うが、国家は市場の代行行動や投資による国家需要の拡大より以上の役割を担ったからである。日本の高度経済成長を主導したのは、投資が投資を呼ぶ活発な民間投資であり、国家はそのための条件を、市場の運動の補完に自らを限定することなく創出したのである。（これは国家が高度成長のすべての条件を産出したということを意味していない。）確かに政府は膨大な財政投資を行ったが、それは国家の全体的計画の一環であり、単に成立している経済システム内に生じてくる危機への対処的反応行動ではないのである。かくて、国家は日本の生活世界の総体を資本蓄積に適合的な形態、資本蓄積に極めて適合的で効率的形態をとるように構造的再編を行おうとしたのであり、そしてその国際枠組み上の選択はパクス・アメリカーナのもとでの高度成長という路線の選択からして日米安全保障条約の締結である。もっとも、日本経済の再建、従って日本資本主義の再建を目指すという国家の積極性・能動性は、終戦以後の、とりわけ五〇年代日本国家を特徴づけるものであり、この点は高度経済成長を策定した六〇年代国家にも引き継がれているが、しかし、六〇年代高度成長期には、事態そのものの進展によって、以上の国家活動の積極性は、質的変容を迫られる。即ち、日本資本主義が再建され、経済成長が軌道に乗り、企業社会が形成されるにつれて、今度は既に存在する企業社会の存在を前提として、資本蓄積の諸条件の整備のための政策遂行を行うようになっていく。とりわけ、日本の場合、形成された企業社会の強さに対応して成長主義的色彩が極めて強くなる。換言すれば、日本国家の活動形態は、既に存在している企業社会の存在によって制約され、その意志によって浸透される。

さてもとより、国家の高い程度の目的志向性・能動性の論定は、高度成長の一切の諸条件を自らの内から産出する全能の主体として定立することを意味していない。例えば、高度経済成長の過程では、国家の計画通りにことが運んだのではなく、むしろ計画以上に経済成長が達成されたのであって[16]、それは様々な好条件に支えられていた。もともと「目的合理的行為」の概念は行為主体の全能性を前提とはしていない。目的合理的行為にあっては、行為主体がその意志に反することに出会ったり、予期に反して成功を収め、計画を上方修正したり、その高い積極性にもかかわらず、目的実現に失敗したり、あるいは不都合な事態に遭遇して計画を修正するということが起こり得る。目的志向的主体は彼が自ら創出することのできない様々な諸条件のもとで目的志向的に振る舞うのであり、彼の目的実現がすべて彼の力によるということはない。こうしてまた、国家の積極的な目的志向性の論定が戦後日本の高度経済成長の成功がもっぱら国家の政策の成功に由来するという見解を含意しはしない[17]。国家はすべてを制御できるものではないし、それは一定の所与の制約、諸条件、調整様式のもとでしか行為できないのである。それは行為主体が個人であれ国家であれ同じことである。

ともあれ、高度経済成長の過程の中で、日本の生活世界がわずかの間に大規模な変化を遂げた。この変化過程の中で、重化学工業が展開し、様々な耐久消費材の大量生産システムが形成された。鉄鋼の合理化が薄板生産をもたらし、これが自動車や電気製品の大量生産の可能性を作りだしたが、こうした大量生産の展開は今度は逆に鉄鋼の薄板生産を刺激する。諸企業が株式の相互持合を通して企業集団を形成し、また株式の取得による系列化を押し進める。大企業が数多くの部品製造・第二次加工品を生産する下請けの中小、あるいは中堅の企業を育てあるいは系列化するのである[18]。また他方では、春闘が労使の賃金交渉の形態として制度化され、実質賃金の一定の上昇が労働者の購買力を上昇させ、こうして、生産と需要の連結が形成される。言い換えれば、大量消費の時代がやって来るのである。なるほど、日本では、膨大な潜在的過剰人口を持つ農村から絶えず相対的に安価な労働力が供給され、これがまた絶えず大企業正規労働者とそれ以外の中小企業労働者、大企業の臨時工等との間に存在する労働市場の差別的格差的構造を再生産し続け、このことがまた労働生産性の上昇に比較して実質賃金の上昇を絶えず低く抑制したが、(19)しかしそれでも六〇年代の高度成長の過程では、若年労働者の企業への定着率の低さと高度成長がための相対的労働力不足のためもあって、企業側も定期昇給以上の賃金上昇を認め、労働生産性の上昇に比例してではなかったにせよ、労働生産性の上昇と実質賃金の上昇の連動が確立された。こうして、日本の社会経済体制の基本構造として、生産と需要を連動させる内包的蓄積様式と調整様式、内包的蓄積様式に照応し、諸個人をこの蓄積体制に適合させる様々な制度諸形態、つまりは生活形式・様式の総体が形成された。それは一言で言えば、生産第一主義と快楽主義との結合の体制である(20)

この体制は生産第一主義という点で絶えざる自然の搾取と消費への欲望の絶えざる開発なしには存続することができない。開発された欲望は諸主体から自立化し、むしろ諸主体はこの欲望に引きづられていく。こうして生活世界のあらゆる場面に資本の論理——以下に見る、はじめには民間大企業で形成された能力主義的競争秩序とそれが規定する意識形態、資本増殖の点での効率性の追求——が浸透し、この内包的蓄積様式の展開とともに生活世界の物象化が進展する。

主体の物象化

一九五五年は高度経済成長の政治的経済的諸条件が整備された年である。しかし、この当時では企業の職場では、親方的熟練工を中心とする身分制的労働者社会が依然として存在していた。けれども、高度経済成長が進展する中で、徐々に職場のこの労働者社会は解体を余儀なくされる。

高度成長とともに、いわゆる新産業都市や太平洋ベルト地帯が現出してくるが、このことはとりわけ農業の近代化政策によって析出された大量の労働力人口が若年労働者として都市へと移住したということでもある。[21] こうした多くの労働者たちは、賃金労働者として都市的生活様式を身につけていくことになるが、一方では絶えざる技術革新の過程に晒され、他方では形成されつつあった企業内での競争主義的秩序に巻き込まれていく。これがなるほど身分制的ではあったとしても依然として存在していた労働者たちの仲間の世界を押し潰し、この過程の中で労働主体の物象化が進行するのである。言い換えれば、戦後世界に特徴的な生活実践のあり方が形成されてくるのである。とりわけアメリカからの新技術導入によって、親方的熟練——この中に作業に関する手順や速度等に関する様々な要素が蓄積されていた——を必要とし、それに頼ることの多かった労働の技術的編成が変革される。欧米型の生産システムであるテイラー主義的生産システムは、人間労働を科学的に研究して基本動作・単純労働へと還元し、即ち、諸要素へと還元し、その一部は機械によって置換することで、単純化された人間労働と機械とが結合した一貫した連続的過程を可能にする巨大な生産ラインを作り上げる。他方では、管理・監督、あるいは立案計画機能をもっぱら有するスタッフ層が形成されて親方的熟練工の経験の中に未分化に蓄積されていた計画・判断機能が明確に分離され、このスタッフ層・エリート層の機能として自立化する。[22] 作業標準時間、標準的品質の設定などはこのスタッフ層の機能であって、それが、単純労働者に指令される。単純化され、標準化された労働に必要な技術は若年労働者にも、長期にわたる経験を経ることなくかなり容易に獲得できるものとなり、親方の身体のうちに沈殿していた諸技能は客観化され、標準化される。このような労働編成の導入が身分制的労働者社会を解体するのである。身分制的であったとしても、同時にまた仲間の共同体でもあった労働者社会の解体とともに、労働個人は孤立して機械に立ち向かうことが多くなり、生産システムは労働者たちから独立にそこに存在する客観物となる。労働者諸個人は、機械の生理に自らを適合させなくてはならない。以上の労働編成は、企業全体の秩序形成という点からすれば、職務秩序となる。即ち、企業が行わなくてはならない様々の活動が職務に分解され、諸職務がその困難度・重要度の計算によって秩序づけられ、かくて職務秩序が形成される。乾彰夫『日本の教育と企業社会』(23)によれば、企業秩序編成の欧米型モデルでは、それぞれに職務に対して賃金が規定され、賃金はそれ故職務に就く人物の如何を問わずに客観的に決定されている。ある人物がある職務に就くには、具体的な職業能力を、即ち、その職務に対応する職業能力を持っていることを顕示しなければならない。もとより、ここには競争が存在するのであって、この競争での勝利は具体的な業績を上げることないし一定の職業学校を卒業したという資格を持っていることである。してみれば、これは具体的な業績と地位・身分との結合を原理とする企業秩序であり、欧米型社会は多元的能力主義社会である。(24)

日本の戦後初めにおけるアメリカからの新技術の導入、とりわけテイラー的生産システムの導入からすれば、日本においても欧米型の企業編成もあり得たであろう。しかし日本の場合、その国民的軌道は欧米型とは違ったものなった。日本の場合、能力主義的競争秩序は年功制・終身雇用制の競争主義化、能力主義化として生成している。換言すれば、年功制・終身雇用制の枠組みを維持したままでのその競争主義的変形、能力主義的変形として生じている。これが日本における能力主義的競争秩序に日本的特殊性を付与することになった。即ち、それは、一方で欧米型の職務編成と他方で年功制・終身雇用制に基づく、職務編成から相対的に独立な人間秩序（学歴や参入順序に基づく）(25)の独特の融合を基礎とするその競争主義化である。

この競争主義的秩序の年功制・終身雇用制的契機が労働者間の厳しい競争的秩序を安定化させたものと思われるが、それればかりではなく、労働者間の厳しい競争にもかかわらず、個人の企業マンとしての自己同一性確立・労働者個人の企業と一体化の制度的基盤となり、企業別労働組合成立の制度的基盤となった。職務編成と年功制・終身雇用制との独特の融合において職務範囲は曖昧なものとなり、むしろこれに見合った形で多能工化が推進される。これは人々の労働が相互に補完されあうということである。また、企業内で頻繁に行われる人事移動・配転・昇進を通して諸個人は絶えず新たな職務能力を自ら獲得しなくてはならないことになる。また、日本における賃金体系は、能力主義の強調とともに、職能給システムになっていった。再び乾彰夫『日本の教育と企業社会』によれば、職能給とは職務遂行能力と賃金と対応させるシステムであり、[26]この場合職務遂行能力はあくまで属人的性格を有し、それ故、職能給は属人的性格を有する。ところが、この職務遂行能力たるや極めて曖昧なもの・客観化できないものであり、そこには職務能力ばかりではなく、また具体的に顕示された業績ばかりではなく、年功を標識とする企業への忠誠度や協調性・人柄、人格までも含み、潜在能力まで含まれている。従って、その評価には、主観性・恣意が容易に入り込み（もちろん、制度化された昇進システムの枠内で）、それ故日本の競争主義的秩序にあっては、企業への忠誠競争が容易に発動されるばかりか、競争は全人格を巻き込んだ競争となるのである。してみれば、五〇年後半から、そして六〇年代の経過の中で、高度成長の過程で形成された日本型能力主義的競争秩序は、ハーバーマスが欧米社会を念頭において言ったような業績と地位・身分の結合を原理とするというより、個人の職務遂行能力（の企業による評価）と地位・身分の結合を原理とすると言えよう。職務遂行能力は個人から自立化・客観化されておらず、あくまで個人に内属するものと見られる。それ故に、職能給にあっては、ある意味で人間的要素が不可欠の要素として競争主義的秩序に組み込まれている。そしてまさしくこの人間的要素が単なる業績競争を越えて、労働者諸個人の、職業能力に尽きない様々な諸側面を資本蓄積に動員する上で極めて適合的なのである。（職能給は年功的要素を掘り崩すことを意図したものだったが、結局それは年功的なものになった）。

さて、職場・労働環境の目まぐるしい変化並びに横断的労働市場とは相違する企業内閉鎖労働市場のもとでの配転・移動は労働主体に一つの類型的性格を刻印する。それはハーバーマスが語った技術至上主義意識の下での反応行動と適応行動への主体の自己物象化である。企業システムが絶えざる技術革新への駆動力を組み込んだために、労働主体は変化する労働環境に自らの能力の開発を通して適応し、変動する環境に合わせて自らを限りなく差異化するという反応行動をとらざるを得なくなる。こうした主体類型を変化適応型主体類型と呼ぶ。労働主体への変化適応型主体類型の刻印への圧力は、欧米型の社会に比べて、職務が曖昧で絶えず企業内移動が行われる日本の方が一層強かった。「生活費獲得のための労働の場と、私的生活の場との両面において、労働者の生活行為の諸条件が目まぐるしく変化し、労働者にとっては自らの生活要求の実現のためにはまず何をおいても、この次々に変化して行く諸条件に適応することが必要不可欠の条件となった……。生産の技術的条件の絶えざる革新がすすむ中で労働力の販売者として生きていくために、その絶えず変革される技術革新に適応するために労働力の絶えざる自己革新が不可避となった。また必要生活手段の大半を商品に依存するようになり、大量生産大量消費を追求する商品供給者の側からの生活要求や生活感覚へのたえず新しい刺激にさらされ生活手段の陳腐化のサイクルの短縮化が進む中で、人並みでいるためには、外からの刺激に多少とも適応することが必要となったわけである」(27)。この主体類型にあっては、古い意識と行動様式を次々に捨てるという自己差異化の運動の中で、変化そのものが体質化されるが(28)、ここに自らは様々な言語ゲームの間を自由に浮遊しているのだという幻想が生まれ、こうした変化の体質化が「かえって誇るべき優等さと錯覚されるようにまでなる」(29)。このような差異化に継ぐ差異化という主体の運動のきっかけは、刺激・衝撃として主体の外からやって来る。主体はその衝撃を自らに内化することを通して、即ち、衝撃として主体に与えられる未知なるものの知を獲得することで従来の自己とは差異化された新たな自己・未知であったものを支配する能動的自己を確立したと思い込む（meinen）が、本当はただ変動する環境に振り回されているだけなのである。これこそがホルクハイマーが主体の物象化として語ったものである。「生存、われわれに言わせれば成功は、社会が個人に課する強制への個人の適用能力に依存している。生存するためには、人間はその生活を成している混乱した困難な状況に各瞬間に適切に反応しつつ対処する機械に変身する」[30]。それは主体における絶えざる自己差異・微分の状態である。自らと異質なものとの遭遇に際する主体の真の自己変容は主体の自己のうちへ向かっての凝集を不可欠の契機とする。差異化に継ぐ差異化という絶えざる差異化の純粋運動の中では、しかし、主体の生活実感の希薄化が進行するだけである。この主体類型にあっては、主体の世界経験は抽象化・貧困化せざるをえない。即ち、世界は抽象的な変化の絶えざる繰返としてのみ経験される。換言すれば、環境の変動だけが経験されるのであって、即ち、差異化を絶えず繰り返す諸言語ゲームの絶え間のない運動として経験されるのであって、この変動を通して再生産されるシステムの同一性の支配、従ってまたそこに組み込まれている同一性の支配の経験はその世界経験から脱落してしまう。自らは様々な言語ゲームの範型的明証性の間を自由に移動しているのだという主体の幻想は、世界経験のこの貧困化と相即している。こうした変化を体質化した主体にとっては、差異化に継ぐ差異化の停止は恐怖の的であるが、それはこうした停止が差異化の絶えざる運動を介して再生産されているシステムの同一性にとって恐怖であるのと同様である。以上のような差異化を絶えず繰り返す運動は、非同一性を抑圧するシステム同一性に目を止めて、即ち、それを批判的反省的に主題化し、それを批判的に超克していく、それ故また自らを批判的に超克する主体の自己批判性とは全く別物である[31]。

高度経済成長の中で、確かに時間の速度がますます増してくる。労働環境ばかりではなく生活環境一般の変化の速度が増すのである。資本の効率的な蓄積要請は生活世界の諸実践の速度を速めさせずにはおかない[32]。ハーバーマスは「多くの文献的証言から、我々は最初の鉄道がどのように同時代人の空間および時間経験を革命したかを知っている。鉄道が近代の時間意識を創造したのではない。けれども、一九世紀が経過する中で、鉄道は文字どおり近代の時間意識が大衆を捉える乗り物となったのである。一切の生活環境が流動化し、その目もくらむ様は進歩として解釈されたのだが、蒸気機関車はそうした生活環境の流動化の大衆的シンボルとなったのである。伝統的に固定していた生活世界の時間的境界が除去されていく様を経験するものはもはや単に知的エリートだけではない。既にマルクスは、『共産党宣言』において、彼が『一切の社会状態のやむことなき動揺、永遠の不確実性及び運動』の原因を『生産と交通様式の革命』に帰した時、日常経験に訴えることができる」(33)と述べているが、労働生活の場のみならず生活世界一般のこのような流動化は、高度経済成長の過程で日常経験の事柄となったのである。変化適応型主体類型はこのような日常経験とともにそれに照応して形成されてくる。

とはいえ、諸主体をこうした変化適応型主体類型へと刻印したものは、単に労働環境の目まぐるしい変化だけであったわけではない。変化適応型主体類型へと諸主体を誘因したものは、職場において形成された強い競争主義的秩序である。即ち、他者に打ち勝ち、他者よりも先に行き、つまりは業績を上げるのみならず、このことによって企業内で昇進を計り、地位を獲得し、このことを通して生活の安定を求めるという志向態度を強制する競争主義的秩序の形成である。この秩序がまた主体を変化適応型へと促した要因であったと思われる。というのは、競争に落ち零れないためには、企業が要求する労働能力を絶えず自己学習を通して身に着け、技術の陳腐化の進行する中で新たな技術を学習しなくてはならないからである。

けれども、強い競争主義的秩序は一つの弱点を内化している。競争は戦略的相互行為の一形態であり、ここで諸主体は相互に客体化しあう。即ち、各人が各人を己の目的のための手段にしあうのであって、これは諸個人相互の潜在的な孤立化であるが、この潜在的な孤立化は、他方でしかし、絶えず集団的一体化への希求を生み出すエネルギー源でもある。この要求を組織したのがＱＣ等の小集団活動であり、ここでは一方で内部に競争をはらみながら、同時に集団の一致した目標達成が追求される。また企業レベルでは他企業との激しい競争と日本企業の競争主義的秩序の終身雇用制的契機が集団のうちに向かっての情緒的一体性を産出するのであるが、しかし、この日本型集団主義は単に競争主義的秩序に対する外的補完であるようには思われない。強い競争主義的秩序が集団的一体性への希求を絶えず産出するという点からすれば、競争主義的秩序はその再生産構造のうちに日本型集団主義を組み込んだというべきであろう。資本主義的生産は前近代的な伝統の文化的内容をその存続のために利用するけれども、しかしそれは単に外的な利用なのではなく、資本主義的生産がその再生産構造のうちに組み込んでしまっている。即ち、資本主義的生産がそうした伝統的文化内容を自らのうちから絶えず分泌するのである。しかし、そうなれば、伝統的文化的内容をもはや単に前近代的ということはできない。強い競争主義的秩序を支えたものは、以上の集団主義であった。労働者たちの闘争の成果であった終身雇用制と年功制は資本に対する労働組合の規制力が弱い場合には、労働者の企業システムへの統合を強化しもするのである。ところで、既述のように農村に存在した潜在的過剰人口から絶えず供給された相対的に安価な労働力のために再生産され続けた労働市場の差別的格差構造のもとで、それが産出する特権意識に支えられて、大企業労働者を組織しつつ、およそ六〇年代の半ば以降に、企業の成長こそが自らの生活の安定の第一の基礎であるという理念を持つ協調主義的労働組合が、企業の育成政策とあいまって、とりわけ民間大経営で台頭した。(34)

動機づけの強化・質的変容

既に述べたように、高度経済成長の過程の中では、労働者の生活安定・向上の要求と資本の蓄積要求との二律背反的命題はそれなりに調停されるのである。そして労働者諸個人を競争主義的秩序へと動機づけ、企業統合へと動機づけたのは、つまり企業内コーポラティズム（日本の企業主義的色彩が強い企業別労働組合は、なるほどそれが労働組合として制度化され、その形成が法的に保証されているとしても、企業から独立した労働者の利害を代表しているとは言えない。ここで「企業内コーポラティズム」と言うのは、企業統合の意味においてである）へと動機づけたのは、地位と賃金の上昇とそれに伴う生活の向上であったと思われる。

ハーバーマスが述べていたように、競争主義的秩序という戦略的行為連関では、諸個人の価値体系の中に一つの価値が、しかも他の諸価値に対して統合的な価値が侵入してくる。それは生存の自己主張という自己保存の原理である。この生存の自己主張の具体的な内容を成したものこそ、競争主義的秩序の下で高い地位を得ることによる賃金上昇と生活の安定であったと思われる。（もちろん、ここには、ここでは立ち入らないが、社会的に評価されているとりわけ大企業の社員であるという自己同一性形成が介在している。）

ところが、七三年のオイルショックに続く七四から七五年の世界同時不況の中で企業システムは経済危機に陥った。不況とインフレ（スタグフレーション）がとりわけ企業システムを襲うのである。ハーバーマスの危機学説では、絶えず存在する経済的危機傾向は、それは後期資本主義社会ではもはや「資本の価値低下の周期的激動」という現象形態をとらず、「なだらかな動揺をともなうインフレ含みの持続的危機へと転化」[35]しているのであるが、この持続的な経済危機に由来する矛盾した制御要請が国家装置の中に転移され、こうして合理性危機が生じ、それが国家の正統性危機へと導くことがあり得ることになっていた[36]。とはいえ、国家の正統性危機が実際に惹起されるのは、脱政治化された公共性に照応し政治システムへの従順を意味する国民的私生活主義と私生活主義並びに業績競争を通しての昇進志向を意味する家族的私生活主義という、国家及び雇用システムへの諸個人の統合の動機づけが不適合となっている場合のみであった。ところが、まさしくこの点で、ハーバーマスの危機学説には一つの補完が必要となる。[37]（既に、七三年以前に、一九六〇代の末にアメリカで、ヨーロッパ諸国では一九七〇年代初頭に、日本でも一九七二年ころに、戦後に形成されたフォード主義的蓄積体制が、資本の過剰蓄積と資本の利潤率の低下という形で、その限界点が露わになってきていた。[38]このことは、とりもなおさず、戦後の高度経済成長が一つの飽和点に達しつつあったことを物語る。ハーバーマスの危機理論は七〇年代初頭に現出した資本主義的経済システムの危機傾向に応答したものと考えられるが、しかし、ハーバーマスの危機理論ではまだ、危機（傾向）がフォード主義的蓄積体制の危機として明示的に論定されていなかった。更に、システムと生活世界というハーバーマスの社会理論的枠組みでは、レギュラシオン学派言うところの、労働編成・蓄積様式・調整様式を持ちつつ長期的なものとして制度化されている経済システムの歴史的限界点の論定は不可能となるのである。）それは、構造不況という事態のもとで、動機づけの危機が進行するどころか、逆に強化され、動機づけが一つの質的転化を被ったという点である。競争主義的秩序のもとでの生存の自己主張は、競争に勝利することによる地位昇進とこれに伴う生活の安定・向上を具体的な内容としていた。ところが、七五年以降、七五年春闘における労働側の敗北とともに、この具体的内容が明らかに減退し、動機づけは生存の自己主張に純化されてくる。企業が倒産してはもともこもないのだから、賃金上昇などと言ってはおられない。ともあれ生き残ることが動機づけの具体的な内容をなすに至り、しかも個人の生存の自己主張は企業システムの生存の自己主張に従属し、それに統合される。これが企業の合理化、減量経営、人減らしへの協力と労働主体間の生存の自己主張をかけての一層厳しい競争を強化し、とりわけ一九七五年以降、人減らしのもとでの労働強化、労働時間の延長、過密化・春闘の連敗が象徴する賃金抑制をもたらすのである。即ち、不況という経済危機は競争主義的秩序を解体させるよう促したのではなく、それを強化し、一つの質的変容をもたらしたのであり、競争は生き残り競争となったのである。激しい減量経営・人減らし合理化によって、終身雇用制・年功制は動揺し始めている。この過程の中で、それまでは曲りなりにも企業別労働組合の制度的存在基盤であった、終身雇用制・年功制の後退と比例して、企業主義的労働組合の弱化が進行するどころか、逆に、組合選挙への経営側の介入などを通して、労働組合は一層企業主義化・労使一体化し、組合が企業の第二人事部化し、(39)昇進競争の一階梯に組み込まれ、労働者たちの要求から自立化した労働者支配機構の一環に変質する。そしてこの組合が人減らし合理化に協力するのである。六〇年代半ば以降の協調主義的企業主義的労働組合の抬頭の時期にも、まだしも存在していた資本の力に対抗する労働者の集合行為の可能性が著しく弱化する。こうした趨勢が労働者諸個人を一層激しい生き残り競争へと強制する。ホルクハイマーが「今日あらゆる生活がしだいに合理化と企画化に従属させられる方向に向かいつつあるように、個々人の生活も、以前は私的な領域を構成していたもっとも隠れた衝動を含めて、今や合理化と企画化の要求を考慮に入れなければならなくなっている。個人の自己保存は、組織の保存のための要請に個人が適応することを前提とする。個人は、もはや組織から逃れ出る余地をもたない」(40)と述べた事態がそれとして現出する。これは生活世界、労働生活の現場の物象化の一層の強化を意味する。自己保存をかけた相互の激しい競争という労働形態は、そして諸個人はこの競争に適応しなくてはならないのだが、資本増殖に極めて適合的な生活様式であり、競争主義的戦略的行為を通して諸個人は、本来は彼らの意図とは関わりなく非志向的に資本を増殖させる。これがまた、資本に共同して対抗する力を弱化させ、従って諸個人を支配する企業システムの力を一層強化するのである。企業システムという一つの生活世界ないし生活世界の一大構成部分がその成員の様々な諸行為によって織りなされ、それらの行為を通して再生産されているのに、そうした諸行為が同時に、企業システムを彼等を支配する疎遠な力として産出する。そして、諸個人が非志向的に産出するこのような現実に彼等は適応することを余儀なくされる。この適応が更にまたこの現実を一層強化しつつ産出するのである。そしてこのような、システムの諸個人からの自立化はその諸個人が管理職であれそうでないのであれ、取締役であれそうではないのであれ、変わりがない。システムはこの時、現代の世界精神となる。闘争に巻き込まれ、傷つき、没落するのは諸個人である。世界精神はこのことを通して己を実現するが、自らは責任を負いはしない。現代の経営者はいわば世界史的個人カエサルである。生活世界の物象化とはシステムが主体＝実体となることである。（もともと、私見では、ヘーゲルの世界精神とは資本の姿の投影であった。）これは諸個人の行為の非志向能作の結果であるが、この非志向能作を作動させるメカニズムは、即ちシステムを現代の世界精神として産出する日本の企業システムの制度化されたメカニズムは、一つには、労働者の企業統合の成功的完成であり、一つには、資本の具体的に現存せる身体（現実資本）としての企業システムの個人の支配からの自立化、つまりシステム相互の株式の持ち合いという形式での自己所有である。確かに、各個別企業は自社株を所有できなかったが、しかし、相互持ち合いという形で企業集団が全体として自分たちの株式を所有する。これによって企業システムは諸個人の支配から自立化し、そして諸個人は自立化した現代の神、世界精神に統合される。こうして、「自律を放棄して理性は道具となった。……理性は完全に社会過程に結びつけられるものとなった。理性の操作上の価値、人間や自然を支配する上での理性の役割が唯一の基準とされるようになった」(41)。このような「主観的形式的理性の勝利は、また、主観に絶対的圧倒的なものとして対立する現実の勝利でもある」(42)。

以上のような労資一体という条件のもとで、企業は他の先進資本主義諸国に先駆けて不況を克服するに至る。それは同時に個人の人格と精神はすべて企業システムに属するという観念の制度化でもあった。こうして七〇年代の終りには、第二次石油ショックを契機としてＭＥ合理化の進展が顕著に進展するようになるが、とりわけ八〇年代に入るや日本の急速な経済大国化が進行しる。

生活世界の物象化は同時に主体の物象化でもある。物象化された意識の視圏の中では、社会システムは一つの主体として、諸個人から自立し、彼らを支配する威力として現れる。これは諸個人の非志向能作の結果がこの非志向能作から切断されて自立化され一つの主体として表象されたものである。資本主義はこうした表象をその自己再生産の条件のうちに組み入れた。こうした表象、つまりは一定の世界像を有する生活実践・言語ゲームの生成が資本主義的生産の再生産に寄与している。この表象にあっては、「この社会の中でどんな生き方を選ぼうとも、その可能性、またその意味はあらかじめ〈システム〉によって決定されている。どんな生き方も一つの『紋切り型』に過ぎない。この感覚が生の意欲を人間から奪うことになる」[43]。かくして、システム社会の相貌が露わとなってくる。

生活世界の物象化は同時に主体の物象化でもある。変化適応型主体類型は、それが一度成立してしまえば、つまり変化が体質化されてしまえば、質的転化を被ることにもなろう。即ち、それはもはや外的刺激・衝撃を必要としないものとなり、自らのうちから絶えず新たな刺激を求め、新たな目標を設定し、生活の陳腐化のサイクルのスピード化の中で、一所にとどまらず、一つの目標の実現はすぐさま陳腐化し、新しい目標を設定し、といった主体類型である。ここでは先へ先へと絶えず進んでいくこと自体が目標となる[44]。これは変化適応型主体類型が変動する環境への依存性から解除されて、その変動性を自らのうちに組み込んだものである。とはいえ、こうした主体の自己変化の純粋運動は、将来の生活の不安・競争主義的秩序からの落ち零れの不安につきまとわれており、それ故、こうして走り続けることは「不安にせきたてられた能動的ニヒリズム[45]」になる。

そうすると、企業システムへの諸個人の動機づけは、企業システムの自己保存に一体化した個人の自己保存に加えて、競争に負けないということ、そして主体の内部に内化された能動的ニヒリズムであるということになる。もとより、単にこれだけではない。労働とは生きた、生身の人間の労働である。そこでは、人間主体の様々な信念や観念、例えば、責任感や他者への思い遣りが働く。「日本的経営」はこうした人間的要素を組み込んでいた。労働生活の現場の改善に向かう共同的行為が希薄なところでは、以上の人間的要素は、残業手当などに構わずに、長時間労働に自発的に自らを強制する力学を引き出すのである。（過労死を頻発させるほどの日本の長時間・過密労働は、激しい企業間競争、フレキシヴルな生産体制の二四時間稼動化、企業の多国籍的展開、といった客体的諸要因とそれを受容する労働主体の主体的諸要因の共同の結果である。もとより、これらの客体的諸要因と主体的諸要因は相互外的に存在して相互作用しあっているというのではない。両者は、行為様式の制度化された秩序としての日本型競争主義的秩序の中で相互に媒介されるのである。）しかし、上にみたような動機づけの成功的な形成、即ち、諸個人への内化は、むしろ主体の危機であり、人生が仕事に局限されていく中での主体の危機なのである。能動的ニヒリズムの運動の中で生活実感の希薄化並びに精神的・肉体的疲労の蓄積が進行する。もっぱら企業効率の点から人間評価が成されると、定年後の人生は余計なものと見なされ、定年後の人生を送る人々はかつては粗大ごみと呼ばれ、産業廃棄物と呼ばれたし、諸個人の人生が企業内人生に局限されて自己固有の人生の意味を確立し得ずに、「濡れ落ち葉」、「恐怖のワシ男」と呼ばれた。

国家の正統性・合理性の危機及び国家活動

ハーバーマスによれば、後期資本主義国家は、その経済過程への介入のために絶えず正統性需要を必要とする。

このために国家は可能な限り、正統性問題の主題化を自由な言論による批判的討議から遠ざけておかなければならない。「階級間の妥協が再生産の基礎とされたために、国家装置は経済システムにおけるその課題を、同時に形式民主制の枠内で、且つ通用する普遍主義的価値体系と調和して、大衆の忠誠心が保証されるという制限条件のもとで、果たさなくてはならない。この正統化の促迫は、非政治化された公共性の構造によってのみ緩和されるものである。構造的に保証された国民の私生活志向は、それにとってはいかなる機能的等価物も存しないゆえに、存立の必須条件である」(46)。ここで脱政治化された公共性とは国家システムに事柄に即した言論による合意によらない合意を調達させる方式である。とはいえ、形式民主主義は、「大衆民主主義」はその別名であるが、脱政治化された公共性の再政治化をも生み出すことがあるのであって、これは国家の正統性認証にとっては由々しき事態となり得るのである。

高度経済成長を指導した日本国家は、このことによって、また高度経済成長の過程で成長（企業）主義国家として自らの体制を整える。そのかぎり、経済成長こそが日本国家の正統性認証の源泉となったのである。一九六〇年の日本国家の所得倍増計画は国民大衆の支持を受け、形式民主主義制度を通して国家にその正統性を付与した(47)。けれども、高度経済成長の進展の中で生じる様々な障害は、体制に即した成功報酬では満たされない諸要求を国民階層の中に蓄積していった。環境保護運動や反公害運動を含む様々な社会運動の現出はその現れである。しかし、六〇年代中葉から七〇年代中葉に到る革新自治体の成立は、単に高度成長という資本主義の発展がその被害者を蓄積していったことの結果であるにすぎないのではない。生産と消費を、生産第一主義と欲望を結合するいわゆるフォード主義的蓄積体制の原理的確立によって（もちろん、日本の蓄積体制を欧米のフォード主義的蓄積体制とそのまま同一視することはできない。ここでは、大量生産と大量消費の連動するシステムという点に強調を置いてこの語を用いる）日本の生活世界の様々な領域に資本の論理が浸透し、生活形式の文法への批判的問いが生じたのである。生産第一主義に由来する都市環境・環境一般の破壊・生活一般の金銭化の進展、大量消費の法則への個人と家族の適合、社会的共同性の枯渇と社会的共同消費の遅れ、といった趨勢に対する批判的反省が様々な運動となって現出した。[48]ハーバーマスはシステム論理による（ハーバーマスの意味での）生活世界の植民地化テーゼを提出し、これによっていわゆる新社会運動の意義を説明しようとする。ハーバーマスの理論は、以上のような事態への理論的応答であった。

さて、以上の事態を前にして、日本国家（ここでの国家とは日本国民国家のことではなくて、国民国家内の国家システムのことである）は　相互に矛盾する制御命令を考慮しなくてはならなくなり、また正統性の減退を経験する。これは国家システムの政策的合理性の危機傾向の招来でもある。即ち、ハーバーマスが「資本主義的個別利害の間、個別利害と総資本主義的利害の間、そして体制特有の利害と一般化可能な利害の間に存する諸矛盾は、そのまま国家装置の中に転移されることになる」[49]と語った事態が顕著になってくる。国家は様々な利害を持つ圧力集団から影響を受けるのみならず、医療・福祉に係わる国民的要求にも答える姿勢をとらざるを得ない。というのは、そうでなければ正統性欠損に陥る危険があるからである。確かに、高度成長の過程で形成された利益配分型の政治構造が依然として国家の正統性の保証を与え続けたとはいえ、国家は成長主義によってのみでは、即ち、経済成長を内実とする政策的体系的合理性のみでは正統性を安定化することが困難となる。例えば、一九七三年は福祉元年と呼ばれ、同年七月から老人医療無料化が実施されたが、[50]それは、当時は国民の半数近くが革新自治体のもとで生活していた時期であり、時の政権党が選挙での敗北を恐れたからであった。このように、経済成長という点からする国家の体系的な政策的合理性の欠如こそが、即ち合理性の危機傾向こそが国民諸階層の利害関心が国家政策に反映される基礎だったのである。かかる事態のもとで、国家システムには合理性危機と正統性危機の相互に関連する束がつきまとう。国家は資本の蓄積要求を充足しなくてはならないが、しかし他方では、その正統性を担保するためには、資本の蓄積要求に矛盾する諸政策を実行しなければならない。もともと、国家の介入主義のもとで、国家活動が増大し、国家は様々な準国家機構を蓄積するのだが、これとあいまってとりわけ公的セクターのサービスの増大が国家歳出の増大・歳出危機の傾向を生むことになる。この傾向は石油危機に際する大量の国債発行による財政危機で決定的となり、これが八〇年代日本国家の行政改革に一つの動機を与えるのである。さて、以上の理由で、とりわけ革新自治体時期の日本国家は、ハーバーマスが提出した後期資本主義国家並びにその危機モデルに接近しているように思われる。

とはいえ、この時期の国家の合理性危機の傾向にはもう一つの要因が絡んでいたと思われる。六〇年代末から七〇年代初頭にかけて、既に言及したが、一九七三年のハーバーマスの危機理論が論定し得ていなかった、過剰資本蓄積とそれと関わる利潤率の低下という形でフォード主義的蓄積体制の危機が忍び寄ってきていた（この点、日本も例外ではない。それ故、戦後、先進資本主義諸国で展開した大量生産と大量消費の連動する社会経済システムの危機というべきであろう）。ケインズ主義的国家政策（拡張的財政金融政策）が十分に機能しなくなる。このとき国家とその官僚が政策能力を喪失したのは偶然ではないのである。石油危機はフォーディズムの危機の原因であったのではない。むしろ、それはフォーディズムの危機が顕在化する触媒の役割を果したのである。以後の経済システムと政治システムの運動は、このフォード主義的蓄積体制の危機への反応形態と解釈することができる。例えば、それ以後の国家の政策遂行は、多くの革新自治体の成立と全国的に展開された様々な市民運動に対する受動革命的応答ではないのである。確かに、一九七三年当時、日本国家システムにはそうした要素があった。田中内閣の福祉元年宣言はその現れであると思われる。けれども、ほんの一時期存在した、受動革命的傾向も石油危機以降に現出した新しい状況によって直ちに吹き飛ばされてしまう。即ち、状況が変化したのである。そして、その状況の変化とは、先進資本主義諸国で進行していた資本のフォード主義的蓄積体制の機能低下の顕在化であった。投下資本に対する利潤率の低下や遊休資本の蓄積という形で進行したフォーディズムの危機傾向と経済の国際的依存関係並びに相互競争の拡大強化という条件のもとで、先進資本主義諸国は、「無駄」の切り捨て、一層の効率化、競争主義化の波に飲み込まれて行く。

一九七五年から一九八〇年は八〇年代日本への移行期に当たっている。一九七三年の石油危機とそれに続く世界同時不況という新たな条件のもとで、特に民間大経営における労働者の企業統合の動機づけが一つの質的転換を起こし、過酷な減量経営と合理化が追求され、日本の企業システムは二度に渡る危機を、他の先進資本主義諸国を尻目に克服し、日本経済は再び安定成長の軌道に乗ることになる。これは合理化と労働強化を伴うＭＥ化の進展によって、資本主義的経済システムの情報化をもたらした。労働者の企業統合の完成とこれに伴う社会の保守化の進展、革新自治体の相次ぐ消滅、こうした諸条件の下での急速な経済大国化・「豊かな社会」の現出によって、日本国家は経済成長路線によって再びその正統性を確保するにいたるのである。しかしまた他方では経済成長構造を維持するために、変化した国際的・国内的諸条件に促されて、七五年以降民間のシンクタンクによって提起され、そして七〇年代後半には既にもうその方向性が出ていた（福田・大平政権）のであるが、とりわけ八〇年代に入ると、以上の七〇年代日本国家からの転換を迫られる。即ち、一方ではとりわけ軍備を増強しながら、他方では公的支出の削減・小さな政府、民間活力の導入といういわゆる新自由主義を国家は追求する。日本の場合、それは「国際国家日本」と対となった、生活世界に指導力を発揮し、生活世界を資本蓄積の効率性の観点から再構造化する強い国家であり、資本蓄積のための体系的政策的合理性を回復しようとする国家である。国家システムは、その正統性認証に関しては、その源泉を完全雇用と福祉には求めなくなり、その分国家主義的イデオロギーと自助努力が喧伝されてくることになる。けれども、以上のような動きは、八〇年代には未だ新自由主義の第一期であった。一九九〇年代に入るや、そしてとりわけ二〇〇〇年代に新自由主義的グローバリゼーションとともに、新自由主義国家への国家改造の動きが顕著になっていく。

以上、私は日本におけるシステム社会の形成とその変容を追跡してみた。私は、システム社会の本質的特徴として、ここでは次の点を挙げておく。

①　ホルクハイマーが述べたように、資本の人格化が資本家（財産所有者）から、経営者に移っていくこと。

②　何らかの仕方で階級関係が平和化され、諸個人が経済機構の機能に還元されていき、階級闘争の弁証法が社会形成の力学を失うこと。

こうした条件のもとで、アドルノが語ったように、体制に対する如何なる反抗（と見えるもの）も、実は体制（全体性）によってあらかじめ決定されており、それ故体制を維持する機能を果たすという論理が成立する。これはまたアドルノが語った同語反復の論理が支配する社会でもある。この意味でシステム社会は閉鎖社会として表象されるのである。アドルノが全体性として捉えたシステム社会の構成論理はN・ルーマンのシステム論では、「オートポイエシス」の概念によって捉えられたが、私の見るところ、システム社会の構成論理がアドルノの思考を強く規定している。アドルノによれば、システムに反抗する者もまさしくその反抗によってシステムに取りこまれ、システム維持の機能を果たすものになり、かくてまた、システムの機能的循環の論理が歴史的時間に投影されて、歴史が同じものの反復的循環として現れてくる。この反復的循環のなかで、歴史的に位相を異にする出来事・事柄が同じ時間的平面のなかに置かれることになる。『啓蒙の弁証法』によれば、神話は既に啓蒙であったが、この啓蒙はその進展において神話へと落ち込んでいく。新たな神話は初めの神話と確かに同じものではないが、つまり質的に新たなものではあるが、しかしそれは同時に同じものの反復である。この仕方で、歴史的時間は（同じものの）反復という反復的時間に閉じこめられている。

アドルノが「全体性」と呼んだシステム社会は第二次世界大戦後の高度経済成長とともに現出してきたものである。システム社会の生成という点で、日本の状況と西ヨーロッパの状況は平行している。当初このシステム社会はフォード主義的蓄積体制を基盤としていたが、それはフォーディズムの危機、及びその後の新自由主義的グローバリゼーションの発動とともに、内的に変容を遂げていく。もとより、この変容をアドルノは経験しなかった。私見では、システム社会の相貌がアドルノの思考の、それ故にまたアドルノのカント読解の準‐先験的地平をなしている。

次に、システム社会とアドルノの思考について、もう少し立ち入って論じてみたい。

3　システム社会とアドルノの思考

アドルノは『ミニマ・モラリア』で次のように述べた。

百パーセント否定的状況は、ひとたび心眼を凝らしてこれを視るなら結晶して反対の場合の鏡文字になる……。しかしそれは一面において全くの不可能事でもある。なぜならそうした認識の有り様はたとえほんの僅かにもせよ現存在の縄張り（Bannkreis）から解脱した（entrückt）立場（Standort）を前提しているわけだが、実際における認識は、たんに現存在からもぎ取られたものでなければ拘束力を持たないというだけでなく、まさにそうした現存在との関わりのために、なんとかして逃げ出したいと思っている現実のぶざまさやみすぼらしさに自らも腐蝕されているのが実態だからである。思想には無条件的なもののために自らの条件づけられた有り様に対して殻を閉ざす傾向があるが、その傾向が激しければ激しいほど、自分でも気付かないで——ということはそれだけ取り返しのつかない形で——現世（Welt）の虜になっている（zufallen）ものだ。(51)

百パーセントの否定的状況は、心眼を凝らしてこれを視るなら、反対の場合の鏡像になると言われる。けれども、この認識は不可能でもある。というのも、アドルノによれば、そうした認識は、現存在の勢力圏から逃れた立場を前提としているが、このような立場は不可能であるからである。認識はいつも現存在の勢力圏、すなわち世界の手に帰している（zufallen）。このことは、認識が現存在の勢力圏から逃れたと思っても、それはその勢力圏から逃れることはできず、世界に属しているということである。こうして、世界は内閉という様相において現れる。世界の如何なる要素もその内閉の内に閉じこめられているのであって、世界の如何なる要素も世界の内閉の内に閉じこめられているとされる場合、その諸要素は世界内でしかるべき機能、その世界にとって、その世界の再生産と維持にとっての機能を果たしている。それ故、世界は実のところはシステムに他ならない。つまり、世界は、全体性と言われるが、アドルノの眼には内閉としてのシステムとして現れる。このシステムはアドルノの眼には次のような諸特徴を有しているものとして現れている。

① このシステムにあっては、その如何なる諸要素もシステムの再生産にとって一定の機能を果たしているという点からして、次のことが帰結する。それは、システムの諸要素とは人間行為であるが、システムに対する批判の行為もシステム維持の機能を果たしているということである。この点は『啓蒙の弁証法』におけるアドルノとホルクハイマーの次の言明の内で表現されている。

〔(システムに対する) 反抗者は〕相手に組み込まれることによってのみ、生きることを許される。ひとたび文化産業からの差異ということで登録されれば、反抗者も文化産業に所属することになる。(52)

② システムの如何なる要素も、従ってシステム要素の如何なる運動も、システムの再生産にとっての機能を有しているとすれば、そして如何なる要素も、従って反抗者の反抗も(その意図に反して)システムに属し、システムの再生産と維持の機能を有しているとすれば、システムはそうした諸要素に対していわば先回りをしていることになる。アドルノとホルクハイマーは次のように言っている。

現代ではもちろん、自動的に運動する歴史は、そういう思想的な発展の先廻りをする。(53)

③ しかし、システムがその諸要素の如何なる運動に対しても、先廻りをしているならば、システムは自動的に

運動するものとして現れるが、このことはシステムがあらかじめ諸要素の運動を一定のものとして規定し、生みだしていることを意味する。反抗者の行為もそれが反抗するシステムによってシステムの再生産にとって一定の機能を果たすものとして産出されているというわけである。それ故、ここでシステムはルーマンのシステム論に言うところのオートポイエシス的システムである。というのは、オートポイエシス的システムにあっては、諸要素は一定の機能を果たすものとして当のシステムによってあらかじめ規定され、産出されているからである。

④　システムがその諸要素を己の再生産にとって一定の機能を果たすものとして産出しているということは、システムはそのように諸要素を産出することによって、己を産出するということである。ここに、システムはそれが産出する諸要素を媒介にして己を再生産するというシステムの自己回帰の構造がある。システムは諸要素の運動を介して自己に帰るのである。この意味でシステムの運動では循環と反復の論理が支配する。システムの運動は己を再生産する自己反復の運動になり、こうして、閉鎖的なものとしてのシステムにあっては、反復が支配する。新しきものは新しきものに見えても、実は古きものの反復に他ならない。先に述べたが、神話はそれ自身既に啓蒙であったが、この啓蒙はその前進過程において神話へと反転する、すなわち神話を反復するのである。

⑤　啓蒙は神話を脱するが、啓蒙はその前進過程において神話の呪縛圏に囚われ、神話へと反転する、すなわち神話を反復するということが既に示唆しているように、もしも時間と歴史が（オートポイエシス的）システムのうちに閉じこめられて理解されるならば、あるいは時間と歴史がそうしたシステムの時間と歴史として理解されるならば、時間は反復する時間として、歴史は反復する歴史として現れるであろう。私の見るところ、ア

ドルノの思考の基底には、オートポイエシス的システムの時間性と歴史性が据え付けられている。そこに現出するのは、反復の論理によって支配される歴史の閉鎖空間である。だから、そこでは過去の事柄も現代の事柄も、この同じ歴史の閉鎖空間といういわば同じ平面上に現れてくる。私は先に、アドルノはカントの道徳哲学を一方では、近代の、商品交易と社会的労働の活動圏としての市民社会のうちに置いて読解しつつ、他方ではその後の発展であるシステム社会の内において読解し、そこには特有の非歴史性があると述べたが、この特有の非歴史性とは、オートポイエシス的システムの非歴史性のことを言っている。

既に言及したが、ホルクハイマーは、論文「伝統的理論と批判理論」において、批判理論全体の一般的基準とは、一般的基準なるものがいつも出来事の繰り返し、それ故に自分自身を再生産する全体の存在に依存するがゆえに、存在しないと述べていた。このホルクハイマーの言明は、歴史を反復の歴史とは見ないということを含意している。ところが、『啓蒙の弁証法』の構成論理は、私見では、オートポイエシス的システムの機能的循環の論理となっている。つまり、その構成論理は自分自身を再生産する全体の存在の論理となっている。すなわち、歴史性は自分自身を再生産する全体、従ってオートポイエシス的システム的歴史性として現れている。この歴史性が歴史を見る思考の眼の基底に据えられており、この意味で、「伝統的理論と批判的理論」のホルクハイマーと『啓蒙の弁証法』の共著者ホルクハイマーの間には、アルチュセールの用語で言えば、切断があるように思われる。

さて、次に私は、アドルノのカント批判を念頭に置いて、必要な限りでカントの実践哲学に立ち入りたい。

注

（1）ホルクハイマーによれば、理論的なもの一般に向けられる敵意は、これは公的生活の中に表現されているのだが、変革的活動に向けられている。理論的なものが可能な限り中立的であることにとどまらなくなれば、つまり所与の実践形式にとどまることがなくなれば、ただちに抵抗が生じてくる。被支配階級においては、やっと苦労して手に入れた現実への適用を理論が倒錯の現象として暴きたてるのではないかと恐れられており、受益者層では、知的独立に対する軽蔑が頭をもたげてくる。ホルクハイマーによると、現代の思考の最も進歩した形態は社会の批判理論である。

（2）Max Horkheimer, "Traditionelle und kritische Theorie", *Die gesellschaftliche Funktion der Philosophie*, Bibliothek, Suhrkamp, 1979, S. 192（マックス・ホルクハイマー「伝統的理論と批判理論」、『哲学の社会的機能』久野収訳、晶文社、一九七四年、九二頁。）

（3）このような変化の結果、財産と利潤は決定的役割を果たさないのだという見せかけ、つまりはイデオロギーも生じるが、利潤は従来と同じ社会的源泉から引き出されているのである。

（4）Vgl, Max Horkheimer, "Traditionelle und kritische Theorie", S. 199.（マックス・ホルクハイマー、「伝統的理論と批判理論」前掲訳、九九頁。）

（5）渡辺治『「豊かな社会」日本の構造』、労働旬報社、一九九〇年、七八―八二頁参照。

（6）安場保吉・猪木武徳「概説　一九五五―八〇年」、安場保吉・猪木武徳編『高度成長』、岩波書店、一九八九年、一〇―三頁参照。

（7）布施鉄治・鎌田とし子・岩崎完之編『日本社会の社会学的分析』、アカデミア出版会、一九八七年、二八―九頁。

（8）伊藤誠『逆流する資本主義』、東洋経済新報社、一九九〇年、一四八―六〇頁参照。

（9）布施・鎌田・岩崎編、前掲書、四四頁参照。

（10）J. Habermas, *Legitimationsproblem im Spätkapitalismus*, Suhrkamp, 1973, S. 77-8.（以下、"LpS" によって略記）（J・ハーバーマス『晩期資本主義における正統化の諸問題』細谷貞雄訳、岩波書店、八四―五頁。）

（11）Cf. J. R. Searle, "What Is a Speech Act ?", *Readings in the Philosophy of language*, eds., J. F. Rosenberg/C. Travis, Prentice-Hall, 1971.

（12）室井力氏は次のように言っている。「『行政の公共性』という問題については、二つの特徴的な法現象があります。ひとつは、法が具体的な権利義務関係を設定したりするのではなく、一般的に政策そのものを表現するにすぎない傾向がつよまっていることです。経済法の分野で多いのですが、最近では社会福祉法制についても同様のことがいえましょう。このことは当然、その法を執行する行政の裁量を肥大化させます。行政の『裁量』はもともと近代国家においては例外現象であったのが、現代国家ではあらゆる領域に広がって一般化しています。現代行政の裁量を合理化し正当づけるために、『計画』による行政が主張されるわけです。『法律による行政』から『計画による行政』への転換です」（室井力「公法学における公共性」、宮本憲一編著『公共性の政治経済学』、自治体研究社、一九八九年、七六―七頁。）

（13）構成的規則は行為をその行為として構成するのである。構成規則は

X consists as Y.

と表現され、これに対して統制的規則は

do X.

あるいは

if Y, do X.

と表現される。

(14) Cf. S. K. White, *The recent work of Habermas Reason, Justice & Modernity*, Cambridge Uni. Press, 1988, p. 115.

(15) J. Habermas, LpS, S. 78.（邦訳、八五頁。）

(16) 一九六〇年の池田内閣の所得倍増計画は、一九六一年から一九七〇年までに、年平均七・二パーセントの経済成長を見込んでいたが、実際にこの期間に達成されたのは年平均約一〇パーセントであった。

(17) 伊藤、前掲書、一七二頁参照。

(18) 安場・猪木「概説　一九五五—八〇年」、前掲書、二六—九頁参照。

(19) 伊藤、前掲書、一六二頁参照。

(20) アラン・リピエッツ『勇気ある選択　ポストフォーディズム・民主主義・エコロジー』若森章孝訳、藤原書店、一九九〇年、二六頁参照。

(21) 高度経済成長期に歌われた「おぼえているかい故郷の村を……」という歌謡曲は、農村から都市労働者となっていった多くの人々の心琴に触れたのである。

(22) リピエッツ、前掲書、二三—四頁参照。

(23) 乾彰夫『日本の教育と企業社会　一元的能力主義と現代の教育=社会構造』、大月書店、一九九〇年。

(24) 同上、七〇頁参照。

（25）同上、一一二頁参照。
（26）同上、八五—六頁参照。
（27）石倉康次「『都市化』と労働者の社会的性格」、真田是編『大企業社会と人間』、法律文化社、一九八八年、七八頁。
（28）竹内真澄「『産業化』と労働者の社会的性格」、真田編、前掲書、一二〇頁。
（29）同上、一二〇頁。
（30）M. Horkhemer, *Zur Kritik der instrumentellen Vernunft*, S. Fischer Verlag, 1967, S. 95.（以下"KiV"と略記）（M・ホルクハイマー『理性の腐蝕』山口祐弘訳、せりか書房、一一六頁。ただし訳は私訳。）
（31）なおK・O－アーペルの「超越論的言語ゲーム」の概念は、こうした人間主体の活動を組み込んでいる。一つだけ引用する。「一切の規則遵守の原理的公共性及び一切の規則遵守と供に存立している言語ゲームと結び付く必然性にも拘らず、個人にとって、存立しているコミュニケーション共同体の中では、存立している言語ゲーム（あるいは諸言語ゲーム）の『範型』に基づいては、事情によっては事実上検証されることのできない新しい規則を導入することが可能でなければならない。理解されないすべての発明家や新しい方法的端緒の科学的発見者、しかし特に社会的規範——ウィトゲンシュタインの意味でのすべての「生活形式」とその言語ゲーム規則——の革命家の場合にそうである。」（K. O-Apel, *Transformation der Philosophie II*, Suhrkamp, 1973. S. 347.）新たな生活形式の文法の導入は旧来の生活形式の批判的解体を含んでおり、だからそれは主体の、即ち言語ゲーム遂行の主体の自己超出である。
（32）現代人は、多くの場合に時間の奴隷であるが、これは長時間労働と長時間通勤による生活時間ののほうずな搾取である。
（33）Vgl. J. Habermas, *Der philosophische Diskurs der Moderne*, Suhrkamp, 1985, S. 75.（J・ハーバーマス『近代の哲学的ディスクルス』Ⅰ　三島憲一・轡田収・木前利秋・大貫敦子訳、一九九〇年、岩波書店、九六頁。ただし訳は私訳。）
（34）渡辺、前掲書、九〇頁参照。

（35）J. Habermas, LpS, S. 58.（邦訳、六〇頁。）
（36）Vgl. J. Habermas, LpS, S. 68.（邦訳、七四頁。）
（37）確かに、不況という危機に陥った経済システムからの制御要請が国債発行による財政赤字の拡大を国家システムにもたらしたが、この事態はそれだけでは「総資本主義的計画の目標を目指す国家の計画能力を拡張しようとする要請と、資本主義の要請を脅かしかねないこの拡張を阻止しようとする要請と――この相互に矛盾する要請が生」じ、「それゆえ、国家は、介入を期待されながら、しかも介入の断念を迫られ、その受け手からみると体制を脅かすほどに自立化しながら、しかも彼等の特殊利害に従属するという中途半端なところで不安定に動揺する」（J. Habermas: LpS, S. 89–90. 邦訳九八頁。）というハーバーマスが語った意味での合理性危機とは言えない。
（38）伊藤、前掲書、四七―八頁参照。
（39）牧野富夫『「豊かな日本」を問う』、昭和出版、一九九〇年、一五五頁。
（40）M. Horkhemer: KiV, S. 96.（邦訳、一一六―七頁。）
（41）M. Horkhemer: KiV, S. 30.（邦訳、三〇頁。）
（42）M. Horkhemer: KiV, S. 96.（邦訳、一一七頁。）
（43）竹田青嗣「ラディカルな思想とは」、『情況』創刊号、一九九〇年七月、一五六頁。
（44）長岡克行氏は次のように言っている。「ビジネスマンの思考と発想が陳腐化に向けられるとすれば、それは、当然、自己にも向けられなければならない。ビジネスマンは成功したイノベーションにしがみついていてはいけない。『慣性』は忍よる病である。つねに『自己変革』『自己革新あるのみ』。『目標を達成したら、直ちに新目標の設定』。いいかえると、一所懸命になって目標（ゴール）に到達してみると、それはもうスタートラインでしかない。即座に向こうに次の目標を立てなければならない。ビジネス競争では、設定目標は永遠に最終目標ではありえず、次々に新目標を立てつづけて走りつづけることが目標になる」（長岡克行「ビジネス化時代の到来」、『情況』、一九九〇年八月、四六―七頁。）

(45) 暉峻淑子『豊かさとは何か』、岩波書店、一九八九年、一一―二頁。

(46) J. Habermas, LpS, S. 84.（邦訳、九二頁。）

(47) 「高度成長期には、労働者は戦後混乱期の飢餓状態からようやく脱していたとはいえ、先進資本主義国の労働者と比較した場合、極めて低い消費生活に呻吟していたし、農民は零細農耕制の下で、商品経済の浸透による経費の上昇を農業所得のみでは賄えない状態に陥っていたことによって、労働者、農民はなによりも所得の増加を望んでいた。このような生活状態にあった国民勤労諸階層にとって、『国民所得倍増計画』はたしかに魅力ある政策であった。こうして、国家政策はそのイデオロギー的機能の発揮によって国民勤労諸階層の『合意』を獲得しつつ、社会の諸領域に広く深く浸透していく」（『布施・鎌田・岩崎編、前掲書、四五頁。）

(48) 後房雄「企業国家日本の動揺――再編成の軌跡」、田口富久治編著『ケインズ主義的福祉国家』、青木書店、一九八九年、二一〇―二頁参照。

(49) J. Habermas, LpS, S. 86.（邦訳、九四頁。）

(50) 一九八二年八月にこれの廃止の法案が成立した。

(51) Th. W. Adorno, *Minima Moralia*, *Gesammelte Schriften 4*, Suhrkamp, Zweite Auflag2, 1996, S. 283.（テーオドル・W・アドルノ『ミニマ・モラリア』三光長治訳、法政大学出版局、一九七九年、三九二頁。）

(52) M. Horkheimer/Th. W. Adorno, *Dialektik der Aufklärung*, Fischer Verlag, 1960, S. 139.（M・ホルクハイマー・テオドール・W・アドルノ『啓蒙の弁証法』徳永恂訳、岩波書店、一九九〇年、二〇二頁。）

(53) M. Horkheimer/Th. W. Adorno, *Dialektik der Aufklärung*, S. 2.（同上訳、xi頁。）

第三章　カントの実践哲学

1　理性は自分の実在性を己の行為によって証明する

『純粋理性批判』の中で、超越論的自由は単に思考可能なものとされただけであった。それ故に、自由はそこではまだその実在性が証明されていたわけではなかった。超越論的自由は思弁理性の領域ではこれを思考することは不可能ではないということが示されたにすぎない。すなわち思弁理性では、自由の実在性はこれを証明することはできないのである。これに対して、実践哲学において、カントは、理性はいまや自分の実在性、そしてそれに属する概念の実在性を自分の行為によって証明する、と言う。しかし、本当は超越論的自由は（これは新たな出来事を世界において開始する能力である）、実践哲学の文脈では、意志と選択意志が明示的に区別されるなら自由の実在性を証明すると言う場合、私見では、選択意志についてそれを語らなければならなかったはずであるが、ここでカントは両者を明示的に区別しないで議論している。

さて、理性はいまや自分の実在性、そしてそれに属する概念の実在性を自分の行為によって証明するということは何を意味しているのか。理性は己とそれに属する諸概念を自分の行為によって証明するというのである。理性はもしそれが純粋理性として厳密に実践的であるならば、理性は自分やそれに属する諸概念の実在性を自らの行いによって証明するというのである。逆に言えば、もし理性が現実に実践的であるならば、理性やそれに属する諸概念は、単に思考可能であるというにすぎないのではない、ということになる。しかし、このことだけであれば、理性はそれが実在性となる可能性を有する、カントの言葉ではないが、理性は実在性である現実的可能性を有するということだけを意味するであろう。けれども、もし理性が、現実に実践的であるならば、この理性はそれがまさしく現実に実践的に行為するということによって、この行為によって自らの実在性を証明することになるであろう。この場合、理性の行為とは、純粋実践理性が純粋実践理性に属する諸概念によって実際にわれわれの意志を規定する、ということである。けれども、このことは、理性が必ず、必然的に、現実に実践的に意志を規定する行為をするということを意味しているわけではない。理性の実在性が証明されると言われるのは、「理性がその行いをするならば」という条件のもとにおいてである。

われわれ［人間］のように、なお［理性とは］別種の動機としての感性によって触発され、理性だけならば当然なすであろうことが必ずしもなされるとは限らない存在者に対しては、行為のかの必然性はたんに「べし」とよばれるだけで、ここでは主観的必然性は客観的必然性とは区別されるのである（GMS, 84/182）。

『基礎づけ』では、このように言われた。換言すれば、理性が己の実在性を証明するのは、理性が現実に実践的である、すなわちそうした理性がかの行いをするという条件のもとにおいてのみである。それ故、以上の条件のもとで理性が実際にわれわれの意志を規定するという行いをするならば、理性は実在的であることになるということであって、理性の（客観的）実在性をそれ自身として証明することではない。カントは、『実践理性批判』においては、まさしく自由の客観的実在性を語るために、道徳法則を純粋理性の唯一の事実にいわば祭り上げている。しかし、私見では、このようにしても、私の、そしてすべての理性的存在者の意志が道徳法則によって不可避的に規定されるということになるわけではない。以上の点は、論議あるいは討議についても当てはまるであろう。生活世界に生きるものとしてわれわれはいつも討議の次元に入りこむ現実的可能性を持っており、実際多くの場合に、われわれは討議の次元に実際に入りこみ、その際、一つのコミュニケーション空間としての討議の次元が生成する。けれども、われわれは例えば問題が生じた場合、諸主体間でコンフリクトが生じた場合、われわれは必ず、つまりは必然的に討議の次元に立ち入り、コンフリクトを討議的に解決するということにはならない。ある主体が戦略的相互行為を選択し続けることもあり得るのである。けれども、諸主体が討議空間に入り込んで討議・論議を実際に遂行するなら、いわばコミュニケーション的理性はまさしくその行為によって己の実在性を証明することになる。

純粋実践理性が現実に実践的であるなら、理性は自分の実在性や自分に属する諸概念の実在性を自らのかの行いによって証明すると言われた。われわれの意志を規定する理性のこの能力によって、今や超越論的自由も確立されるというわけである。カントによれば、純粋理性は全体的構築をなしている。それは様々な要素からなる体系であり、この体系にあっては、自由の概念はその体系の全体的構造の要石である。それ故、この自由の概念によって、思弁理性にとっては単なる理念であった一切がその客観的実在性を獲得するとされる。

けれども、このことも、再び言うが、純粋実践理性がそれに属する諸概念によって実際にわれわれの意志を規定するという行為を、行いを実際に遂行するということが前提となっている。実際に遂行するということはしかし必然的に、必ず遂行するということではないのである。その際、純粋実践理性にそうした行いを遂行する能力があるということは所与となっている。客観的な意志規定の根拠には二つあって、一つは自愛の原理であり、他は道徳法則である。自愛の原理が意志の規定根拠となる場合と道徳法則が意志の規定根拠となる場合とでは事態は全く異なってくるであろう。

ところで、純粋実践理性と言っても、確かに理性的存在者が人間には限定されないとしても、カントの議論で実際に問題となり、論じられるのは理性的存在者としての人間であるから、純粋実践理性とは、この文脈では、人間の理性に他ならず、そして実践理性とは畢竟意志のことであるから、純粋実践理性がそれに属する諸概念によってわれわれの意志を規定するということは、意志が己に属する諸概念によって意志を規定するということになる。意志は、他のものによって規定されるのではなく、実は己自身を規定するということによって、自由である。カントによれば、自由は道徳法則の条件であるとともに、自由の理念はこの道徳法則を自ら開示する。だが、この自由、従って純粋実践理性が意志をそれに属する諸概念によって規定する能力を有するということは、体系全体の出発点であって、それはいわば体系にとっての特異点である。この特異点は体系の中で論証されるものではない。あるいは純粋実践理性が意志を規定する能力を有するということは体系の中で証明されることではない。（例えば、道徳法則がわれわれの意志を規定するということはこの特異点に由来する所与であって、道徳法則がいかにして意志を規定しうるか、如何にして純粋理性はそれだけで実践的であり得るかは、体系のなかでは何ら示されることはできないのである。）

しかしながら、純粋実践理性が意志を規定する能力を有していること、従って純粋実践理性が意志を己に所属する諸概念によって意志を規定しうること、従ってまた意志が自由であること、このことが如何なる意味においてもの証明不可能だというわけではない。もし自由というこの特性が人間の意志に属していることの証明根拠が見出されたならば、このことは純粋理性が実践的であり得ることの、従って意志が自由であり得ることの証明を与えることになろう。これが自由の認識根拠であって、これは理性の事実とされる道徳法則の意識である。この意味では所与であるのは、道徳法則というよりも、人間の道徳法則の意識である。

> 道徳法則がわれわれの理性においてあらかじめ明瞭に思考されていないとしたら、われわれは決して自由なるものが（たとえ自己矛盾ではないとしても）存在するということを想定する権限があるとは思わないであろう。だが自由が存在しないとしたら、道徳法則は決してわれわれのうちに見いだされはしないであろう（KpV, 108/13–4)。

自由と無条件的な実践的法則は互いに他を指示しあう関係にある。ここで問題なのは、無条件的＝実践的なものについてのわれわれの認識はどこから始まるか、ということである。事柄、あるいは概念体系における概念間の順序、どの概念がより基礎的かといったこととわれわれがそれを認識する順序とは同一ではない。そして認識されるのは、概念間の秩序である。カントによれば、われわれの認識は自由から始まるのか。否、そうではない。というのも、自由の最初の概念は消極的であったし、それゆえわれわれは自由を直接に意識することはなく、また自由を経験から推論することもできないからである。それ故、われわれが直接に意識するのは道徳法則である。つまり、認識が始まるのは道徳法則の意識からである。そして、道徳法則の意識は理性の事実であると言われる。認識、概念システムの認識はそうした事実から始まる。これがわれわれには最初に現れるのである。そして理性がそれは感性から独立している規定根拠として示すことによって、この法則はすぐに自由に通じる。カントによると、道徳性がわれわれに初めて自由を開示するのであって、道徳法則がなければ自由は知られないのである(1)。

以上見たように、道徳法則をわれわれははじめに意識するのであって、これによってわれわれは意志が自由であることを知る、あるいは認識する。道徳法則の意識は自由の認識根拠であるということになる。ここで、カントは認識の順序について語っている。諸概念の歴史的生成ということは、ここでは問題とされていない。

だが、道徳法則の意識が純粋理性の唯一の事実とされれば、確かに自由の客観的実在性は示されたことになるが、しかしもとより、自由のこの客観的実在性の論点は、道徳法則の意識が理性の唯一の事実として措定されていることに依存している。後に、再び触れることがあるが、道徳法則の意識が理性の唯一の事実であるとしても、それが理性的存在者の意志を必然的に規定するということになるわけではない。やはり意志は自由であり得る以上ではない。死刑の威嚇の下で偽証を迫られても、人は道徳法則に従って偽証しないことは可能であるということである。別言すれば、道徳法則が意志を規定しうるということであって（この場合には、意志は自由である）、必ずそうなるということではない。幸福や一般に傾向性も、意志の規定根拠になりうるのである。ここに示されるのは、道徳法則が意志を規定しうるという一点であるが、どのようにして道徳法則が意志を必然的に規定するようになるのか、ということではない。換言すれば、総じて傾向性が意志を規定しうるのに、そして多くの場合に、傾向性が人間の意志を規定しているのに、何故道徳法則が意志を必然的に規定するようになるのかということではない。すなわち、純粋実践理性がそれに属する諸概念によって（人間の）意志を規定するように強制するものは何もないのである(2)。カントは、道徳法則が意志を規定するとした場合、如何なることが生じるかを展開するのである。この展開は、実践理性批判の全体的構築、すなわち批判の体系の展開となる。

2　意志と行為圏

行為と行為圏

純粋実践理性というのは、意志としての能力のことである。それは人間の能力のことであり、カントはこの意志に焦点を合わせている(3)。では、能力としての意志とは何であろうか。意志とは、「表象に対応する対象を産出する能力であるか、あるいは少なくとも自分自身を対象の産出に向けて規定する……能力」であり、あるいは意志とは「自らの原因性を規定する能力」(KpV, 120/37) とも言われる。意志は表象に対応する対象を産出する、あるいは対象の産出に向けて己を規定する。では、意志が産出するとされる対象とは何であろうか。私が目の前のコーヒーカップを手に取ろうと意志するとしてみよう。このとき、カントの言明に対応させて言えば、表象とは「目の前のコーヒーカップを手に取る」という表象である。それ故、この表象に対応する対象とは、目の前にあるコーヒーカップを手に取ることであって、コーヒーカップという物ではない。私が意志するのは、あるいは意欲するのは、あれこれの物ではなく、まずは何らかのことである。ところで、ことと言っても、「どこかに雷が落ちた」という自然的出来事が考えられているのではない。そのような自然的出来事を私は意志しないだろう。否、ひょっとしたら私はそのような自然的出来事を意志することができるかもしれないが、先の例で言えば、私が意志するのは、「私が目の前にあるコーヒーカップを手に取る」ということである。すなわち、それは(私の)行為である。意志とは自らの現実性を規定する能力であった。

このように意志の対象とは私の、一般には理性的存在者の行為であるが、しかしその上で、実践的認識の対象があらためて問題になる。実践的認識の対象は、単に行為なのではない。カントは、『実践理性批判』の第二章で次のように述べている。

実践理性の対象という概念で、私は、自由による可能的結果としての客観の表象を理解する。それゆえ、実践的認識の対象であるということは、ただ意志の行為への関係、つまりそうした認識の対象かあるいはその反対物は行為を通じて実現させられることになろうが、そうした行為への意志の関係を意味するだけである（KpV, 174/147）。

ここでの強調点は、実践的認識の対象という点にある。実践的認識の対象は、行為ではなく、意志の行為への関係である。ただし、カントには、意志の客観ということで、その実現が欲求されている実質を意味する場合がある。欲求能力の客観は実質と呼ばれるが、この実質を意志の規定根拠とする場合、一切の実践的原理は経験的である。この場合には、意志の客観は先に見た行為ではなく、行為によって実現されるべきもの、状態、例えば幸福である。これは実質と呼ばれ、この場合には、実質、すなわち意志の客観は意志の規定根拠である。

理性的存在者の能力としての意志は、自らの現実性を規定する能力である。意志が自らの対象、すなわち行為を産出するということである。けれども、意志が最終的なのではなく、意志にはさらにその規定根拠がある。すなわち、その規定根拠が意志を規定し、そして意志が行為を産出するのであって、この行為が意志の対象とされた。それ故、何が意志の規定根拠になるかに従って異なる意志の対象としての行為が産出されることになる。行為において、人間たる理性的存在者たちの行為から織りなされる行為圏が産み出される。それゆえ、意志の規定根拠の相違は異なる行為圏を産み出すことになる。カントでは、暗黙の内に、行為にある（行為空間としての圏）が割り当てられ、意志という能力にもそれが働く空間としての圏が割り当てられている。ここには、明示的に語られていない暗黙の想定があって、それは意志ないし行為に一定の行為空間としての圏が割り当てられているということである。この点をハーバーマスはこれまた暗黙の内に継承している。更に、意志と行為には行為の実践的原則としての格率が介在する。意志の規定根拠が意志を規定するとき、その意志の規定根拠が何であるかによって、意志の内容が規定されよう。このとき同時に如何に行為しなくてはならないかが規定されることになる。例えば、意志の規定根拠（意志の客観）が人の自分自身の幸福であるなら、彼は幸福を実現するように意志し、このことが意志に一定の仕方で行為するように促すのである。しかも、その行為の仕方が個別的状況ごとに変わるのではなく、行為の指針として普遍性を持つ場合、この行為の仕方が実践的原則であって、カントの言い方では、「実践的原則は、その条件が主観によってたんに主観の意志に妥当すると見られる場合は主観的であって、格率である。だが、実践的原則は、その条件が客観的に妥当する、すなわちあらゆる理性的存在者の意志に妥当すると認められる場合は客観的であって、実践的法則である」（KpM, 125/45）。

実践的原則にはいくつかの場合がある。それはある場合には行為の格率であり、ある場合には自愛であり、ある場合には道徳法則である。もしあらゆる理性的存在者が道徳法則を意志の規定根拠にして行為するならば、そこにはあらゆる理性的存在者の行為からなる一つの圏が生成するであろう。この圏は英知界と呼ばれよう。

意志の規定根拠

行為を指令する実践的原則は命法と呼ばれる。格率は、個々の理性的存在者にとっての主観的原則であって、個々の理性的存在者の主観にとって妥当するのであり、実践的法則はあらゆる理性的存在者にとって妥当するものとして客観的である。だが、格率が個々の主観にとって相対的であるとしても、どのような理性的存在者でも、ある目的を実現しようと思うなら、これこれのことをしなくてはならないという必然性を持ち、この意味で客観的妥当性を有するならば、その格率は単なる主観的原則とは区別されて命法と呼ばれる。命法には二つあって、一つは定言命法であり、これは意志のみを規定する、換言すれば、意志の規定根拠である。他は、仮言命法であって、これは結果と結果をもたらす効力に関するものである。

　意志、欲求能力の客観は、これは対象の表象であるが、実質と呼ばれた。例えば、幸福がそれである。この場合に生じる実践的原則はすべて経験的とされる。というのは、そのような実質はすべて経験的であるからであり、幸福を意志の最高の規定根拠とする原理は自愛の原理と呼ばれる。各人の幸福が人の目的である場合、各人が自分の幸福をどこに置くことになるかは、各人それぞれの快不快の感情に依存するし、同一の主観においてすら、この感情の変化によって必要が変わることに依存する。「それゆえ、主観的に必然的な法則（自然法則として）でも、客観的にきわめて偶然的な実践的原理であって、この原理は違った主観においてきわめて違ったものであることができ、またそうならざるをえないのであって、したがって決して法則を与えることはできないのである」（KpV, 133-4/62）。ここで、カントが主観的に必然的な法則（これは仮言命法によって表現されよう）を自然法則としていることに注意しよう。主観的に必然的な法則は経験的であろうが、それはまた自然法則であり、それ故、それはまた自然である。実質が意志の規定根拠になる場合、この実質は経験的であるとともに自然である。

　これに対して、実践的法則（道徳法則）は①客観的で普遍妥当的であり、②幸福や快不快や感情などにはかかわらず、意志のみに関係し、③この意志によって達成されるものを顧慮しない。カントは実践的法則がそれだけで理性的存在者の意志を規定することを示したいのである。

さて、カントはあらゆる実質の捨象において、実践的法則をそれ自身として取り出そうとする。あらゆる実質が捨象されるなら、そこに残るのは単なる形式である。この形式は、あらゆる実質が捨象されているが故に、実質が経験的自然的とされる意味ではもはや経験的自然的ではない。だから、こうした形式が意志の規定根拠となる場合、意志は一切の現象の自然法則から独立的なものとなる。この形式は、『実践理性批判』において、次の定言命法のうちで語られている。

汝の意志の格率が、つねに同時に普遍的立法の原理として妥当することができるように行為せよ（KpV, 140/77）。

行為（実践）と判定

この定言命法は、一つには、意志の格律が普遍的法則となりうるか否かを判定せよと問うことを含んでおり、実際、カントはこの定言命法は意志の格律が普遍的法則となるか否かの基準、判定基準となると言っている。ハーバーマスはある格律が普遍的法則となるかどうかの判定という定言命法のこの側面を継承して、討議倫理を展開する。その際、ハーバーマスは、コミュニケーション理論の手段を用いてカントの道徳論を新たに定式化しようとしている。ハーバーマスによれば、古典的倫理学は善き生の問題に焦点を当てていたのであるが、これに対してカント倫理学は正しい、換言すれば、正義に適った行為の問題にのみ開かれている。かくて、カント倫理学は義務論的倫理学である。ハーバーマスはカント倫理学をまずはこのように理解する。その上で、討議倫理学はカント倫理学を次の諸点で克服しようとする。まず、討議倫理はカントの英知界と感性界という二世界説を廃棄する。カントの英知界は討議倫理では、討議の理想的諸前提へと変換され、英知界を要請するというこの超越的要請は合意し合うという強制なき強制のうちで明らかになるとされる。次に、討議倫理はカントに見られる、内面の法廷において自らの行為の格率をテストするという内的独白的アプローチを克服する。討議倫理は間主観的な討議の空間を設定し、公開の討議の結果に期待を寄せ、この場合、道徳の基礎づけの問題は一般的討議の諸前提から行為格率に関する普遍化原理を導出することによって解決される。だから、討議倫理学で論じられるのは、妥当な議論に照らして行為を正当化すること、規範の妥当性の正当化がいかにして行われるかである。討議倫理は（われわれの）道徳的直感を再構成しようとするが、この道徳的直感というのは、道徳的な意味で正当化されるものはすべての理性的存在者が意志することができるものでなくてはならない、というものである。規範の妥当性は根拠づけられうるものでなくてはならない。規範の妥当性は討議において根拠づけられうる、ないしは正当化されうるものであり、かくて行為規範は、真理と同一視されるのではないが、根拠づけられうるないし正当化されうるという点で真理とのアナロジーにおいて捉えられる。この意味で、討議倫理は認知主義的倫理でもある。その正当化に際する原則は、

討議原則（D）——それぞれの妥当な規範とは、すべて当事者がある一つの実践的討議にのみ関わっている場合には、その当事者のすべてが同意できるものでなければならないはずのものだ。

及び

普遍化原則（U）――それぞれの妥当な規範は、その規範にすべての人が従ったとき、それぞれ個々人の利害関心を充足させるために起こると予想される結果やその随伴的影響を、当事者たち全員がスムーズに受け入れることができるような諸条件を充たさなければならない[4]。

こうして、討議倫理にあっては、カントの定言命法は道徳的論議の手続き（普遍化原則（U））によって取って代えられる。

である。討議原則（D）は討議一般に関わり、普遍化原則（U）は道徳的討議に関わる。

以上に簡単に見たハーバーマスの討議倫理の構想について、以下若干のコメントを与えたい。ハーバーマスは、カント倫理学は善き生の問題を扱うのではなく、すなわち、古典的な意味での善の問題を扱うのではなく、正義の問題のみを扱うという。私はこのような理解は正確ではないと考える。「善」という語を用いるなら、ハーバーマスが言う正義の問題、正義に適った行為の問題はカントが言う最上善に対応しており、最上善はその他の諸善の条件となっている。カント倫理学が焦点を当てているのは、この最上善というより、最上善と他の諸善との綜合である。この綜合が最高善である。善き生の問題が捨象されて、もっぱら最上善、つまりは正義の問題が主題とされているわけではない。カントは、最上善と幸福との綜合について語るが、この幸福を最上善とは区別される他の諸善と関連づけることは不可能ではない。カント倫理学は善、善き生の問題を捨象してもっぱら正義の問題、例えば公平な判断のみを扱ったというより、はじめから両者の綜合を目指していた。

次に、討議倫理では、カントの定言命法が普遍化原則によって置換されるということについて。私見では、この置換に際して、カントの定言命法が語ることと普遍化原則が語ることの間には、ある（私の見るところ）重要な相違が生じている。カントの定言命法は、「汝の意志の格率が常に同時に普遍的立法の原理として妥当することができるように行為せよ」であった。すなわち、この定言命法によってカントが語っているのは、すべての理性的存在者が同意しうるような、つまりこの意味で正当化されることができる格率に従って行為せよ、ということである。ここで、カントは、行為せよと言っていて、直接に、汝の意志の格率が普遍的立法の原理として妥当することを示せ（判定せよ）とは言っていない。汝の意志の格率が普遍的立法の原理として妥当することを示すということは、カントの定言命法が語ることのうちにその一部として含まれてはいるが、そのすべてではない。カントの定言命法は同時に二つのことを言っている。一つは、カント自身が述べているように、道徳法則（定言命法）を基準として格率をそれが普遍的法則となるかどうかを判定するということであるが、これだけではなく、定言命法はある仕方で行為（実践）することを命じている。

J・M・バーンスタンは、（かつての）ハーバーマスの「理想的発話状況」の概念に対する、それは単にカントの目的の国の概念を書きかえたにすぎないというあり得る議論に対して、ハーバーマスの理論が二つの点でカントの理論と分岐すると述べている(5)。第一は、カントの道徳理論はその性格上独白的であるが、ハーバーマスの理論は首尾一貫して対話的であるということであり、第二は、カントでは、主体間の間主観的関係が捨象されているが故に、すなわち、正しい行為はカントにとって孤独で私的な事柄であるが故に、行為者たちの間の相互行為を支配する法的関係は完全に外的な論点になる、ということである。バーンスタンは、カントでは、孤立した主体が前提とされており、それ故、主体間の相互行為を支配する法的関係は完全に外的な関係になると主張している(6)。

既に見てきたように、カントの定言命法、従ってカントが言う道徳法則は理性的存在者たちのある種の行為圏を設定するが、この行為圏での理性的存在者たちの行為は、汝の意志の格率が普遍的立法の原理として妥当することを示す（判定する）ということに還元されるわけではない。この示す（判定する）ということは、カントでは、内面の法廷でのテストになっているとハーバーマスは語った。ハーバーマスの討議倫理は、カントの定言命法が語ることのうちに含まれている、かの示す（判定する）ということを、その点だけを討議という場面に設定することで変換する。だから、カントの定言命法が普遍化原則によって置換されることによって、ある狭隘化が生じている。カントの定言命法が語るものは討議空間に限定されるわけではないのである。ハーバーマスによれば、討議倫理は規範的言明がどのように根拠づけられるかを問うが、その際、定言命法は普遍化可能な行為規範を妥当なものとする正当化の原理を担う。これは正確ではない。定言命法は正当化の原理をもっぱら担っているだけなのか。本質においては、基本的には、そうではない。普遍化可能な規範を正当化しよう、と定言命法は直接語っているのではない。このことをカントが明示的に語っているのではないとしても。ハーバーマスは道徳的論議の手続きが定言命法に取って代わると言う。こうしてハーバーマスは定言命法の一部だけを継承したのであって、そのすべてをではない。そして、ハーバーマスは実践的討議の場、空間というものを設定しているが、これは定言命法が設定する空間とは本質的な点で違っている。とりわけ、この点が重要である。つまり、カントの定言命法が設定する空間としての圏（あるいは場）というのは行為の空間であって、必ずしも論議の空間ではない、ということである。行為の圏は論議の空間につきるわけではない。理想的存在者たちは、彼らが定言命法に従って行為するとき、つまり実践するとき、彼らの行為は一つの空間としての圏を構成する。

カントは理性的存在者の圏を考えているのであるが、私の見るところでは、そこには不十分性がある。理性的存在者は自己意識的存在者である。カントはこの自己意識という存在者をはじめに立ててしまっており、だからこれを他者に押し入れるということになるが、これは意識哲学の突破という点では不十分性を示している。主体の他者との相互行為の中で初めて自己意識は成立するのであって、このことに関係するのは、自然言語の原理的な関主観性である。自己意識の成立においては、他者との媒介が不可欠であり、それ故自己意識をはじめに立ててはいけないのである。この点、討議倫理学は、カントにおけるその不十分性を、すなわち、カントにおける内的独白的なアプローチを克服するのであり、討議倫理は間主観的に設定された討議の結果に期待する。けれども、同時に、こうしたハーバーマスのアプローチでは、カントの定言命法の実践するという側面が消え失せてしまう。既に述べられたように、カントのかの定言命法は、意志の、従って行為の格率の判定だけを意味しているのではなく、「……行為せよ」とある種の行為（実践）を命じている。普遍的法則とはあらゆる理性的存在者に妥当する法則であることが意図されているのであるから、もし彼らがこの定言命法が命じるように行為するなら、このことはカントにあっては、彼らの意志の規定根拠が道徳法則であることを意味するが、各々が普遍的に立法するということによって、そこに、彼ら相互の間に、彼らの行為からなる行為空間ないし圏が開かれる。この実践的な行為連関は理性的存在者としての人間たちの間に存立する相互関係的行為からなる圏であり、それ故定言命法、従って道徳法則は理性的存在者たちの相互関係的行為の圏を定義する。これが道徳的共同体をなす。定言命法に関して次の諸点に注意したい。

① この定言命法は普遍的立法の形式を語っている。つまり、実践的法則としての道徳法則は各人の行為の格率が普遍的立法の原理として妥当するように行為せよ、つまりは行為の格率が普遍的法則となるように行為せよと命じている。それ故、道徳法則と普遍的立法の原理とは区別されなければならない。というのは、「普遍的立法の原理」は定言命法が語る事柄のうちに現れるからである。一言で言えば、道徳法則と定言命法に現れる

普遍的立法の原理とは区別される。意志の規定根拠とされるのは、（まずは）道徳法則であって、普遍的立法（の原理）ではない。もしあらゆる理性的存在者が己の意志の規定根拠に定言命法が命じる道徳法則を置くならば、そこにあらゆる理性的存在者の行為から成る一つの行為空間・圏が生成する、と私は言った。つまり、道徳法則は、それが理性的存在者たちの意志を規定するということによって、一つの行為空間・圏を開くのであるが、その空間のうちで、各理性的存在者たる人間たちは彼らの行為の格律が普遍的法則となるように行為するのである。

② 一切の実質が捨象されるということはまた、仮言命法が問題とはならなくなり、それまた捨象されるということである。仮言命法は、主体が何かを目的として立てるときに、そのような目的を立てるなら、これこれせよと命じるものである。それ故、道徳法則が理性的存在者たちの意志の規定根拠となるとき、ここで重要な点は、カントが目的的思考枠組み、換言すれば、目的－手段思考から脱出している、ということである。つまり、カントは『道徳形而上学の基礎づけ』において善意志について語っているが、それが善いのは何かの目的に役立つからではない。目的的枠組みでは、ある行為は何らかの役に立つから善いとされる。つまり、行為はある目的の実現を目指し、その目的の実現に役立つから、善いのであり、行為は目的実現という点に照らして、それが目的実現にとって有用であるから善いのである。この場合、価値評価は目的に照らして行われる。カントの言い方では、何らかの傾向性を満足させるなら、その行為は善いのであるが、カントはこうした目的的思考枠組み（目的－手段思考）を実践理性に関してはとらないのである。ここで善意志その全価値を自らの内に含むとされ、効果がないとか役に立つとかいった事柄はここでは関係がない。ところで、理性と意志を備えた存在者の保存と安寧、これが幸福であって、幸福は自己保存に関係している。善意志にあっては、目的－手段関

係は問題にならないということは、この場面では問題にならないということであり、そもそも幸福が一切、如何なる文脈においても、問題にはならないということではない。

人間も有機的存在者であるが、この有機的存在者は自分の生活を合目的的に営むようにしつらえられている。この有機的存在者の自然的な素質、これは何らかの目的に最もよく適応するのであり、その目的の達成にとって最も便利なものである。しかしながら、カントにあっては、自然素質はこれに尽きないことも注意されるべきである。理性、意志も人間の自然素質（あるいはその発展）に関係している。カントによれば、理性は実践的能力、意志に影響を及ぼす能力としてわれわれに与えられているのであり、よってそれは自然資質、人間の自然資質の一つであると言うこともできる。この場合、理性の使命は何らかの目的なり意図なりを達成するための手段としてではなく、それ自体で善い意志を生じさせること、この点にある。行為の道徳的価値は意志を規定する原理の中にあるのであり、そしてこの原理は行為によって実現する目的とは関係ない。われわれは心情倫理だとか責任倫理だとか言う前に、その原理が行為によって実現される目的とは関係がないということの意味を考えてなくてはならない。

まず、傾向性とその原理について、その原理は傾向性と闘争し、それに打ち勝つ、とされる。打ち勝つというのなら打ち勝つのである。打ち勝つというのなら、そこにはつまり原理と傾向性の間には抗争、闘争、コンフリクトがあり、一方が他方に勝利するのである。しかし、この抗争は、例えば、「もし私が私の疲れを克服し、映画に行く誘惑に抵抗し、編集者に対する約束を果たすことができるなら、私はもっぱら私に約束の遵守を与える理性的洞察に従っている」(7)というV・ゲアハルトが挙げている例において見られるように、われわれの日常的生活世界におけるありふれた経験である。確かにカントは一方で以上の意味での抗争について語っているが（Vgl. GMS, 33/60）、他方ではしかし排除について語っている。カントによれば、法則から全ての実質を捨象する（absondern）なら、法則に関して残るのは普遍的立法の単なる形式である（Vgl. KpV, 136）。一切の実質的原理を排除せよ、とカントは言っている。一切の実質原理を排除せよ。一切衝動の排除が語られる。抗争における意志の原理の勝利と実質の除去、排除は同じことを言っているのではない。排除というのはこの場合方法的抽象の事柄である。現に闘争、コンフリクトがあり、このコンフリクトにおいて一方が他方に対して勝利し、かくて他方を排除するというのか。この場合、この抗争において理性は傾向性のすべてを無化し、それを消滅させることができるのか。しかしこれは不可能である。というのも、もしそういうことができるのなら、そのときには人間はもはや人間ではなくなっており、それは天使あるいは神になっているであろうから。一切の実質的原理の排除について語る時カントが行っているのは、一切の傾向性の方法的な捨象である。この方法的捨象にあっては、確かに傾向性は捨象されるが、それによって、一切の傾向性を持たない、そのような存在が現にあると主張されているのではない。

私は先に、道徳法則があらゆる理性的存在者の意志を規定するとき、そこにある行為空間・行為の圏が生成すると言ったが、この行為の圏においては、まずは（まずはだが）目的的行為は捨象されている。目的的行為にあっては、主観－客観図式が妥当する。主観は己の目的をその目的に適合する手段を用いて客観のうちに対象的に実現しようとする。対象化されたものに対する主観の認識の場合にも、主観－客観図式が妥当する。それ故、実践理性の場合、目的的行為はまずは問題とはならないのであるから、そこで浮上してくるのは、主観－客観関係ではなく、それとは区別される関係、主観－主観関係（ないし主体－主体関係）の次元であり、しかも、主観－主観関係の次元はこの場合理性的存在者である人間たちが定言命法によって規定される場合の主観—主観関係である。

③ 方法論的抽象について。先に、方法的抽象について言及された。一切の実質が、傾向性が捨象されるが、こうした捨象において、定言命法がそれとして取り出される。定言命法が告げるのは、われわれは端的にある仕方で行動すべきであるということである。仮言命法とは違って定言命法は無条件的であり、この時それ自身において立法的となる意志は経験から独立に単なる形式を通して規定される。「ある可能的な普遍的立法についてのアプリオリな思想が、それゆえたんに蓋然的な思想が、経験とか何かある外的な意志からなにも借りずに、法則として無条件的に命じられる」（KpM, 141/78）。先に見たように、このことは理性的行為者たちの一定の行為空間・圏を開く。この圏において、理性的存在者たちは相互に一定の仕方で行為することになる。すなわち彼らは、彼らの行為の格率が普遍的立法であるかのように行為する。彼らの行為の格率が普遍的立法であるということは、理性的存在者たちは他者を考慮して行為するということでもある。

しかし、実質、あらゆる傾向性の捨象は方法的であって、それは既に述べたように、捨象されるものと捨象において取り出されるものとの絶対的分断・分離を伴立するものではない。それが伴立するのは、捨象において捨象されるものと取り出されるものとの単なる区別にすぎない。それ故、両者の何らかの仕方での綜合の可能性は何ら排除されない。純粋実践理性が指し示すのは、理性的存在者たちのある種の行為空間・圏であり、この圏は、間人格的関係の圏として、目的的行為図式によっては捉えられない圏である。理性的存在者たちの意志がもっぱら実質によって規定される限りで、そこに出現するにはもっぱら各人の目的的行為である。方法的抽象は、各人の、各理性的存在者の目的的行為が再び純粋実践理性が指し示す行為空間・圏、従ってそこにおける各人の行為と統一（綜合）されるということを排除しない。

この点は、私見では、定言命法のうちで既に暗示されている。定言命法が語ったのは、汝の意志の格率が同時に普遍的立法であるかのように行為せよ、ということである。『道徳形而上学の基礎づけ』では、この定言命法は次のようである。「汝の格率が普遍的法則となることを、その格率を通じて同時に意欲することができるような、そうした格率に従ってのみ行為せよ」（GMS, 51/104）。意志の格率とはあくまで各理性的存在者の意志の格率である。定言命法はその各人の意志の格率が普遍的妥当性を有することを語っており、そのことを命じている。つまりは、定言命法は各理性的存在者の意志の格率という個別性が、個別性において同時に全ての理性的存在者にとって普遍的に妥当するような性格を持たなくてはならない、ということ、汝の意志の格率という個別性・特殊性が同時に普遍性を持たなくてはならないことを語っている。つまり汝の意志の格率は万人によって承認されうるものでなくてはならないのである。

形式主義という点に関して言えば、カントは一切の実質を捨象し、そしてこの場合残るのは、形式、普遍的立法の形式のみであるとするが故に、カントの理説は形式主義であると言われるが、この形式主義は、すべての理性的存在者たちの一定の行為空間を開くという意味では、実質的意味を持っているのである。このような意味での実質的意味が人の視野に登らなくなり、人の視野から消失してしまうとすれば、それは（カントの意味での）実質と形式の厳密な二分法を前提にし、思考がそれに拘束されてしまう場合である。

3　理論理性から実践理性への移行

カントは理論理性から実践理性へと移行する。この移行において何が起こっているのであろうか。理論理性は主観の対象認識に関わるが、認識がいかように理解されるのであれ、認識を分析する際の基軸は主観－客観関係、ないし主体－対象関係であって、この関係の中で主観ないし主体は客観ないし対象を認識する。分析の基軸が主観－客観関係、ないし主体－対象関係であるということは、『純粋理性批判』のカントの試みを認識論としてではなく、ハイデガーのように、自然一般の理念の投企として存在論的に解釈する場合にも同様である。またこの点はあらゆる目的的行為も同様であり、一切の目的的行為は主体の対象ないし客体、主観の客観に対する目的実現行為である。こうした目的実現行為においては、その行為の結果がいつも問題になる。思弁的理性批判から実践理性批判への移行はそうした主観－客観関係あるいは主体－対象関係を基軸とする次元から別次元への移行、従ってまた目的的枠組みからの脱却を意味している。この次元ではある目的を実現する上で私はその能力をもっているのかどうか、あるいは結果をもたらすために私は何をしたらよいのかは問題ではない次元である。カントは、（実践的あるいは道徳）法則はそうした問いに先立って意志を規定しなければならないと言う。道徳法則による意志の規定がそうした問い、すなわち、目的的行為の次元で生じる行為に先立って意志を規定するのでなければならないということは、そのような問いを否定することを何ら伴立しない。確かに、そうした問いは捨象されるが、しかしその捨象はそうした問いに先立つ次元をそれとして確保するためであり、その問いはこの先立つ次元のもとで再び問われうるのである。この「先だって」という点を厳密に念頭に置けば、如何なる結果も、如何なる場合にも顧慮しないということは出てこないはずなのである。ハーバーマスの討議倫理は立法と裁判をモデルとしているように思われるが、この討議倫理では、規範の根拠付けは立法に、根拠付けられた規範の（具体的場面での）適用は裁判に対応している。カントが道徳法則から導出（Ableitung）されると語る諸義務（完全義務と不完全義務）は、ハーバーマスの討議倫理では、根拠づけられた規範のレベルに対応しており、そうした義務の（具体的場面での）適用にあたっては、カントもある種の帰結（「カントの批判者たちが全く考慮しなかったような帰結」(8)）を考慮している。

さて、（絶対的自発性たる）選択意志が自愛の原理を意志規定の根拠とする場合もあるが、今問題になっているのは、道徳法則があらゆる理性的存在者の意志を規定する場合であり、このとき生じるのは、理性的存在者たちの行為からなる行為の圏であって、この行為の圏、行為空間において理性的存在者たちの行為の格率は普遍的立法の原理として妥当する。そして、この圏にあって、理性的存在者たちは、以下にまた立ち入るが、それぞれ他者たちに対して、ある種の関係行為を遂行する。この行為は主体の他の主体に対する関係行為であり、絶対的尊厳を有する他の人格に対する振る舞いである。（ウィトゲンシュタインは、私の他者に対する振る舞いは魂に対する振る舞いであると言ったが、私の他の魂に対する振る舞いは魂なきものに対する私の振るまいと根本的に異なっている。）だから、思弁的理性批判から実践理性批判への移行は主観－客観関係の領域からそれとは別次元であるかの行為圏（行為の領域）の主題化への移行をなしている。ハーバーマスは、カントにおける認識、とりわけ悟性の活動の唯物論的綜合としての労働への翻訳について語っているが(9)、この点からすれば、かの移行は労働から、その行為の格率が普遍的立法ないし普遍的立法の原理として妥当しうる理性的存在者たちの相互関係性の空間である行為空間・行為の圏への移行ともなる。

以上に見た領域の相違は、第一に、叙述の順序の相違をもたらすとともに、第二にそれらで使用されるカテゴリーの意味の相違をもたらす。叙述の順序についてみれば、思弁的理性批判は感官から始まって原則で終わるが、これに対して実践理性の批判では、原則から始まって概念へ、そしてそこから（できれば）感官に進むことになる。カントは原則をそれとして取り出すために、まずは感官を捨象したのだが、このことは原則と感官との絶対的分離を意味しないし、それはこの捨象が方法的なものである限り、事柄からしても、またカントの意図からしても成り立つ。この叙述の順序の違いは議論領域の違いに由来する。カントによれば、実践理性の批判においては、経験的に条件づけられていない原因性、すなわち自由に基づく原因性が先に来るのである。ここで既に「原因性」のカテゴリーが言及されたが、「原因性」のカテゴリーも、両者の議論領域では異なる使用が行われる。今一度言えば、実践理性が指し示す次元は道徳的行為の領域、空間、圏であって、それはまた人格の相互承認の圏とも言うことができる。この領域では、諸カテゴリーは、理論理性の領域におけるとは、従って自然の領域におけるのとは、同じ名称であっても、別の意味を持ってくる。「原因性」のカテゴリーは思弁的理性の場合とは全く別の使用へと移行する。われわれの観点からすれば、それは別の行為領域への移行である。それは言ってみれば、間主観的な相互振る舞いの領域であるが、ここでのカントの議論にはこの移行が隠されているのである(10)。

自由による因果性について、アドルノは意味と適用の間の矛盾を見出した。この場合、アドルノは「因果性」のカテゴリーの意味を固定してしまっており、それ故に、その意味と適用の矛盾について語ることになる。けれども、必ずしもアドルノのように考える必要はない。むしろその意味は変容することになるのであって、肝要なことはその意味変容を捉えること、その概念を展開することによって捉えることである。後に見ることになるが、アドルノは「因果性」の意味を自然科学的な因果性に固定し、これがカントでは自由による因果性において、自由が定立されると同時に自由はまさしく因果性の強制的性格によって自由は撤回されるというアドルノの議論を引き起こす。原因性の概念、これは道徳法則において意義が与えられる。では、この場合、原因性の概念はどのようなものになるのか。ここで問題なのは、意志の概念のうちにすで含まれている原因性、それは自由を伴う原因性である。原因性、それは何かを新たに始めるということだ。では、この場合、何を始めるのか。この場合、自由は単に私がこの本を床に落とすことができるというのとは違った場面にシフトしている。新たな出来事の系列を始める。では、実践理性の場合に、何が始まるのか。それはかの間人格的関係の領野であろう。カントは原因性のカテゴリーを本体、つまり物自体にも適用することができると言う。理論的認識ではなく、実践的な目的のためにそれを適用することができる。本体にである[11]。

次に、以上に見た理論理性から実践理性への移行、従って、間主観的領野の主題化という点をカントの定言命法に即してより詳しく見てみたい。

4　人格の相互承認の圏

唯一の定言命法と定言命法の諸法式

『道徳形而上学の基礎づけ』において、定言命法は次のように定式化された。

> 汝の意志の格律が普遍的法則となることを、その格率を通じて汝が同時に意欲することができるような、そうした格律に従ってのみ行為せよ（GMS, 51/104）[12]。

カントによれば、この定言命法は唯一のものである。唯一であるからには、定言命法はこれしかない。この唯一の定言命法はしかし、意志の形式という単一性（Einheit）のカテゴリー、数多性（Vielheit）、すなわち目的という実質のカテゴリー及び目的の体系という総体性（Allheit）のカテゴリーに従って、そしてそれは唯一である定言命法を直観、そして感情へと接近できるようにするためであるが、三つの法式に展開される。それが自然法則の法式であり、目的自体の法式であり、最後に、自律の原理に基づく目的の国の法式である[13]。これらの三法式はいずれも、唯一の定言命法が含蓄している内実をそれぞれ、単一性、数多性と総体性という面から展開したものである。そのうちの一つの法式をとると、それは他の二つの法式を己の内に合一している。これらの法式の間には差異があるが、その差異は客観的－実践的なのではなくて、主観的－実践的である。

自然法則の法式は、

汝の行為の格率が、汝の意志を通じて、普遍的自然法則となるかのように行為せよ（GMS, 51/105）[14]。

である。ここで自然法則は普遍性の範型と考えられており、自然法則のごとくに格律が普遍性を持つのでなければならないことが述べられている。それ故、行為の格率が自然法則となるように、とは語られていないであろう。けれども、もし自然が普遍的法則に従って規定される諸物の現存であれば、格律が普遍的法則となるなら、つまりそうした普遍性を持つことになるなら、単にいわゆる外的自然だけではなく、そうした格律に従って理性的存在者たちが行為するときに成立する行為圏もまた、最も広い意味で自然であるということになろう。

定言命法の第二の法式は次のとおりである。

汝の人格やほかのあらゆるひとの人格のうちにある人間性を、いつも同時に目的として扱い、決してたんに手段としてのみ扱わないように行為せよ（GMS, 61/129）[15]。

理性的存在者である人間たちがこの定言命法のこの法式に従って行為するとき、ここに現出するのは、各理性的存在者たちの人格の相互承認の圏である。というのは、その場合、各人は相互に対して、目的自体として振る舞い、また目的自体に対して振る舞うからである。それが英知界なのであるが、この圏において、人間であるところの理性的存在者たちは行為し、この場合の行為とは、相互の他者に対する振る舞い、しかも相互に単なる手段ではなく目的自体としての他者に対する振る舞いである。

カントによれば、普遍的法則であることと両立し得るような格律以外の格律に従って行為してはならないのであった。このような格律に従って行為する実践的必然性、すなわち義務は、感情や傾向や衝動に由来するのではなく、理性的存在者たちの相互関係を根拠としている。「この原理に従って行為する実践的必然性、すなわち義務は、感情や衝動や傾向性には決して基づいてはいず、たんに理性的存在者相互の関係にのみ基づいているが、この関係においてはある理性的存在者の意志はいつも同時に立法するものと見られなければならない」(GMS, 67/144)。理性的存在者たちはこの相互関係において自分のみならず他の如何なる存在者も立法する存在者と見なすのであり、すると今度は各人はこのこと（自分のみならず他の如何なる存在者も立法する存在者であるということ）から自分の格律を得る。この理性的存在者たちの相互関係にあっては、各理性的存在者は目的自体であるから、あるいは正確には各人格にのうちなる人間性は目的自体であるから、彼らはまた目的自体として相互に関係するのである。彼らはこうした相互関係性の中で目的自体なのであって、彼らは普遍的に立法する人格であり、この人格は目的自体としての人格である。

ここに現れるのは、理性的存在者たちの相互関係性の中での相互行為であるが、戦略的相互行為ではない。戦略的相互行為にあっては、行為主体たちは相互に他者を己の目的を実現するための手段としあう。戦略的相互行為にあっては、主体たちは他者を己の目的を追求したり、出し抜いたりする客体と見なすのであって、それ故、戦略的相互行為においては、この行為の基軸はあくまで主体－客体である。これに対して、言及された理性的存在者たちの相互行為においては、目的自体としての人格の相互承認が主題となるのであり、この相互承認において相互行為が遂行されるとともに、相互行為の遂行において理性的存在者たちの目的自体としての人格の相互承認の圏が再生産される。

この定言命法は人に対して一定の仕方で相互に振る舞うこと、行為することを命じている。ここに現出する実践的次元とは、それは行為の次元であるが、私は他者に対して、他者は私に対して、相互に人格として承認しあい、そうした人格を目的自体として扱う、このような実践的次元であり、この次元をカントは主題化する。われわれはこの点を捉えなくてはならない。これは目的－手段関係を持ち込んではならない次元である。（各理性的存在者が目的自体であるのは、彼らが何らかの実質（目的）実現において例えば有用であるからではない。）もとより、こうした次元に移行するからといって、理性的存在者たる人間がカントが言う感性界から抜け出てしまう、ということはない。この次元とは、主体－客体、主観－客観関係を基軸とする行為の次元、あるいは圏ではなく、まずは主体－主体関係を基軸とする行為の次元ないし圏である。

主観哲学（意識哲学）突破の方向

それ故、ハーバーマスやホネットの言葉で言えば、カントの実践哲学は意識哲学の突破の方向をなしている。ところが、カントは、意志を考察の焦点に置き、その意志の規定根拠は何かという言い方をするために、あるいはそれ自体で善い意志、すなわち善意志、このような言い方をするために、（アドルノにおけるように）孤立した主観の意志、といった表象が生まれてしまう可能性がある。このときには、『実践理性批判』あるいは『道徳哲学の基礎づけ』におけるカントの試みが意識哲学突破の試みを含んでいることが看過され、カントの理説の一切が意識哲学のパラダイムのうちに押し込められて解釈されることになる。問題は道徳法則の表象に従って行為する理性的存在者である。意志が行為を産み出すが、この行為は（他者から）切断された個人の行為ではない。またカントが念頭に置いている次元は人間対自然の次元ではなく、間人格性の領域である。これは一つの国であって、人格としての相互承認の圏である。

意識哲学というのは、主体、体験する主体を中心化し、それを世界、すなわち対象の全体としての世界に対立しているものとみるものである。ここに現れるのは、自己－世界、あるいは脳と環境という二項関係である。これは一人称がそれだけで現れるのであって、それは二人称パースペクティヴを消滅させているのである。(16) カントは、これまで述べてきたように、一つの移行、換言すれば、目的的思考枠組みからその突破を行っている。各人が道徳法則に従うとき、各人の意志は自律的となる。よって道徳法則が表現するのは意志の自律、すなわち自由である。形式的であるということは、この空間、圏の設定と関係している。私見では、この形式的であるということは意識哲学の枠組みの突破の方向と関係している。この点がアドルノの意識哲学的前提の下で抑圧されてしまっていた。すべての実質の捨象、これはどんな機能を理論において果たしているか。それは間主観的次元への移行である。モノローグ的主観性の行為において、実質による意識の規定は語られうる。従って、実質の捨象はモノローグ的主観性からの脱出（あるいは脱出の方向）をも意味しているのである。

カントによれば、自由である純粋意志の法則は意志を経験的領域とは別の領域に置き移す。この領域とは何であるか。自分の幸福が意志の規定根拠となる場合、これは道徳性の原理とは反対である。仮言命法、これは基本的にはモノローグ的主観性においても成り立つ。これに対して、純粋理性がそれだけで意志を規定することができる、つまり実践的だということは、各人が目的自体としての相互承認の圏に身を置き入れる、ということである。以下においてまた立ち入るが、カントにあって、形式的であるということは、単に無内容ということではなく、ある実質的な内容を持っているのである。

目的自体ということ、これはやはり一個の目的である。すなわち、定言命法の目的である。この目的は相対的、随意的目的を制限する条件である。すべての格率は目的の国としての自然の国と調和すべきであり、目的の国は自然の国である。善意志は目的、つまりは実質を持つのであって、それは理性的存在者が自ら設定する目的である。けれども、絶対的な善意志という理念においては、そうした実現されうる目的は排除されなければならない。目的自体としての理性的存在者はすべての可能的目的の主体である。

定言命法のレベルで既に諸行為の間の連関、人格の間の連関はある仕方でつけられている。それは間人格的な関係としての英知界、あるいは圏である。英知界というのは、理性的存在者たちの織りなす、(相互承認)の圏であって、そこには、ある関係的構造が既にある。

定言命法の形式主義的解釈に対する批判

J・K・ウレマンはカントの定言命法に対する形式主義的解釈を批判している。(17) この批判を見ておこう。ウレマンは形式主義的解釈に対して別の解釈を提出すると言うが、この別の解釈はしてみるとなにか実質を持つということになるのだろうか。その場合、その実質がどんなものとされているかが問題である。定言命法はあらゆる意味で実質ないしは目的を欠いているものではなく、それはある特殊な目的を持っているというのである。その特殊な目的とはそれ自身を意志する自由な意志というものである。換言すれば、定言命法は意志自身の自由で理性的な活動を表現していると主張される。定言命法はこのような目的を欠いたものではない。

では、ウレマンが形式主義と呼んでいる（カントの定言命法に対する）解釈とは如何なるものか。そしてその形式主義的解釈はどのようにして生じるのか。まず、カントの議論は実質、あらゆる実質を捨象する。すると残るのは形式のみだということになる。カントは欲求のあらゆる可能な対象から注意を定言命法の形式それ自身に向ける。この議論の仕方が定言命法の形式主義的読解の源泉である。定言命法は、あらゆる実質の捨象において、つまり意志の対象を指示することなく、われわれの格律が法則そのものの普遍性に従うことを命じている。こうして、意志を規定するものはもはや何らかの対象でなく、命法の形式それ自身であることになる。これがカントの定言命法が形式主義的として解釈される源泉であった。しかし、ウレマンによれば、カントの定言命法は、それ自身の活動に関心を持つ自由な理性的意志をその実質的内容としているのであり、人間はまた理性的自然とも言われるが、それは自由な理性的な意志する能力のことに他ならない。そして理性的存在者たちは、相互にそうした存在者であることに関心を持ち、そして自由で理性的な意志することとしてのそうした存在であることに相互に尊敬を払っているのである。

意識哲学のパラダイム突破の不十分性

目的自体としての理性的存在者たちの相互承認の圏においては、目的自体としての人格の相互関係性が成り立つ。この点を、私はモノローグ的主観性の克服として、意識哲学のパラダイムの突破の方向として理解した。ところが、他方、カントでは、このモノローグ的主観性が残ってしまっている。これが私が「意識哲学の突破の方向」といった理由である。意識哲学の突破の試みは、その試みにもかかわらず、カントの哲学内では不十分性を残しており、この点でその試みは挫折しているように思われる。意識哲学のパラダイムを克服するためには、自己意識は他者との関係性より先に、それに先だって立てられてはならず、自己意識は他者との関係性において始めて自己意識として形成されるという観点が必要であるが、もし、そうした他者との媒介なしに自己意識が立てられると、私とは異なる他者が私と同じく自己意識であるということは、何か奇異なこととして現れる。

A・ホネットはミードの理論に言及しているが、(18) 人間主体の経験の同一性は間主観的承認に基礎を持つということを、自然主義の思想のもとで展開した理論、これがミードの理論である。ここで、自然主義の思想と社会心理学と関係している。というのも、ミードでは、経験的な方法をとる心理学が用いられるからである。

心的出来事を扱う際に、ミードは意識哲学のパラダイムでそれを扱うことを拒否している。この拒否される考えでは、心的出来事はこれまでに信頼が置かれた状況解釈の妥当性が奪われるときに生じる。つまり主観的現象が他の現実から区別されるときに心的世界が生じるとされる。この場合、心理学の対象領域は自分の主観性を意識した行為者の視点から獲得されることになる。しかし、このような考えは十分ではない。というのは、それはまだ意識哲学の枠組みの下にあるからである。そこに見られるのは、個体の心理世界と現実という二分法である。手慣れた行為遂行、この場合の行為とは道具的行為であって、このような視点ではわれわれは心的世界にどのように接近するかの問いにとって十分ではない。心理学の対象領域への接近に際しては、人間の相互行為を出発点にしなければならない。というのも、人間の相互行為こそが問題が発生した場合にそれの主体性を意識させるからである。つまり、心的なものの領域に接近する際に、ミードは社会的行為、人間たちの相互行為を出発点とする。心理学はこの場合、相互行為の中で行為者たちがとる視点にこそ立つのである。相互行為の中で行為者は自らの行為が他者にとっていかなる意味を持つかを相互に知っていなければならない。社会的行為は主体たちにとって意味を有するが、そうした意味の意識はどのように発生するかが問題である。その意味は間主観的である。その際、行為者の行為表現の間主観的意味が知られるのは、その行為表現が他者のうちに引き起こしたのと同じ反応を自らの内で引き起こすことができるときであって、こうした能力の発生は進化論的に説明される。それは人間のコミュニケーション形態の発生である。(19)かくて個体は、それが同一性を獲得する場合、他者と関係することによってのみ己の自己像を獲得する。すなわち個体は他者、つまりパートナーの立場に立つことによってのみ、自分自身を意識する。〈Ｍｅ〉は他者による私の像である。〈Ｍｅ〉は個体が他者の立場に立つことによってのみ自身を意識するということを表現する。要するに、〈Ｍｅ〉は他者の目から見た自分のことである。それ故、それは客我と呼ばれる。これに対して、自己そのもの、私の現在の行為の未だ規定されない根源は〈Ｉ〉、すなわち主我である。それは人間の人格性である。

自己意識の発達に際しては、他者の優位が置かれる。これはヘーゲルの承認論の自然主義的基礎づけに向けた第一歩である。〈Ｍｅ〉はこれまでは個体が自らを二人称から知覚するという自己に関する認知的な像であった。ところが、人間の実践的な規範的な自己理解が問題になるや、個体の規範的な姿勢も重要であることになる。この場合、自己像〈Ｍｅ〉はどのようなものでなくてはならないか。ここで問題なのは、子供が道徳判断の原初形態を習得するメカニズムである。子供は両親の言葉を思い出し、自分の行為に反応する。このとき、自分の行為を善い、あるいは悪いと評価する。〈Ｍｅ〉はコンフリクトを道徳的に解釈するための道徳的な審級になり、〈Ｍｅ〉は自己についての認知像から実践的な自己像に転化する。つまり、主体は相互行為パートナーの規範的な視点に自らを置くのである。ここで注目したいのは、それが十分であるか否かは別にして、ミードの社会心理学的試みが意識哲学の突破の試みであるという点である。自己意識の発生は自己と他者との関係性においてのみで可能であり、この関係性に先立って、自己意識ないし自己なるものが立てられるのではない。

〈私〉は、他者が〈私〉と同じ人間性を有していると考えるが、「純粋理性のパラロギスム」は同じ人間性という私のこの確信を問題化する。問題は、そうした私と同じ人間性という仮定を取り外して、私の外部に汝としての他者が、つまり同じ人間性を有する他者が如何にして成立するかにあり、カントが問い直そうとするのは「同じ人間性」という思想である。カントはこの問題に転移（Übertragung）という考えによってアプローチする。すなわち、カントによれば、私は私の意識を他の事物に転移するのであり、他の思考する存在者、つまり他者はこの転移によって可能となり、他者が成立する。この場合、他者は外的経験において現れることはないから、転移は外部知覚に関係することはない。それは、主観－客観認識ではないのである。問題はこの私に対して他者が如何に成立するかにあるが、これは主観による客観の認識ではなく、むしろ、主観－主観関係が如何に成立するかの問題である。〈私〉が他の事物に私の意識、自己意識を転移することによって、ということはつまり私が客観に自己自身を押しつけることによって、他の事物に私自身の意識を押しつける運動によって他者が成立する。[20]

しかし、このようなやり方では、他者との関係性以前に、それに先だって、私の意識ないし自己意識があらかじめ立てられ、成立しているとされてしまっている。換言すれば、モノローグ的主観（モノローグ的自己意識）がまず立てられ、他者はこのモノローグ的主観の自己意識を他の事物に転移する（押しつける）ことによって成立するとされる。その限り、転移理論によっては、モノローグ的主観の考えを、従って意識哲学のパラダイムを突破することにはならない。『実践理性批判』における理性的存在者たちの相互主体性の領域の主題化は、これを私は、意識哲学のパラダイムの突破として理解しようとしたが、意識哲学のパラダイムの残存によって取り憑かれている。

カントの実践哲学においては、意識哲学突破の不十分性は、討議倫理学を展開するハーバーマスのカントに対するある種の批判に関係していた。ハーバーマスの見るところ、カントには、規範の普遍化可能性のテストに関して、内的独白的なアプローチがあり、各人は自分の内面的法廷で自らの行為格率をテストするということになっている。すなわち、自己立法は元々共同的企てであるのに、カントはそれを個人の単独の行為ないし権限としてしまっている。自己立法は共同的企てであるから、それは間主観的パースペクティヴを必要とするのであり、それ故、規範、格率の普遍化可能性のテストに関しては、すべての人が参加して了解を目指す状況、討議が必要である。

実践理性が道具的理性に解消されてはならないとするなら（アドルノは結局、カントの実践理性を道具的理性に還元した）、考察は各人の主観的世界を越えて、間主観的に共有される社会的世界に及ばなければならない。カントにはまさしくこうした討議という概念が欠如しているのである。ハーバーマスの討議倫理はこの討議実践を主題化し、それをその構成要素とともに再構成する。討議倫理は、規範的言明がどのように根拠づけられるかを問う。ハーバーマスはカントにおける自己立法を討議論的に展開する。以上のハーバーマスの議論は、カントにおける意識哲学の突破という方向性の不十分性ないし欠陥をついたものである。とはいえ、不十分であるとしても、カントはその実践哲学において、意識哲学突破の方向性を示したのであり、カントの道徳的主体を内面に閉じこもったものとして、モナド的主観として捉えることは決してできない。

ところで、先に見たように、カントの定言命法はハーバーマスの討議倫理では討議論的に翻訳されるのであるが、この翻訳において、翻訳されたもの（カントの定言命法）とその翻訳（討議原則）の間にある（重要な）相違が生じてもいた。カントの定言命法は理性的存在者たちに対して、ある行為を、あるいは行為のある仕方を命じていた。それは汝の意志の格率が普遍的立法であるかのように行為せよ、というのであり、定言命法が表現する道徳法則がすべての理性的存在者の意志を規定するとき、そこにある行為空間・行為の圏が生成する。定言命法は、普遍的に妥当である、あるいは普遍的に妥当と見なされうる規範に従って行為せよ、と命じていて、汝の意志の格率が普遍的立法として妥当しうるかどうかテストせよ、と直接には述べているのではなかった。こうしたテストは、定言命法のなかにその一部として含まれているが、このテストは定言命法のすべてを尽くしているのではなかった。討議原理はただ、規範は如何なる場合に妥当と見なされるかを述べている。カントの定言命法を討議原理を考慮に入れて書き直せば、次のようになろう。

①討議において、汝の意志の格率が普遍的に妥当であることを示せ。
②そのように普遍的であることが示された規範に従って行為せよ。

ハーバーマスの討議原理は①だけを述べている。それ故、カントの定言命法が討議倫理では討議原理として現れる。このとき、②で語られた事柄が視野の外に置かれてしまう。ハーバーマスの討議倫理では、空間といえば、ただ討議空間だけが現れるが、カント倫理学で登場する空間は討議空間に限定されるのではなく、相互に目的自体としての人格として承認し合う理性的存在者たる人間たちの行為空間・行為の圏である。(21)(22)

5　目的の国

自律の原理

さて、自律の原理について、カントは次のように言っている。

意志は、それゆえ、たんに法則に服従するのではなく、意志がまた自己立法的なものとして、そしてまさにそのゆえにはじめて法則（この法則について、意志は自分をその創始者と見ることができる）に服従すると見られなければならない、という仕方で服従するのである（GMS, 64/136-7）[23]。

目的の国

しかしながら、この自律の原理は、確かにこれが、先の二つの法式から帰結するとともに両者の綜合であるとしても、それはまだ総体性という点を表現していない。この総体性は次のように目的の国として表現される。

法則は、さまざまな目的をそれらの普遍的妥当性にかんして規定するから、理性的存在者の個人的相違と、同時にかれらの私的目的の全内容を捨象すると、体系的に結合したすべての目的の全体（目的自体としての理性的存在者たちと、おのおのの理性的存在者が自分自身で設定するような自分の諸目的との全体）が、すなわち目的の国が、考えられることができるが、このことは上述の諸原理によって可能なのである（GMS, 66/142）[24]。

ここでまず、各理性的存在者の個人的相違並びに彼らの私的目的の内容全体が捨象されていることに注意しよう。それで、目的の国とは、まずは、目的自体（としての理性的存在者たち）と各理性的存在者たちが自分で立てる目的との体系的結合であるが、そうした諸目的とは、共同の法則がその普遍妥当性に関して規定するものである。定言命法が理性的存在者たちの意志の規定根拠になるということによって、かの行為の圏が生成したのであった。目的の国において各人は普遍的に立法するのであって、この国において、各人は目的自体として現れ、だから目的自体としての相互承認という媒体の中で現れる。

ところで理性的存在者は、目的の国においてなるほど普遍的に立法するが、しかしまたこの法則に自ら服従しているときには、この目的の国に成員として所属する。理性的存在者が立法する者として、ほかの理性的存在者の意志になんら服従していないとき、この者は目的に元首として所属する（GMS, 66/142–3）[25]。

ここで、「元首」とは君主でも大統領でもなく、いわんや神ではない。神は目的の国それ自身には属さない。目的の国に人間として属するのは理性的存在者だけである。理性的存在者は普遍的に立法するものであった。自律の原理からして、理性的存在者は自ら立法したものに自ら服する。

人格とはまずは絶対的尊厳を有する目的自体としての人間性がそのうちにあるものである。この人格には普遍的に立法し、かくて自律的であるという性格が結びつけられている。定言命法によって開かれる行為の圏において（従って、英知界において）理性的存在者たちは、第一に、普遍的に立法された法則に従うのであり、この法則に従うという点から見られると、彼らは目的の国の成員である。しかし、第二に、彼らは自ら立法するものであり、他の如何なる意志にも従属することはない。この点から見られると、彼らは目的の国の元首である。目的の国にあっては、理性的存在者たちは同時に成員（Glied）でもあり元首（Oberhaupt）でもある。つまり、成員であることは元首であることと統一されていることになる。

道徳的個人主義的解釈

カントでは、理性的存在者は目的の国の成員であるとともに元首でもあるという二重性を持っており、この二重性は相互の統一においてあるのであった。言い換えれば、成員と元首という二つの契機は統一においてある二つの契機である。

しかしながら、もしこれら二つの契機の統一を破壊し、成員という契機を廃棄して、元首としての契機をそれ自身として自立化して、カントの理説を解釈するとすれば、ここに生じるのは、カントの理説の道徳的個人主義的解釈である。この解釈では、普遍的立法という契機が捨象されているために、理性的存在者たちは自分で自分の目的を、他者との関係性から切断された個として追求するものとされ、そうした他者との関係性から切断されたという意味で抽象的な自律に道徳的尊厳が付与される。けれども、このような解釈はカントの思考における、かの二契機の統一を破壊しているために、妥当ではない(26)。

目的自体と目的－手段関係

目的の国とは第一に、目的自体としての各理性的存在者と第二に、各理性的存在者が（普遍的立法として、共同で）設定する諸目的との体系的統一であった。この目的の国は「理性的存在者はすべて、そのおのおのが自分自身とすべての他人を決してたんに手段としてのみではなく、つねに同時に目的それ自体として扱うべきである、という法則の下にある」（GMS, 66/142）。

ところが、カントは、目的の国のかの体系的結合について述べた後で、さらに続けて次のように言っている。すなわち、目的の国においては、理性的存在者は自分自身のみならず、あらゆる他の理性的存在者に対して、決して単に手段としてだけではなく、同時に目的自体として振る舞うが、

> このことによって、共同的な客観的法則による理性的存在者の体系的結合が、すなわち一つの国が生じるのであって、この国は、この法則がまさに目的と手段としてのこれら理性的存在者相互の関係を目指しているから、目的の国（もとより理想であるにすぎないが）と呼ばれることができるのである（GMS, 66/142）[27]。

「決して単に手段としてだけではなく」ということは手段として扱うということを完全に排除しているわけではない。目的の国において、理性的存在者たちは相互に目的－手段の関係を形成しもする。けれども、この関係は目的自体としての人格の相互承認のもとで形成され、これはこの条件を抜きにした目的－手段関係の形成ではない。目的の国における理性的存在者たち相互の目的－手段関係の形成は目的自体としての人格の相互承認をその制約条件としており、それゆえ、この制約条件を抜きにした彼ら相互の目的－手段関係の形成と区別されなければならない。もしこの制約条件を抜きにするなら、そこには、各人が己の目的を追求しながら、他者を己の目的のための単なる手段にするという単なる戦略的行為状況が生じよう。

以上から、（理想としての）目的の国は、①目的自体としての理性的存在者たち、②各理性的存在者が相互に抱

く普遍的目的の体系的結合とされたが、さらに、目的の国においては、理性的存在者たちは③①の条件のもとで相互に目的－手段の関係を形成することが分かる。もとより、それは単に目的－手段関係なのではない。(この点については、以下においてもう一度立ち入ることがある。)

もしも、何らかの社会システムがその成員を何らかの目的のための単なる手段に(そして物件)に還元していくならば、目的の国は、それはカントにとって理想ではあるが、そのような社会システムに真っ向から対立し矛盾する。むしろ、如何なる社会システムといえども、目的自体としての人格の相互関係が社会システムの制約条件となっていなければならないのである。

商品交易と社会的労働の活動圏及び文芸的公共性

目的の国は英知界とも呼ばれる。しかし、私見では、この目的の国は同時に感性界に属すると思われるものを既に含んでいる。目的の国は感性界を捨象した、つまり抜きにした意味での英知界なのではないのであろう。

カントによれば、目的の国においては、すべての事物は価格(Preis)を持つか尊厳(Würde)を持つ。価格を有する物は他のなにかと等価物となりうるが、目的自体は人格として他の物の等価物とは決してなり得ないのであり、目的自体としての人格は尊厳を有する。価格というものは市場、『公共性の構造転換』でのハーバーマスの用語を用いれば、商品交易の活動圏、さらには、社会的労働の活動圏、一言で言えば、商品交易と社会的労働の活動圏の存在を前提としている。それゆえ、カントは市場経済を念頭に置いているのである。目的の国の一つの層は、価格を持つ物からなる。価格を持つ物は本来市場において、市場経済においてはじめて成り立つものである。こうして、カントは目的の国を論じる際に、おそらくはそう言うことができようが、市場経済を前提しているのである。

あるいは商品交易と社会的労働の活動圏としての、そうした意味での市民社会（つまり、ヘーゲルの意味での）を前提しているのである。市場経済という領域が、そうした行為領域か、それとして言及されているわけではないが、暗黙のうちに、念頭に置かれている。目的の国においては、物は、人格を別にすれば、価格を有するということは市場経済が展開していることを物語っている。ただ、価格のないものは、等価物を絶対に許さないものであって、それは内的価値、すなわち尊厳を有している。だから、カントがここで言っている目的の国は、商品交易と社会的労働の活動圏という意味での市民社会を前提していて、これが市民社会そのものではなく、存在者の層からのみ言及されているのである。

カントが「人間の普遍的な傾向性と欲求に関係するものは、市場価格を持つ」（GMS, 68/146）と言っていることから分かるように、人間の傾向性や欲求といったものは市場に関係している。傾向性や欲求に関係するものとは、傾向性や欲求を満足させうる事物であり、つまりは商品であって、商品は市場価格を持つ。（市場を前提にすれば、市場の中では自然事物も価格を持つことになろう。）後にヘーゲルは、『法哲学』において、市民社会の成員をまずは「欲求の塊」と呼んだ。市民社会の成員は欲求の塊として、市場に出かけてゆくのである。

さらに、カントは「欲求を前提としなくとも、ある種の趣味に、つまりわれわれの心の諸力のたんなる無目的な戯れにおける適意に、適合するものは、感情価格を持つ」（GMS, 68/146）と言っていることから知られるように、カントによれば、尊厳、市場価格を有するものの他に、感情価格を有するものがある。これは、そしてこれまたカントは明示的に言及してはいないのだが、ハーバーマスが『公共性の構造転換』で言及した文芸的公共性に対応するものであろう。

かくて、私はカントの言う目的の国は、商品交易と社会的労働の活動圏という意味での市民社会も文芸的公共性も前提しているものと理解する。ただカントでは、市民社会も文芸的公共性もそれとは言及されず、ただ人間たる、そして主体としての理性的存在者たちに対する対象の、すなわち物の層からのみそれらは言及されている。ともあれ、感性界は市場という行為空間を含んでいるのである。

ところで、カントは言っていたが、共通の客観的法則を意図するのは、理性的存在者たちの間に目的と手段という関係を設定するにある。これは矛盾ではないのか。一見するとこのようにも見える。理性的存在者たちの間に目的と手段の関係を設定するということは、どういうことか。この場合の目的というのは何か。カントは、相互の間に目的と手段という関係を設定するという。相互に目的と手段という関係が存立する。この目的というのはあの目的自体のことか。もしそうなら、ある理性的存在者は目的自体で、他の存在者は目的のための手段であるということになるのか。もしそうなら、目的自体としてのAに対してBは単にそのための手段である、ということになるであろう。私見では、そうではない。目的の国にあっては、各理性的存在者たちはまずもって、目的自体としてあるのであり、この条件のもとで、あくまでこの条件・制約のもとで、彼らは相互に相互のための手段ともなる。

これは例えば、商品交易の活動圏において起こることである。商品交易関係において、人間の相互関係が成立し、この相互関係においては、相互は相互のための手段となる。しかし、カントの場合、そこには制約条件があった。それは商品交易における人間たちの相互関係的行為は、各人が目的自体であることを制約条件とする、ということである。各人は己の、そして相互の目的を、従ってまた幸福を追求するのであるが、しかしそれは各自が目的自体であり、こうしたものとして相互承認においてあるからだ。だから、ここに暗黙のうちにではあるにせよ、社会と社会関係が現れている。

私は以上でカントの言う目的の国が市場社会関係を前提していると解釈したが、解釈というよりも、カントの目的の国のわれわれの再構成という観点から言うなら、歴史的に形成される如何なる社会的相互関係態も、それが組織と呼ばれるのであれあるいはシステムと呼ばれるのであれ、各人が目的自体であることをその制約条件としている限り、換言すれば、組織やシステムといった社会的相互行為の関係態がこの条件を内化している限り、それは同時に道徳共同体をなすのである。それ故、歴史的に形成された何らかのシステムなり、組織なりが、そうした制約ないし条件を欠如しているならば、すなわち、それらがその成員たちをもっぱら手段としてのみ、あるいは物件としてのみ扱うならば、それは道徳的共同体たる資格を失うことになる。企業システムにおいて人件費が物件費によって置換されるなら、このシステムは物化されており、この意味で自然化されている。人間の生活世界が物化した世界として現れるのであって、これが人間の自然史、あるいは人間の自然への硬化である。

6　英知界と感性界の綜合

理性的存在者は英知界と感性界との両者に属する

格率は主観の意志に妥当するものであり、実践的法則はあらゆる理性的存在者の意志に妥当するものであって、それは客観的と呼ばれる。ここで、実践的法則の場合に、あらゆる理性的存在者が登場していることに注意しよう。ここに現れているのは、あらゆる理性的存在者であり、そしてあらゆる理性的存在者の行為領域である。すなわちある空間、圏、つまり理性的存在者たちの圏が登場している。単数のではなく、複数の理性的存在者たちが存在していることは前提とされており、彼らが定言命法に従うことによって、換言すれば、道徳法則が彼らの意志の規定根拠となることによって、そこにあらゆる理性的存在者たちからなる行為空間・行為の圏が開かれた。

重要な点は、カントが法則は私が要求された結果を生むのに十分な能力を持っているかどうか、あるいはある結果を生むのに私は何をすればよいかという問いに先立って、意志、理性的存在者の意志を規定するとしている点である。このことは何も、そうした問いを一切棄却することを意味するわけではない。言われているのは、「先だって」という点である。そうした問いに先立ってということは、そうした問いを棄却することではない。カントが言うのは、そうした問いに先立って問われなければならない問いがある、ということである。ここでは、問いの優先順序が問題である。

それによって主題化されるのは、目的的行為の次元とは別次元の（行為）領域であった。これは、アドルノは全く看過してしまったが、相互主観性・相互関係性の領域である。この領域は目的的行為・あるいは主体による対象認識の論理を超えているのであって、それによってカントは、ある空間、理性的存在者たちのある種の圏をここで設定しているのである。カントはその圏を国と呼んだ。かの問いに先立って、という点が重要である。それは目的的行為の論理によってはとらえられない領域であった。意識哲学の突破の方向性を示したということは、ある仕方でカントは意識哲学の枠組みを突破したということでもある。（少なくとも一定程度越えていってしまったのである。それが十分ではなかったとしても。）

この意志の原因性によって達成されるものを顧慮しないとカントは言っている。多くの人がこの点にかみつき、問題としたし、例えばそれは責任倫理ではなくて心情倫理であるとも言われた。しかし一度立ち止まって考えてみる必要がある。この顧慮しないということにもある意味があるのであって、この意味を取り出すことが必要である。一定の場、国、圏が設定された後では、個人の特殊事情や行為の結果を顧慮するということも可能になり、このことが排除されるわけではない。その最初の圏の設定こそが、そうした適用の問題や（自分は何でありたいかという）実存的問題をも扱うことができる場を設定しているのである。この点は目的自体としての理性的存在者、あるいはあらゆる人格のうちにある人間性という概念に関係している。

この国、圏もまたカントによると自然である。「法則」という語も実際には自然法則とは異なる意味で用いられている。[28] 理性的存在者たちの意志が定言命法によって規定される時、このことは彼らを感性界に属するものとしての人間を超えて高める。それは彼らを英知界に置き入れる。このとき彼らは英知界に所属することになるが、このことは理性的存在者たる人間たちが目的自体としての人格の相互承認の圏に属するようになるということ、さらに人格の相互承認のもとで相互に振る舞う行為の圏に属するようになるということである。カントは『道徳形而上学の基礎づけ』において、善意志について語った。知力、才気、判断力、精神的才能、勇気や果断や堅忍不抜など、さらに激情、情熱の抑制、冷静な思慮、権力、名誉、健康、安泰、満足感などは様々な意味で善いと言われうるが、これらは何かの目的に役立つから善いと言われる。しかし、悪人の沈着というものがある。これに対して善意志はそれ自体において善であり、それは一切の傾向性を満足させるよりも比較を絶して高く評価されるべきである。カントのこのような言い方からすれば、ここであたかもモナド的主観の意志が語られているようにも見えるが、実はそうではなく、善意志によって、議論は理性的存在者たちの相互主観的領域としての行為の圏に移行しているのである。

しかし、もとより、理性的存在者たちが英知界に置き入れられるとしても、彼らが感性界から完全に離脱するわけではない。人間は感性界から完全に離脱して英知界なるものに移動するのではない。そんなことはあり得ない。彼らは依然として感性界に属し続けている。すなわち、カントにあっては、二世界説が採用されており、理性的存在者たちは一方で英知界に属しながら、他方では感性界に属する二重の存在者として現れる。感性界に属するものとしては、傾向性の満足が理性的存在者の関心事である。人間は、他の生物と同様有機的存在者であるが、もともと有機的存在者は自らの生活を合目的的に営むように造られている。これが有機的存在者の自然素質なのであり、そうした存在者が身につけている道具はすべてその目的に最もよく適応するものである。有機的存在者の保存と安寧が幸福と呼ばれるものであり、その幸福の実現のためには理性よりも本能の方が適しているであろう。この場合、保存とは、アドルノの言い方では自己保存のことであろう。アドルノは、カントの意志を自己保存的理性、さらに自然支配的理性として解釈するが、カントは自己保存のためには、理性や意志よりも本能による方がよかったであろうと言う。

英知界と感性界との綜合にあっては、英知界と綜合されたものとしての感性界と綜合されていない感性界とは区別されよう。この綜合では、それが綜合であるが故に、感性界は廃棄されてしまうのではなく、英知界との綜合において存在し続けている。これをヘーゲルの用語で言えば、感性界は英知界との綜合において止揚されるのであって、廃棄されるのではない。幸福を各人の意志の規定根拠とする原理が自愛の原理であるがこの自愛の原理もかの綜合において廃棄されるのではないし、それを廃棄することは問題ではあり得ない。むしろ、自愛の原理は英知界と感性界との綜合において単なる利己主義への変質から守られる。

以上を、これまでに述べてきたことを基礎に、言い換えるなら、次のようになる。すなわち、理性的存在者である各人は、(それぞれ自らの考えを持ち、彼ら自身の生活史を持つ) 目的自体としての相互承認の圏において、相互に人格として、そして人格に対するものとして振る舞い (行為し)、かつ同時にそうした振る舞いの中で自らの、そして相互の幸福を追求するのである。各人の自らの、そして相互の幸福の追求は、目的自体としての相互承認の圏の中で行われるのでなくてはならない。この人格の相互承認の圏なしでは、各人の幸福の追求は己の利害のために、この意味での己の幸福のために、相互に他者を己の手段としあう、という事態が生じよう。だから、各人の目的自体としての、すなわち無条件的な目的としての相互承認の圏ということは、各人の、そして相互の幸福追求のための条件となる。

経験と自然

感性界はカントにとって経験的＝自然的世界である。実質というのは欲求された客観であるが、この実質から独立に格率が普遍的立法の形式を通して意志が規定されなければならない。これが道徳性の唯一の原理である。実践的規則の一切の実質は主観的条件に基づいており、それゆえ経験的である。従って、カントでは、経験的ということは主観的ということと結びついている。カントが「意志のあらゆる可能的な規定根拠は、たんに主観的であり、それゆえ経験的であるか、それとも客観的で合理的であるか、そのいずれかである」（KpV, 152/102）と言っていることから分かるように、主観的経験的なものと対となっているのは、客観的合理的なものである。

経験（Erfahrung）の対象は自然であるが、この自然にあっては、格率を規定するのはむしろ個人的傾向性であって、この傾向性は感受的（pathologisch）、自然的（physisch）法則に従う自然全体を構成する（KpV, 158/112–3）。（われわれの用語で言えば、人間の欲求や要求は人間的自然であるが、カントはこれを自然と呼んでいる。アドルノはこれを内的自然と言うであろう。）だから、経験的なものは同時に自然的なものであり、それ故それは感性界に属し、感性界はそれ自身で経験的世界であると同時に自然である。私は先に、感性界は商品流通と社会的労働の活動圏としての市民社会を（暗黙の内に）前提しているもの（含んでいるもの）として解釈した。この解釈からすれば、（この意味での）市民社会もまた自然であることになる。自然にはいわゆる外的自然だけではなく、市場において価格を有するようになるものも含まれよう。傾向性や幸福もまた自然である。

欲求能力の客観をカントは実質と呼んだ。ともかく、それが何であれ、欲求能力たる意志の客観が実質である。この実質が意志の規定根拠となるとき、実践的原理は経験的である。だから、「経験」ないし「経験的」という語の意味が限定されているのである。この場合、この実践的原理は経験的だが、先に言われたことからして、その実践的原理は自然的でもあろう。

英知界は超経験的＝自然的世界である

カントによれば、自由である純粋意志の法則はこの意志を経験的領域とは別の領域に、つまり超経験的領域に置き移す。ところが、この超経験的領域は感性界から区別され、ここに自由によって可能な、従って超感性的な自然の理念（Vgl. KpV, 158/113）が生じる。従って、超経験的領域たる英知界というのは、超感性的、従って超経験的自然に他ならない。「一つの可能的自然に法則を与えるこれらの格率に従って、この自然がそこから現実に生ずるかどうかは、批判が心を悩ます事柄ではな」（KpV, 160/117）いが、英知界は一つの可能的自然である。定言命法（道徳法則）が意志の規定根拠となるとき、そこにおいて理性的存在者たちが、相互に目的自体として、人格として承認し合いながら、その格率が普遍的立法であるかのように行為する。だから、英知界というのは、そうした行為の圏として、一つの自然の国であり、超経験的な、超感性的な自然の国である。この国における理性的存在者たちの行為は自然的である。

こうして、カントにあっては、「自然」と「経験」、「自然的なもの」と「経験的なもの」は同一ではなく、区別されている。カントでは、英知界も感性界もいずれも自然的であるが、英知界は感性界とは違って経験的ではなく、超経験的である。従って、「自然」と「経験」、「自然的なもの」と「経験的なもの」は外延を異にしている。経験的なもの＝自然的なものとすることはできないのである。アドルノは、カントは経験的なものの内部で経験的なものと超経験的なものを区別しようとしているのだと言ったが、それはアドルノが、彼のカント読解に際して経験的なものと自然的なものを同一視してしまったからである。カントにあっては、両者は同一視されていない。感性界はカントにとって自然であり、経験的な領域であり、そこに支配するのは自然法則であるが、英知界もまた自然（超感性的自然）に他ならない。こうした点からすれば、道徳法則もまた一つの自然法則なのである。アドルノがしてしまったように、経験的なものと自然的なものを同一視する限りで、英知界は、従ってまた、道徳法則も超自然的なものとして解釈されてしまうことになる。正確には、カントは、自然のうちで、経験的なものと超経験的なものとを区別しようとしているのだと言うべきであろう。自然的なもの＝経験的なもの（＝感性的なもの）として、英知界を超経験的かつ超自然的として解釈してしまえば、英知界と感性界の絶対的分断が論定されることになるが、もしそうなら、英知界と感性界の綜合ということは、そもそもの始めから問題とはならなくなろう。後に見ることになるが、カントにおいて英知界と感性界が綜合可能と考えられるのは、いずれも自然であるからであり、自然ということ、あるいは自然的であるということは、カントは明示的に述べてはいないが、両世界の綜合の媒介項なのである。目的の国は未だまだ理念であるが、英知界とも呼ばれ、この英知界と感性界の綜合が問題となる。この綜合は、別の言い方では最高善として現れる。

自然法則と二つの種類の法則

カントによれば、最も一般的な自然とは法則のもとにある諸事物の現存である。それ故、最も一般的な自然は法則と関係しており、法則の下にあるのが自然である。この法則には二種類あり、一つは経験的に条件づけられた法則であり、理性的存在者の感性的自然、従って感性界はそうした法則の下にある。他は道徳法則であって、この法則は英知界に属している。超感性的自然はこの法則の下にある。カントの言い方では、感性界における出来事の法則は感性的自然の原因性の法則であり、これに対して道徳法則は自由による原因性の法則として、超感性的自然の、超経験的自然の可能性の法則である。英知界とは「純粋な実践的法則に従うわれわれの意志を通じてのみ可能な自然」（KpV, 158/113）[29]に他ならない。

してみれば、その意味は異なるにせよ、カントにあっては、英知界も感性界もいずれも自然であって、単にいわゆる外的自然だけが自然なのではない。先に私は目的の国は、（暗黙の内に）商品交易と社会的労働の活動圏としての市民社会を、従ってまた市場を前提しているものと見なした。この点からすれば、この市民社会もまた自然であるということになろう。この意味での市民社会が自然であるのは、最も一般的な自然が念頭に置かれているからである。そして最も一般的な自然とは法則の下にある諸事物の現存であった。（目的の国のカントの叙述が暗黙の内にハーバーマスの意味での、ヘーゲルの意味での市民社会を前提にしているとすれば、このことが既に目的の国（英知界）と感性界の綜合を予想しているとも言えよう。）

カントは二世界説を採用していると言われる。ハーバーマスは手続き主義的な合理性の概念を展開し、その際、それはもはや二世界的な神学的仮説を採用しないのであり、理性を現象界や歴史のヌーメノンにするわけにはいかないと言う[30]。確かに、今日もはや理性を現象界や歴史のヌーメノンにするわけにはいかないであろう。とはいえ、法則の下での事物の現存という点からすれば、カントにあるのは、すべてが自然である故、英知界も自然であり、一つの自然的世界である。英知界は、超経験的、超感性的な自然（の国）である。

目的の国は一つの自然の国でもある。カントはこの一つの自然のうちに二つの世界を区別しているのである。けれども、人間たる理性的存在者も属しているいわゆる外的自然とそれ自身自然である人間的世界との間に一つの切れ目を入れるという仕方で、外的自然の進化過程における創発として、従ってそれ自身同時に自然として、人間世界を考えることもできたであろう。

アドルノは「自然を超越するものは、この自然に気付く自然である……。カントはこのことを一定のやり方で言い表しました。しかし同時にカントはそのことについて何も知らないのです」（PM, 155/176）と言っていた。「自然を超越するものは、この自然に気付く自然である」ということは、別の言い方をすれば、人間は自己を意識する自然であるということになろうが、これを更に言い換えれば、人間とは人間的自然であるということになろう。確かに、自分を自然の一部であることを認識するとき、われわれは既に自然の一部ではない、という論理によるのではないが、カントは人間（カントは、理性的存在者を「理性的自然」（Die vernünftige Natur）とも呼ぶ（Vgl. GMS. 71/153））が自然を超えた自然であることをよく知っていたとも言える。というのも、カントは『純粋理性批判』の中で言っているが、人間の自然素質は、カントによれば、それを使用する才能や衝動からしてだけではなく、とりわけ人間の内なる道徳法則が、ということは道徳法則もまた人間の自然素質だということであるが、この自然素質である道徳法則が人間をあらゆる生物のうちでも例外である唯一の被造物にするからである。(31)

感性界と英知界の綜合

感性界も英知界もカントにおいては自然であった。カントによれば、両世界は綜合されなければならないから、この綜合にあっては、感性界はそれ自身において英知界であり、英知界はそれ自身において感性界であることになる。確かに道徳法則は人間たちを感性界の一部としての人間を超えて高め、英知界に移し置くのであるが、この場合、人間は感性界から（完全に）脱却して、英知界にのみ属するというようになるわけではない。理性的存在者である人間たちは、あるいは有限的存在者である理性的存在者たちは依然として感性界に属し続けている。そもそも、人間としての理性的存在者たちが感性界を完全に脱却してもっぱら英知界にのみ属するということはない。そして、かの綜合にあっては、感性界はそれ自身で英知界の性格を体現し、英知界は感性界の性格を体現する。このとき、一つの自然の国が生じる。というのは、感性界は経験的かつ自然であり、英知界は超感性的、超経験的な自然だったからである。

綜合の際、道徳法則は、カントの言い方では、感性界に、英知界（悟性界）、つまり超感性的自然の形式を与えるが、そのことによってこの感性界の機構を破壊することはない。超感性的な自然は純粋理性の自律に属する法則に従っているその現存であり、純粋実践理性の自律の下にある自然である。自律の法則とは道徳法則であった。カントによれば、この悟性界の模写は感性界のうちに現存しなければならない。両世界の綜合は、いわば英知界（悟性界）の主導のもとに行われ、この綜合にあっては、英知界の形式が感性界に与えられるのであって、感性界の形式が英知界に与えられるのではない。カントは純粋悟性界を原型的自然（natura archetypa）と呼び、感性界を模型的自然（natura ectypa）と呼ぶ。綜合の可能性の条件はいずれも自然だということになろう。（感性界は自然であり、英知界もまた自然である。）(32)

カントが言うには、自由は感性界に属する存在者の自然機構と統合されなければならない。しかし、これは何を意味するのであろうか。感性界が英知界の形式に従って構成されるということは何を意味するのであろうか。これまでに述べてきたことからして、それは次のことを意味する。すなわち、道徳法則が理性的存在者たちの意志を規定する。このとき、目的自体としての理性的存在者たちの相互承認の圏とその中での彼らの相互の振る舞いの行為の圏が生成する。この行為の圏のなかで、各人は普遍的に立法するものとして現れるが、このような行為の圏としての媒体の中で、各理性的存在者は己のそして相互の幸福・目的を追求しもするのである。

実践理性の対象

実践理性の対象とは自由による可能的結果としての客観である。この客観は既にそこにあるものとしてではなく、すなわちそうしたものとして考えられているのではなく、その現存に向けられた行為を意欲するということである。してみれば、その客観というのは、目的ないし目標として想定されたものだということになろうか。

さて、ここで対象あるいは客観というのは、いわゆる対象のこと、理論的認識のおける対象、客観のことではなくて、行為、理性的存在者の行為のことである。カントは次のように言っている。すなわち、アプリオリな法則が行為の規定根拠である場合、つまり行為が純粋実践理性によって規定される場合、あるものが純粋実践理性の対象であるかどうかの判断は、客観の現存に向けられた行為を意欲することができるかどうかということにすぎない。カントによると、その対象－客観というのは、善もしくは悪という客観である。善は欲求能力（意志）の必然的対象であると言われる。判断とはこの場合行為に関してなされるのであり、その行為が善あるいは悪である。カントはこの善あるいは悪を実践理性の対象と呼ぶ。それは欲求能力の対象とされる。実践的法則に適合する行為はそれ自体において善である。それで、実践理性の対象というのは、自由による結果としての客観であるが、いわば対象として措定された善ないし悪である。善ないし悪であると判断されるのは行為であり、その行為が善あるいは悪と呼ばれるのである。従って、善悪は本来行為に関わり、善あるいは悪であるのは行為であるが、その善である行為ないし悪である行為をカントは端的に善あるいは悪という客観と呼んでいる。けれども、その実質であるのは、行為、理性的存在者たちの行為である。カントでは、理性的存在者たちの意志の対象は行為であり、世界内の何らかの事物ではない。というのも、意志が意志するのはカントでは行為であるからである。意志とは欲求能力であるから、欲求能力の対象は意志が欲求するところのものである。意志が欲求するものは行為であり、意志は意志の対象である行為を産み出す。そしてこの行為は善あるいは悪として判断される。では、如何なる場合に、理性的存在者たちの行為が善として判断されるかと言えば、それは意志の規定根拠が（アプリオリな）実践的法則、すなわち道徳法則である場合である。この場合、カントの言い方では、実践的法則は意志を直接に規定するのであり、そしてこの意志に適合する行為はそれ自体において善である（Vgl. KpV, 180/160）。

かくて、行為が善あるいは悪として判断されるのは、道徳法則を通してであり、その逆ではない。すなわち、行為の善悪は道徳法則（実践的法則）に先立って規定されるのではない。善なる行為をカントは他の一切の善と呼ばれうるものの条件、最上の条件（die oberste Bedingung）と呼んでいる。先に、私は道徳法則が理性的存在者たちの意志の規定根拠になるということによってある行為空間・行為の圏が開かれると言った。それゆえ、善として判断されるのは、その行為の圏における理性的存在者たちの行為、すなわち、目的自体としての理性的存在者たちの相互承認という媒体の中での彼らの行為であるわけである。ここでは、彼らは目的自体として相互に対して振る舞うのであって、単なる物件に対して振る舞うような仕方で振る舞うのではない。理性的存在者たちのそうした行為が善である。(33)

このような相互人格性の領域において、各理性的存在者たちは自らの、そして相互の幸福を追求する。このとき、彼らは目的自体として相互に承認し合いながら行為し、しかる後、彼らに幸福が何らかの仕方で（例えば、そのように行為したことの報酬として）彼らに幸福が付け加わるのではない。確かに、例えば『純粋理性批判』における「各人が自分自身を自分の行為によって幸福に値する者たらしめるなら、彼らはこれと同じ割合で（in demselben Masse）幸福を希望する理由を持つ[34]」という発言からすれば、道徳と幸福の関係はまことに外的であるように見える。このカントの発言からすれば、例えばある日幸福に値する行為をすれば、翌日それに比例して幸福を追求してよいということが意味されているように見える。もとより、ここでの幸福が知性的幸福であれば、そのようなことはないが、もし幸福が第二批判においてのように、主観的・経験的なものとされ、その上で道徳と幸福との関係がそのように外的に解されるなら、このような道徳と幸福との外的関係は両者の綜合ではないであろう。まして、この世で道徳的であることがあの世での幸福を約束するということではないであろう。むしろ、両者の綜合においては、幸福自身が質的に変容するのである。例えば、綜合以前の幸福が各人にとって利己的であることはあり得るが、道徳との綜合における幸福は利己的ではないであろう。理性的存在者たちは道徳的に行為し、それが故にその後にその報酬として、幸福を追求してよい、というのではないのであろう。彼らは目的自体としての相互承認という媒体のなかで、彼ら相互の幸福を追求するのである。このことが道徳法則によって直接に規定された行為はそれ自体において善であり、この善は他の一切の善の最上の条件であるということの意味であろう。理性的存在者たちの行為が道徳法則によって規定されるとき、彼らの行為は善として特徴づけられるが、そうした善である諸行為（の圏）が理性的存在者たちが追求する他のあらゆる善の（最上の）条件なのである。ここで、理性的存在者たちが追求する善（幸福）はその媒体が存在しない場（単なる感性界）での彼らの幸福とは既に質的に変容している。この時には、他者の幸福を促進することが、各自の義務となる。それゆえ、幸福は、この場合には、もはや、各個人が個人的に追求する主観的・偶然的なものではなくなり、普遍的幸福として普遍的福祉の意味を有することになろう。

ところで、カントは、最高善を純粋実践理性の対象であるとする。カントは理性的存在者たちの行為を意志の対象とし、従って行為を善とし、善である客観とすることによって、そしてそれを（他の）一切の善の最上の善＝条件とすることによって、純粋実践理性の対象としての最高善の概念を準備しているのである。カントはここで、行為を意志の対象とすることによって、主観－客観図式を採用しているように見える。この図式の元でカントの言明を解釈すると、純粋実践理性は主観の位置につき、最高善は客観の位置につくことになる。もしもっぱら意識哲学のパラダイムに従って、例えば、アドルノがそうしたように、カントの主観をモナドとして捉えてしまえば、カントの道徳法則が含意している間主観性の領野が人の視野から脱落してしまうであろう。とはいえ、最高善は純粋実践理性の対象（客観）であるというカントの言い方が意識哲学的解釈を誘引しもするのである。この点をアドルノは、意識哲学の枠組みで解釈してしまった。アドルノは個別的意志による欲求作用の統一としてしか事柄を理解することはできなかったのである。解釈としては首尾一貫しているとは言えようが。しかしそれは首尾一貫した、あのしっくりこないものの抑圧であった。

欲求作用の多様の統一

理性的存在者たちの行為は、一方では自由の法則のもとにあって、英知的振る舞いであるが、しかし他方ではその行為は現象に属している。換言すれば、その行為は感性界に属している。英知界に属するものとしては、理性的存在者たちの行為は英知的振る舞いであり、感性界に属するものとしてはその当の同じ行為は傾向性に基づく格率に従う行為である。ところで、カントは欲求作用の多様をアプリオリな純粋意志の統一に従属させる、実践理性の統一に従属させることが問題であると言う。この場合、感性的直観の多様をアプリオリな意識にもたらすことが問題なのではない。しかし、ここで欲求作用の多様とは何を意味するのであろうか。

カントは言うが、自由のカテゴリーは純粋なアプリオリな実践的法則を根拠としている。つまり、それは直感の形式ではなく、理性の内に純粋意志の形式を持つ。それが意義を持つためには、直感を持つ必要はない。カテゴリーは感性的に条件付けられたカテゴリーから感性的に条件づけられておらず、道徳法則によって規定されたカテゴリーとなる。こうしたカテゴリーによって、欲求作用の多様はアプリオリな純粋意志の統一に従属されるわけである。先に、道徳法則によって規定された意志としての欲求能力の対象は行為であるとされた。従って、欲求作用の多様は、そうした行為ではない。むしろ、それは純粋意志の統一に服属させられるのだから、欲求作用の多様は傾向性、あるいは傾向性に基づく格率に関係するものであろう。傾向性に基づく格率について言えば、カントは①各人が自分の傾向性に基づけている格率、②理性的存在者がある種の傾向性に一致する限りで、理性的存在者の類に妥当する格率を区別している（Vgl. KpM, 186/172）。

欲求の多様がアプリオリな純粋意志の統一に服属するということは、目的自体としての人格の相互承認という媒体の内での理性的存在者たちの行為において、同時に彼らは己の、そして他者の幸福を追求するということ、それゆえ、そうした人格の相互承認と幸福の追求が綜合され、人格の相互承認が幸福の追求の条件となっているという仕方で、両者が綜合されているということである。

理性の批判、これはアプリオリな実践的原則の可能性から始まった。つまり、対象から始めるのではないし、直感から始めるのではない。さて、カントによれば、道徳性の原理と幸福の原理は区別されるが、このことは直ちに両者を対立させることではない。カントは義務が問題になるときには幸福を考慮に入れてはならないと言う。これは、幸福を捨象して考える、ということであり、これは方法的抽象である。ここでは単に区別が言及されており、それ故、この区別は絶対的対立でも絶対的分離でもない。それ故、両者は絶対的に相容れないものとされているわけではない。カントは道徳と幸福を区別する。カントは区別について語っているのであって、幸福を排除して無化することを語っているのではない。この区別されたものの綜合、これが最高善（das höchste Gut）である。

傾向性も自愛もカントでは決してそれ自身として否定されているのでも無化されているのでもない。カントによれば、道徳法則は自愛を最上の立法に参加することから排除する。ここでカントは自愛を排除すると言っているのではなく、自愛を最上の実践的原則とすることを排除すると言っている。だから、道徳法則は確かに抑圧的ではある。というのも、それは自愛を最高の実践的原則とすることを抑圧するからである。けれども、このことは自愛をそれ自身無化することを意味していない。カントは次のように言う。

> 傾向性はすべて一緒になって（傾向性は実際かなり統一的な体系にもたらされることがあり、その際その満足は自分自身の幸福と呼ばれるが）我欲（solipsismus）を形成する。我欲は、自愛の我欲、つまりなにものにもました自分自身に対する好意（philautia）としての我欲であるか、あるいは自分自身についての適意（arrogantia）としての我欲であるか、そのいずれかである。前者は特に私愛、後者はうぬぼれとよばれる。純粋実践理性は、私愛にはただ損害を加える、つまり自然的であって、道徳法則に先立ってわれわれのうちで活動し始める私愛を、この法則との一致という条件に制限することによって、それに損害を加えるだけで、そこでそうした場合には理性的自愛と呼ばれることになる（KpV, 193/187–8）。

私愛は、見られるように、道徳と自然、理性と自然との綜合にあっては、理性的自愛となる。目的自体としての理性的存在者たちの行為が形成する圏（国）において、自愛はそれ自身として否定されるのではなく、むしろそれは理性的自愛（vernünftige Selbstliebe）となるのである。(35)

カントは「最高」ないし「最高のもの」に二つの意味を区別する。一つは、最上という意味であり、これは無条件的である条件を意味し、他の如何なる条件にも依存しないということを意味し、他は同種のいっそう大きな全体の部分ではないという意味での完全を意味する。道徳性は最上善であり、この最上善と幸福の綜合が最高善である。カントは道徳性（徳）はまだそれだけでは、未だ最高善、すなわち全体的で完全な善ではないと言う。道徳性（徳）と幸福との綜合が最高善である。

カントは『実践理性批判』の弁証論に至って、道徳性を「幸福に値すること」と言い換えている。道徳性ないし徳をこのように言い換えることによって、カントは最上善と幸福との綜合をはかっているのである。要するに、これはかの人格の相互承認とその承認の中での理性的存在者たちの他者に対する、目的自体としての他者に対する振る舞いこそが幸福に値するということである。逆に言えば、他者の幸福を踏みにじったり、犠牲にしたり、あるいはもっぱら己の幸福の手段として扱うものは道徳性に反するということである。さらに、既に言及したことだが、幸福に値するということは、まず他者の人格を目的自体として扱うように行為し、しかる後、そのように行為した人に、幸福が付加されるという仕方での道徳性と幸福の統一ではない。むしろ、各人は目的自体としての他者に対して振る舞うなかで相互の幸福を追求するのである。これが最高善である。

最高善のいくつかの形態

カントは言う。最高善は、実践理性の真なる客観であり、道徳的に規定された意志の最高目的であるが、この最高善は可能である。最高善とは世界のある状態のことであるが、この世界の状態は可能である。それは理性的存在者たちの行為の圏でもある。この行為の圏は別の言葉では目的の国である。そして目的の国が自然の国であったように、世界のある状態としての最高善は一つの自然である。というのも、最高善というのは、つまりは英知界と感性界との綜合であり、英知界も感性界もいずれも自然であるからである。

原型的自然としての純粋悟性界の模写が感性界に現存しなければならないとされた。このことは感性界が悟性界の形式を持つということ、換言すれば、悟性界と感性界との綜合であるが、この綜合にあっては、感性界がそのままに維持されるのではなくて、変容を被り、再形成されるということである。そして、この再形成こそが世界のある状態としての最高善である。最高善は理性的存在者たちの行為によって実現されなければならない。してみれば、重点は、定言命法（道徳法則）が定義する最上善というよりも、最高善にある。すなわち、まさしく善が問題であり、善の探求が問題である。道徳法則が生みだす圏はそのための条件にすぎないとも言える。それが不可欠であるとしても。

最高善に関して、われわれは次の場合を弁別することができよう。

① 個人的な最高善

最上というのは、無条件的だということである。最上のものというのは条件としても無条件的であるところの条件であった。完全なものというのは、同種の一層大きな全体の部分ではないところの全体である。ここで、カントは、徳について、幸福に値することと言っている。これはある種の誤解を生み出す可能性がある。徳という条件、最上の条件の下で、ということは幸福に値するという条件の下で、人は幸福を追求することができる。徳と幸福との綜合、これがある人格の最高善である。最高善とは完全な善である。カントは幸福は道徳的な法則に適合した振る舞いを要求すると言う。ここでは綜合が問題であって、綜合を抜きにした解釈はいずれも正しくない。概念の綜合、カントはここで概念の綜合について語るが、この概念の綜合は実は人間たちによる実践的行為の事柄である。

② 最高善とは人間たちの行為によって実現されるべき世界のある状態であるが、この状態というのは、道徳と幸福との綜合である。ところで、カントは『判断力批判』において、世界最善（世界福祉）について語っている。

> 純粋理性は、道徳法則においてわれわれの行為の統制的原理を含むだけではなく、この法則を通じて同時にある客観の概念において主観的＝構成的原理をも与えるのであって、この客観はただ理性のみが考えることができ、またわれわれの行為を通じて世界においてかの〔道徳〕法則に従って実現されるべきものなのである。それゆえ、道徳諸法則に従った自由の使用における究極目的の理念は、主観的＝実践的実在性を持っている。われわれはアプリオリに理性によって次のように規定されているが、それは世界最善（das Weltbeste）、つまり理性的世界諸存在の最大の幸せとそれらの存在者における善の最高の条件との結合において、言いかえれば、普遍的幸福（die allgemeine Glückseligkeit）ときわめて合法則的な道徳性との結合において成り立つ世界最善を、全力を尽くして促進する、ということである（KU, 416/下-240-1）。

理性的世界存在者の究極目的という概念の客観的理論的実在性のためには、われわれがわれわれにアプリオリに定められた究極目的（der Endzwecke）を持つということだけではなく、創造も、つまり世界そのものもその現存にかんして究極目的を持つということが要求される（KU, 417/下241）。

ここで、客観というのは究極的目的のことであり、この究極目的は世界最善とも言われている。この世界最善は世界のある状態としての最高善であるが、最高善は理性的世界存在者たちの最大の幸福、すなわち、普遍的幸福と善の最高の条件との結合である。これは、幸福について言えば、普遍的幸福である。普遍的幸福というのは、個人的・主観的幸福の単なる総和ではない。英知界と感性界との総合にあっては、普遍的幸福は普遍的福祉となる。この普遍的幸福には、とりわけ社会的弱者の幸福を促進するということが含まれている。

ここで、私は道徳と普遍的な幸福の調和としての最高善について、次の点を補足したい。すなわち、もしわれわれが今日このような意味での普遍的幸福、つまり世界最善のカントの考えを継承すべきとすれば、この場合、普遍的幸福が可能であるためには、つまり幸福の普遍的な体系が可能であるためには、教育システムを、あるいは経済システムを含めて、それを可能にする社会システムが構想されなければならないであろう。今において現状に抗して新たな社会システムが構想されると言われる場合、その現状はカントの時代の、すなわちカントが目前に見ていた現状と直接に同じなわけではない。ある形態の社会は、あるいは社会関係は普遍的幸福を解体するであろうし、その逆のものを実現するであろう。それ故、カントの議論を再構成すれば、②における最高善（世界最善）は、道徳と経験的な幸福の普遍的体系の綜合を可能にする社会関係態としての最高善となるであろう。[36] ただし、カントには社会権的発想はまだないと言わなければならない。今日もし我々がカントの「最高善」の概念を継承しようとするならば、本書では立ち入らないが、我々はそれを社会権を組み込んで書きかえなければならないであろう。（なお、イルミヤフヨベルは、カントにおける最高善の概念を次のように分節化している。（a）個人的意志の対象の統一としての最高善（徳と私的な幸福）。（b）道徳と経験的な福祉の普遍的な体系としての最高善。（c）経験と道徳の全般的な調和としての最高善、あるいは道徳的自然としての最高善。そして、この調和は人間行為によって作り出されるべきであるから、（超感覚的な観念に照らす感覚的世界の人間の再形成によって、あるいは人間が新しい社会的及びエコロジー的体系を作り出すことによって）道徳的自然は（d）歴史の観念を示唆する。最高善は道徳的自然である。[37]）

ともあれ、カントでは、人間とは理性的自然（われわれの言い方では人間的自然）であり、人間の歴史は自然の絶対的他者とされる人間の歴史ではなく、それ自身自然であるところの人間、自然を超えた自然であるところの、すなわち自然に対して内在的超越であるところの自然の歴史であり、最高善が歴史的に実現されていくとされる限り、この歴史は人間的自然（理性的自然）の歴史であり、これは自然の人間的歴史である。つまり、私がカントの理説からここで取り出したいのは、この自然の人間的歴史の構想である。

7　人間理性にとって解決不能な問い

カントの超越論哲学は――いま私はカント哲学全体について語っています――一切を演繹すると僭称することはしません。その点では厳密な意味で、最上級の原則として演繹を主張したフィヒテとは違います。カントによれば認識は演繹不可能なものと可能なものとから合成されるものであるためにこそ、これらの契機の相互作用、認識の総括概念、行為の総括概念も、純粋には演繹され得ないのです。したがってこの実定性と所与を前にしての奇妙な諦念には、たんにこの他律の契機が含まれているだけではありません。他方で、理性が、存在するすべてとあらゆる行為は理性自身の産物に他ならないと主張する限りは、理性のこの絶対性要求に対して限定を加える気持ちが含まれているのです（PM, 143/163）。

アドルノは、カント哲学全体について、それは一切を演繹することを主張するものではなく、体系にあっては演繹されることのできない所与・実定性が存在すると語るが、この点、アドルノは、そうした所与の存在に理性の絶対性要求に対する制限の意識を読み取っている。この点は、『実践理性批判』についても妥当する。そこには、（批判的体系の中で）演繹されることのできない所与が見出される。理性的存在者たちが複数存在すること、彼らが意志を有すること、さらに道徳法則の意識、道徳法則（定言命法）が理性的存在者たちの意志を規定しうること、換言すれば道徳法則が理性的存在者たちの意志の規定根拠になりうるということは、所与である。所与であるということは前提であるということである。しかし、カントは、如何にして道徳法則が理性的存在者の意志の規定根拠となるかを議論しない。そうではなく、むしろ道徳法則が意志の規定根拠となることによって、カントの言い方では道徳法則が意志にとって動機となることによって意志に何が起こるかを問題とする。意志の道徳法則との一致に先行する自己尊重の主張はすべて無効である。道徳法則は各理性的存在者たち、つまり主体に、主体の感性に影響を与えるのであり、感情を規定するのは道徳法則であって、感情が道徳法則を規定するのではない。それ故、カントによれば、如何にして道徳法則は意志にとって動機となるのか、意志の規定根拠となるのかの問いに道徳法則に先行するとされる感情を持ち出すことはできない。しかしでは如何にして道徳法則はそれだけで意志の規定根拠となるのか。カントはこれは人間理性にとって解決不可能な問いであると言った。道徳法則がそれだけで意志の規定根拠になるということは、体系、つまり『実践理性批判』の批判的体系にとって出発点であって、それ故、この点をそれ以上、体系内では説明することはできない。

確かに、アドルノが言うように、カントは理性の絶対性要求に対して制限を加えていると言うこともできよう。存在するすべてとあらゆる行為は理性自身の産物にほかならないと主張する理性の絶対性要求に対してである。すなわち、道徳法則が意志の規定根拠になるということは理性の産物ではなく、理性にとってそれは証明できない所与であるということになる。

『道徳形而上学の基礎づけ』では、①意志の一切の実質が存在しないのに、純粋理性の格率が法則として普遍妥当性を持つという原理、これがそれだけで動機を提示すること②それが道徳的といえる関心を喚起するということ、これらのことは人間理性にとって解明不可能であると言われている。われわれはまだ自由が理性的存在者一般に属することを証明していない、とカントは言った。自由を前提すれば、これによって道徳法則（意志そのものの自律）が出てくる。これまでカントは道徳性の概念を自由の理念に帰した。しかし、自由そのものの客観的存在を証明したのではない。だから、道徳法則の実在性と客観的必然性はまだそれ自体としては証明されていないので、自由はすべての理性的存在者の意志の特性として前提されただけだ。だから、人あってもし次のように質問するとしたら、われわれはそれに十分に答えることはできない。すなわち、われわれの格率の普遍的妥当性はなぜわれわれの行為を制約する条件でなければならないのか。われわれはこういう行為の仕方に大きな価値を認めるが、こうした価値の根拠は何であるか。このような行為によってのみ人は自分の人格的価値を感じると信じるのか。要するに、カントは道徳法則は拘束力をわれわれの意志に対して持つが、その拘束力をどこから得るのか、これまでのところ証明されていないと言う。われわれは自分自身を道徳法則に服従していると考えるためには、われわれは自らを自由であると想定する。ところが、われわれは自分自身に意志の自由を与えており、その後でわれわれは自分たちが道徳法則に服従していると考える。われわれはわれわれ自身意志に自由を与え、これに基づいて、われわれはわれわれが道徳法則に服従していると考える。他方、道徳法則にわれわれが服従しているとわれわれが考えるためには、われわれは自由を想定する。意志の自由と意志が自分自身に道徳法則を与えることは実は交換概念である。ここでカントが持ち出すのが現象と物自体の区別である。あるいは感性界と悟性界の区別である。

けれども、道徳法則が理性的存在者たちの意志の規定根拠になるのは如何にしてかということが人間理性にとって解明不可能とされるのは、人間理性が体系であり、理性は体系的理性とされているからだとも言えよう。理性が体系的理性としてあるとすれば、最上級の原則をも体系内で演繹しようとするのでない限り、体系にとって出発点・所与が存在しなくてはならない。そしてこれが（体系的）理性にとっては解明不可能なものとされることになる。

カントは第二批判では、道徳法則を「純粋理性の唯一の事実」とし、道徳法則はそうした事実として、この事実とは根本法則たる道徳法則の意識のことであるが、この事実はわれわれに迫ってくるのだとしている。もし道徳法則が純粋理性の唯一の事実であり、そうしたものとしてわれわれに、すなわち全ての理性的存在者に迫ってくるのだとすれば、道徳法則は客観的実在性を持つとともに、道徳法則は自由の認識根拠であるから、自由の客観的実在性がそれによって証明されることになるであろう。しかし、このように道徳法則を純粋理性の唯一の事実であるとしても、それが何らかの仕方で証明（演繹）可能になるわけでは依然としてない。ここで「道徳法則は何故純粋理性の事実として、われわれに迫ってくるのか」という問いを立ててみよう。私見では、この問いにはわれわれはカントの枠組みの内ではもはや答えることはできない。というのは、その唯一の事実も、畢竟、所与とされる他はないからである。ハーバーマスは、理性の事実もちだすことによって、カントは道徳の基礎づけの問題を回避してしまったと言い、一般的討議の諸前提から普遍化原則を導出しようとするのであるが[38]、私はここでは別の道を進んでみたい。それは（カントにおける）理性＝体系的理性という理性と体系的理性の同一視を掘り崩すことである。こうすれば、（カントが言うのとは）別のパースペクティヴが開かれよう。私がここで念頭に置いているのは、もとより、われわれの生活世界では、道徳法則（定言命法）が意志の規定根拠となっていない場合はいくらでもあるが、道徳法則が意志の規定根拠となるという事態の（歴史的）生成である。この事態の生成を考える場合には、道徳法則も道徳法則によって規定された、つまり道徳法則が規定根拠となった意志も前提することはできない。このとき、カントは実践理性の批判的体系を構築しようとするが、われわれはこの時いわば体系の外に出なくてはならない。

しかし、こうなると、われわれはカントの思考圏を超えていくことになる。カントは、『純粋理性批判』の中で、本能や衝動だけではなく、人間の内なる道徳法則もまた人間の自然素質であると語ったが、「世界市民的見地における普遍史のための理念」では、彼は、人間には理性の使用を目指す自然素質が備わっているとする。この自然素質は、個体ではなく類においてのみ完全に発展するとされるが、カントでは、そのような自然素質は自然素質として初めから人間に備わっているとされている。けれども、もしわれわれが実践理性批判の体系構築という理念の外に出るならば、実践理性そのものの生成を扱うことができるようになるであろう。私は道徳法則が理性的存在者たちの意志の規定根拠となるとき、そこに理性的存在者たちのある種の行為の圏が設定されると言った。この点からすれば、ここで問題となるのは、そうした行為の圏、つまり目的自体としての人間たちの相互承認の圏の（歴史的）生成である。この文脈では、いかにして道徳法則が理性的存在者の意志の規定根拠になるのかという、カントが人間理性には解明不可能とした問いは、いかにして理性的存在者たちのかの行為の圏は生成するのか、という問いになる。この問いに答える際、やはり道徳法則もそれによって規定された意志も前提することはできない。

私見では、実践理性、それ故に、目的自体としての理性的自然の相互承認の圏は、若きハーバーマスが扱った市民的公共性の生成に関係がある。この市民的公共性はそこで身分の相違がものを言わない空間であり、諸個人が人間として対等である空間であるが、（カントの）実践理性は市民的公共性において現出したそうした現実的、実在的抽象にその歴史的根源を持つ。目的自体としての理性的存在者の相互承認と彼らの活動圏は、市民的公共性のそのような空間から抽出されたものであろう。市民的公共性という空間が生み出されるのは、アドルノは、カントは若き市民（ブルジョワ）階級の一員であると言っているが、その市民階級の抑圧的体制である絶対主義的体制に対する批判と抗争においてであり、そこに若き市民階級のうちに自由への衝動が胚胎したであろう。(39)しかし、カントではこれが十分には現れてこない。十分に現れてこないのは、理性の体系構築のいわば前史である。

カントは次のように言う。すなわち、悟性界という概念は、現象の外に立場をとることを余儀なくされた一つの立場にすぎず、それは理性が己を実践的と考えるためである、と。しかし、これは必然である。というのは、自由に作用するという意識が人間に否定されるべきではないからである。けれども理性は、いかにして実践的であり得るかを説明することはできない。これは理性が自分の限界を踏み越えることである。これは自由は如何にして可能であるかを説明しようとする場合と同様である。自由の理念の客観的実在性を自然法則によって説明することは不可能である。カントによると、自然法則による規定がないところでは、説明もまたなされることはできない。道徳的感情は法則が意志に影響して生じた主観的結果であるから、それ故道徳的感情によって道徳法則を説明することはできない。

定言命法は如何にして可能であろうか。この問いに対しては定言命法を可能にする前提、唯一の前提、すなわち自由の理念を提案できる。しかし、人間理性はそれ以上には進むことはできない。すなわち、自由の理念が如何にして可能であるかをわれわれは認識することができない。どうして意志の実質が何ひとつないのに、純粋理性はそれだけで動機を提示し、道徳的である関心を喚起するのであるか。カントによれば、人間理性はこのことを究明することはできないのである。

もしわれわれの思考が体系への囚われから解放されるならば、別のパースペクティヴが開かれよう。道徳法則が意志の規定根拠となることなく、行為がある行為空間を産み出してしまうことがある。私は、ここでは、次のH・アーレントの言明に言及するにとどめる。

> かれらは、「レジスタンスに加わった」人が「自ら見いだし」、「闇雲に〔自分自身を〕追い求めてあからさまな不満足に陥る」のに終止符を打ったこと、また、もはや自らを「不誠実」で「口やかましく人生を疑う役者」とは考えず「ありのまま」でいられることに気づいた。社会がその成員に割り振り、同時に個人が社会に心理的に反応する際に自ら作り上げる一切の仮面をかなぐりすて、このようにありのままになったとき、生まれて初めてかれらのもとに自由が幻のように立ち昇った。自由が出現したのは、彼らが暴政や暴政に優る悪に抵抗した——連合国軍の全体についてはそういえる——からではなく、彼らが「挑戦者」となり、自らイニシアティヴをとり、そのことによってそれと知ることもあるいは気づくこともなしに、自由が姿を現すことができる公的空間をかれらの間に創造し始めたからである。[40]

ここでは自由の空間としての公共空間の生成が語られている。自由が、従って自由の空間としての公共空間がレジスタンスに加わった人びとの間に生じたのは、彼らがそこで自由が姿を現すことができる公的空間を彼らが作りだしたからであるが、しかし、その際彼らはそれと知ることもなしに、また気がつくこともなしに、ということは意図することも、それを意志することもなく、ことを行ったのである。彼らが公共空間を作りだしたのは、彼らが挑戦者となり、彼らが自らイニシアティヴをとって何かをしようと行動したからであるが、ここで前提されるのは、彼らが何かをしようとするという意志であって、道徳法則によって規定された意志ではない。彼らは意図することもなく、それと気がつくこともなく、だからそれを意志することもなく、自由の空間を作りだしたのである。カントの理説に関するわれわれの議論文脈で言えば、道徳法則とともに、それによって規定された意志が、意図することもなく、それと知られることもなく産出されたということになる。

これはある種の空間の歴史的産出である。この産出は必ずしも意図されたものではなく、それは意図せざる産出である。彼らはその公共空間を産出することを目的として行為したのではない。（私はこうした産出を人間行為の意図せざる産出として、人間行為の非志向能作と呼ぶ。）この産出された空間の中では、道徳法則は意志の規定根拠になっている。歴史的にはそうしたものとしてその空間、アーレントの言葉では公共空間であるが、そうした空間の産出は、必ずしも意志的行為の結果ではない。だが、その空間では、道徳法則は事実上意志の規定根拠となっている。

注

（1）死刑の威嚇の下で偽証を迫られても、人は道徳法則に従って偽証しないことは可能である。ここで、カントは可能であると言っていて、必然だとは言っていないことに注意しよう。

（2）この点は、ハーバーマスの討議倫理学でも語られる。ハーバーマスは次のように言っている。「日常実践において、確かにわれわれは、ひそかにであれ明らさまにであれ、コミュニケーション的行為の様々な前提を留保することができる。つまり、われわれは、いつでも了解に定位した立場から、それぞれ自分の成果に定位した戦略的行為の立場へと転換することができるということである」(J. Habermas, *Erläuterungen zur Diskursethik*, Suhrkamp, 1991, S. 188.(ユルゲン・ハーバーマス『討議倫理』清水多吉・朝倉輝一訳、法政大学出版局、二〇〇五年、二二三頁。)

(3)まず、この点に注意しよう。例えば、H・アーレントは『人間の条件』において、労働、仕事、活動といった行為類型を焦点に置いてそれらの違いを論じている。J・ハーバーマスもまた、『コミュニケーション的行為の理論』において、まずはコミュニケーション的行為、戦略的行為といった行為類型に焦点を当てている。このような考察方法にあっては、暗黙のうちに、それぞれの行為類型に異なる社会空間を割り当てるという考え方が入り込んでくる可能性がある。ハーバーマスでは、コミュニケーション的行為の背景をなすとともに、コミュニケーション的行為を通して再生産されるものとして、生活世界が導入され、戦略的行為に対応するものとして、あるいはその制度化としてシステム(システムは同時に機能的連関をなすものとして把握される)が導入される。カントはまず、行為類型ではなく、理性的存在者の能力である意志に焦点を合わせている。

(4)J. Habermas, a. a.O., S. 32.(ハーバーマス、前掲書、二八頁。)

(5)Cf. JM Bernstein, *Recovering Ethical Life, Jürgen Habermas and the future of Critical Theory*, Routledge, 1995, pp. 54-5.

(6)以下において立ち入るが、この主張に私は少しく異論を唱えたい。カントの定言命法に関して、私は、もし理性的存在者たちが定言命法に従って行為するなら、そこに彼らの行為によって織りなされる行為圏が生成すると述べた。この行為圏は、間主観的関係態、換言すれば、道徳共同体をなしている。

(7)Volker Gerhardt, "Die Menschheit in der Person des Menschen". *Zur Anthropologie der menschlichen Würde bei Kant, Kant und die Zukunft der europäischen Aufklärung*, herausgegeben von Heiner F. Klemme, Walter de Gruyter, 2009, S. 271.

（8）ゲアハルト・シェーンリッヒ『カントと討議倫理学の問題――討議倫理学の限界と究極的基礎づけの価値／代償について』加藤泰史監訳、晃洋書房、二〇一〇年、九頁。

（9）Vgl. J. Habermas, *Erkenntnis und Interesse*, Suhrkamp, 1968, I. 2. "Marxens Metakritik an Hegel: Synthesis durch gesellschaftliche Arbeit".（ユルゲン・ハーバーマス『認識と関心』奥山次良・八木橋貢・渡辺祐邦訳、未來社、一九八一年、第一章第二節「ヘーゲルに対するマルクスのメタ批判――社会的労働による綜合」。）

（10）この移行をアドルノは全く看過してしまった。

（11）もとより、この時には「原因性」のカテゴリーは対象に適用する際の条件である直感を欠いたものになる。われわれはカントによると、実践的意図からして原因性という概念を物自体に適応する。

（12）原文は以下の通り。handle nur nach derjenigen Maxime, durch die du zugleich wollen kannst, dass sie ein allgemeines Gesetz werde.

（13）「自律の原理に基づく目的の国の法式」という言い方は、川島秀一『カント倫理学研究』、晃洋書房、一九九五年、二三頁に依った。

（14）handle so, als ob die Maxime deiner Handlung durch deinen Willen zum allgemeinen Naturgesetze werden sollte.

（15）Handle so, dass du die Menschen, sowohl in deiner Person, als in der Person eines jeden anderen, jederzeit zugleich als Zweck, niemals bloss als Mittel brauchest.

（16）Vgl. J. Habermas, "Kommunikatives Handeln und detranszendentalisierte Vernunft, Freiheit und Determinismus", *Zwischen Naturalismus und Religion Philosophische Aufsätze*, Suhrkamp, 2005, S. 203.

（17）Cf. Jennifer K. Uleman, *An Introduction to Kant's Moral Philosophy*, Cambridge Uni. Press, 2010, chap. 6.

（18）Vgl. Axel Honneth, *Kampf um Anerkennung*, Suhrkamp, 1992. II. 4.（アクセル・ホネット『承認を巡る闘争』山本啓・直

江清隆訳、法政大学出版局、二〇〇三年、第二部第四章。）

（19）これが自然の人間的歴史となる。この発生は一つの自然、人間的自然の生成である。それは一つの進化である。進化というのは、自然存在の進化であるが、それはもっぱら道具的行為の視点から説明されるのではない。

（20）加藤泰史氏はカントの哲学における Übertragungstheorie について語っている。（加藤泰史「カントの Übertragungstheorie と他者問題」、『理想』No. 663.、理想社、一九九九年。）

（21）だから、カントは明示的に述べていないのであるが、「適用」ということを考えれば、討議倫理の討議（論議）空間はカントの道徳法則が規定する行為の圏の一つの適用（翻訳）であるが、討議空間と直接に同一化されるわけではない他の行為空間、例えば労働行為から織りなされる労働空間としての労働システムにも適用されうるのである。もとより、こうした適用にあっては、主体たちの論議、討議が介在するが、そうした論議にあっては、既存の労働システムの変換が問題であるなら、既存の労働システムに対して新たな労働システムの構想が主題となりうる。

（22）この点から、労働と道徳の関係が扱われなくてはならないであろう。Cf. Bob Cannon, *Rethinking the Normative Content of Critical Theory*, Part 2, 6 Labour and Morality, palgrave, 2001.

（23）Der Wille wird also nicht lediglich dem Gesetze unterworfen, sondern so unterworfen, dass er auch als selbstgesetzgebend, und eben um deswillen allererst dem Gesetze（davon er selbst sich als Urheber betrachten kann）unterworfen, angesehen werden muss.

（24）Weil nun Gesetze die Zwecke ihrer allgemeinen Gültigkeit nach bestimmen, so wird, wenn man von dem persönlichen Unterschiede vernünftiger Wesen, imgleichen allem Inhalte ihrer Privatzwecke abstrahiert, ein Ganzes aller Zwecke（sowohl der vernünftigen Wesen als Zwecke an sich, als auch der eigenen Zwecke, die ein jedes sich selbst setzen mag）, in systematischer Verknüpfung, d. i. ein Reich der Zwecke gedacht werden können, welches nach obigen Prinzipien möglich ist.

（25）Es gehört aber ein vernünftiges Wesen als Glied zum Reiche der Zwecke, wenn es darin zwar allgemein gesetzgebend, aber auch diesen Gesetzen selbst unterworfen ist. Es gehört dazu als Oberhaupt, wenn es als gesetzgebend keinem Willen eines andern unterworfen ist.

（26）道徳的個人主義的解釈に対する批判として、Katrin Flikschub, "Kant's Non-Individualist Cosmopolitanism", *Kant und die Zukunft der europäischen Aufklärung*, herausgegeben von Heiner F. Klemme, Walter de Gruiter, 2009 参照。

（27）Hierdurch aber entspringt eine systematische Verbindung vernünftiger Wesen durch gemeinschaftliche objektive Gesetze, d. i. ein Reich, welches, weil diese Gesetze eben die Beziehung *dieser Wesen*, auf einander als Zwecke und Mittel, zur Absicht haben, ein Reich der Zwecke (freilich nur ein Ideal) heissen kann.

（28）アドルノはここに矛盾、「意味」と「適応」の間の矛盾を見出した。そして矛盾を指摘しただけであった。けれども、この矛盾の展開は大きな理論的潜在力を有しているのであって、それはアドルノの解釈図式を止揚させるところまで行くことになる。

（29）eine Natur, die allein durch unsern Willen nach reinen praktischen Gesetzen möglich wäre.

（30）Vgl. J. Habermas, *Erläuterungen zur Diskursethik*, Suhrkamp, 1991, S. 31.（前掲『討議倫理』、二七頁。）ハーバーマスはカントの理性の脱超越論化を行う。Vgl. J. habermas, "Kommunikatives Handeln und detranszendentalisierte Vernunft", *Zwischen Naturalismus und Religion Philosophische Aufsätze*, Suhrkamp, 2005.

（31）Vgl. I. Kant, *Kritik der reinen Vernunft*, B425. これは人間は自然を超えた自然であるということを意味する。

（32）『経済学・哲学草稿』のなかで、マルクスは「人間は自然によって生きてゆく、という意味は、自然は人間の身体であり、人間は死なないためにはたえずこれとかかわりあっているのでなくてはならないということである。人間の肉体的および精神的な生活が自然と連関しているということの、ほかならぬ意味は、自然が自分自身と連関しているということだ。

というのは、人間は自然の一部分であるから」（カール・マルクス『経済学・哲学手稿』藤野渉訳、大月書店、一九六三年、一〇五頁。）と言った。ここで、マルクスは人間がその一部である人間の非有機的身体たる全自然とそれ自身自然的存在である人間との関係について述べ、人間と自然が連関していることは、自然が自分自身と連関していることだと述べているのであるが、カントが語る英知界も感性界も、カントが用いている言葉ではないが、人間的自然なのであり、両者が自然であるということが両者の綜合の可能性の条件である。とはいえ、可能性の条件であるということは、両者が直ちに現実に綜合されているということではないし、一方が超感性的自然であり、他方が感性的自然であるという点で、両者は相互に異質である。

（33）してみれば、道徳法則の反対が理性的存在者たちの意志の規定根拠となるとき、彼らの行為は悪であるということになろう。

（34）I. Kant, a. a. O., A809/B837.

（35）同じことは身体的存在である人間の衝動についても当てはまるであろう。アドルノは、自発性としての不意に現れるものを批判としてカントに突きつけたが、カントの枠組みでこうした衝動を扱うことができないわけではない。カントはそうした衝動を「自然」と呼んだであろう。私愛が道徳法則に先だってわれわれのうちで活動し始めることがあり得るように、衝動も道徳法則に先立って、活動し始めることがあり得る。けれども、（実践）理性と自然との綜合にあっては、そのような衝動は理性的衝動となるであろう。カントが明示的に語っているわけではないが、目的自体としての人間たちの相互承認は、人間が単なる手段として、物件として扱われるという事態に対する痛みと怒りの感覚を生みだすであろう。こうした痛みと怒りは人間の自然であるが、そのうちに人間が単なる物件として扱われるという事態を克服せんとする衝動が胚胎しうる。また、目的自体としての人間たちの相互承認はある種の感受性をも生みだすであろう。カントによれば、あるところでの違法行為は世界中で感じられるのである。

（36）アドルノはこの最高善を理性による自然の絶対的支配として、すなわち、欲求や幸福に対する抑圧と支配、つまりは内的自然に対する抑圧と支配としてしか理解することができなかったのであろう。そうではなく、むしろカントには〈福祉国家〉的配慮が見出される。この点については、杉田聡『カント哲学と現代　疎外・啓蒙・正義・環境・ジェンダー』行路社、二〇一二年、第四章を参照。

（37）Yirmiyahu Yovel, *Kant and the Philosophy of History*, Princeton Uni. Press, 1989, chap. 1.

（38）J. Habermas, *Erläuterungen zur Diskursethik*, Suhrkamp Verlag, 1991, S. 21.（前掲『討議倫理』、一六頁。）

（39）とはいえ、若き市民階級は彼らの特殊階級的利害を類一般の普遍的利害の変装の元に絶対主義国家に突きつけたのであって、ここに既にカント的理性が道具的理性へと変容していく芽が据え付けられているとも言える。理性のこの変質は理性（カント）から合理化（ウェーバー）への道である。

（40）H. Arendt, *Between Past and Future*, Penguin Books, 1977, p. 4.（H・アーレント『過去と未来の間』引田隆也・齋藤純一訳、みすず書房、一九九四年、二―三頁。）

第四章　アドルノのカント読解再論

本章で、私は議論に必要な限りでカント哲学に立ち入った後で、それを念頭においてあらためてアドルノのカント読解を検討してみたい。結論を先取りにして言うなら、アドルノは強圧的な思考を働かせてカントの理説を彼のメタ哲学（これはアドルノ自身の哲学である）、つまり彼の解釈図式のうちへと同化し、かくてカントの哲学、とりわけ実践哲学はまるで姿を変えて現れる。けれども、実際のカントの理説は、アドルノのカント読解のうちで抑圧されたものとして、この読解に何かしっくりこないものとして、つまりは非同一性として、存続し続けている。もしそうなら、カントの哲学をそれ自身として取り出す作業は、アドルノの解釈図式を、それ故彼のメタ哲学を内側から変容させる力学を発揮するはずである。これは、アドルノの「自然史」の概念をカント（の自然の人間的歴史の構想）を媒介にしながら書き換え、一層展開する準備となるはずである。

1　主観－客観図式

モナドとしての主観

アドルノは、カントにあっては、意志や自由のモナド的構造が想定されていると語った。意志や自由のモナド的構造が想定されているということは、カントの主観がモナド的に考えられているということである。この点から、カントの哲学は主観内在の哲学であるということになり、主観（個人）は社会から絶対的に分離された純粋な自体存在であることになり、そして同時にカントの理説は主観－客観図式をもって解釈された。

①　カントの主観がモナドと解されるが故に、その主観、意志や自由もまたモナド的に解される。そうした主観の自律は他者と社会から絶対的に分離された純粋な自体存在（本体的存在）の自律として理解されるために、主観の他の主観や社会との媒介は直ちにそうした主観の他律を意味すると主張される。この場合に、他の主観や社会は客観とされる。ここでアドルノがカントに対して言いたかったことは、主観には社会の夥しい契機が浸入しているのだ、ということ、それ故、主観は純粋な本体的存在ではない、ということであった。

②　アドルノがカントの哲学を主観内在の哲学として理解しているということは、次のアドルノの主張を引き起こしている。

一七世紀以来、自由はあらゆる偉大な哲学の最も固有な関心事であった。自由をくまなく基礎づけるというのが、市民階級から哲学へひそかに委託された課題であった。けれども、その関心はおのれのうちに敵対関係を含んでいる。それは［合理性の原理によって］古い抑圧にさからいはしたが、合理性の原理そのものにひそむ新たな抑圧を促進しもしたからである。自由と抑圧に共通する形式が求められた。自由は、一方では合理性に引き渡されて、この合理性から制限を蒙るが、他方では経験から引き離され、人々はもはや自由が経験の中で実現されることなどまったく望まなくなった。この二分法は、ますますつのる科学化にも関係していた。市民階級は、生産を促進するかぎりでの科学化と同盟を結びはしたが、しかし、〈自由はすでに甘んじて内面性にまで引きこもっているとはいえ、やはり存在するのだ〉という信念を科学化が損なうやいなや、それに恐怖をいだかざるをえなかったのである。……これがアンチノミーの教養の現実的背景である。……個別科学が哲学の内容を占有すればするほど、たとえば心理学が、カントでさえ粗野な推測しかできなかった性格の形成といった内容を占有すればするほど、意志の自由に関する哲学的学説はそれだけ狼狽して長広舌に堕したのである（ND, 214/259–260）。

ここでは、自由が経験と引き離されているとされているとともに、（既に）内面性に引きこもっているものとして理解されている。アドルノはそれを若い市民階級の歴史的性格から解釈した。すなわち、市民階級は自由を基礎づけることを望んだが、他方では、自由が経験の中で実現されることを望まなくなり、こうして自由は内面性に引きこもっているものと考えることを望んだというのである。この解釈はカントの哲学を主観内在の哲学と解することと相即しているのである。ここでアドルノは近代社会生成期の若い市民階級の歴史的経験に言及したが、次にアドルノは、生成した社会システム、全体性としての、内在的に分裂した敵対的全体性としてのシステムの内にカントの理説をおいて、そのシステムの運動の反映としてカントの理説を解釈する。

分裂した社会では、つまり主観と客観、内なるものと外なるものが非和解的に分裂している社会では、諸個人にとって社会が強制的なものとして現れるために、諸個人は自由を求めて内面の領域に引きこもろうとする。あるいはまた、思考が人間をもっぱら事物世界をモデルとして考えることによって自己自らを事物的なもの、従って自己に外的なものとするが、そうすると思考は今度は内面的なものに避難所を求めようとする。ところが、内面への退却は、内面への退却を惹起させた敵対的な社会の強制性格をいっそう強化して再生産する。アドルノはある種の思考が陥るこうした反転の弁証法を論定している。それ故にこそ、こうした反転の弁証法、つまりは反復の神話的力を逃れるためには、思考は自己を批判し、自己を省察しなければならない。アドルノが論定するこの反転の弁証法は主観－客観弁証法の構造を持っている。主観の位置にあるのは、個人であり、客観の位置にあるのは社会である。非和解的社会では個人と社会が分裂するが、これは主観と客観が分裂するということである。そのために主観は自らの内面へ引きこもろうとするが、それが逆に客観を、すなわち主観に敵対的な客観をいっそう敵対的なものとして再生産する。

以上のように、カントを解釈する際のアドルノの基本的な解釈図式は主観－客観図式である。その上で、カントは、主観を客観から切断したとされるが、それは分裂した社会では主観と客観が分裂するからである。こうした解釈では、カントの主観は他者から切断された純粋な自体存在、モナド的主観として姿を現し、だから、（カントの言う）自由はこの主観の内面に引きこもったものとされる。アドルノによれば、主観が純粋なモナドとされることは分裂した社会の論理なのであり、主観が客観のあらゆる契機から純化された自体存在として、その意味で本体的存在として、一切の経験から分離された純粋存在として現れるということは、こうして分裂した社会の反映となるが、個人と社会という点からすれば、それは社会から切断された個人であり、概念的抽象的統一としての人格性を有する人格であることになる。

かくて、アドルノが描き出すカントの実践哲学（道徳哲学）はもっぱら個人に道徳的意義を付与する道徳的個人主義の一形態、一変異となる。孤立した主観の内面に道徳的尊厳を付与するという点で、アドルノのカント解釈は道徳的個人主義としての解釈である。この道徳的個人主義にあっては、人格の構成的身分は、諸個人が負っている間人格的関係に置かれるのではなく、個人的人格が道徳的意義を有する究極的な単位として強調される。それ故、道徳的個人主義にあっては、個人の他者との如何なる間人格的関係も他律を意味することになる。(1) アドルノはカントの主観を客観から完全にかつ絶対的に分離した抽象的存在として理解する。かくして、アドルノのカント読解では、定言命法、道徳法則が理性的存在者たちの意志の規定根拠になることによって設定されるかの行為空間、すなわち理性的存在者たちの相互主観的な行為の圏、目的自体としての相互承認の中での彼らの相互の振る舞いの圏、彼らの相互の関係性をなす行為の圏は全く消失してしまう。この行為の圏は決して主観内在的な領域ではない。この行為の圏において、理性的存在者としての人間たちは相互人格的関係のなかで普遍的に立法するものとして現れ、自ら立法したものに従う。

私はカントの実践哲学を目的−手段という思考図式で思考することの突破の試み、意識哲学の突破の試みとして解釈した。それはもっぱら主観−客観図式で思考することからの脱出の試みであり、カントはこの試みにおいて理性的存在者たちの相互関係性の領域に足を踏み入れたのである。この関係性の領域は相互主観性の領域であって、それは主観の客観に対する認識という論理によっても、主体の客体に対する目的実現行為の論理によっても把握することのできない次元である。この点がアドルノのカント読解では抑圧されてしまっているカント哲学の側面、かのしっくりこないもの、アドルノのカント読解にあってしっくりこないものである。カント哲学は、アドルノのカント読解では、もっぱら主観内在の哲学として現れ、主観内在の哲学に同化されてしまった。カントは、現象の世界（自然）は因果的に規定されているが故に、自由と責任を保証するために、一切の自然・経験から独立な本体的自我を設定したが、もし自我がそのようなものなら、逆にそうした自我には自由を論定することも責任を問うこともできなくなろうという議論[2]も、カントの主観を純粋な自体存在（としての抽象的統一）として理解するという点では、同じ方向である。「社会」という語を使用するなら（もっとも、カントはそうしていないが）、理性的存在者たちの上述の領野（英知界）は一つの社会であり、感性界も社会及びその社会（と自然）における人間たちである。道徳法則が意志の規定根拠となるとき、このことは理性的存在者たちを英知界に置き移すが、このことによって理性的存在者たちが感性界から完全に脱出して、もっぱら英知界にのみ属するようになるのではない。そのようなことはあり得ない。彼らは依然として感性界に属し続けている。カントが語ったのは、英知界が感性界の制約条件となる仕方で両者が綜合されなくてはならない、ということである。換言すれば、感性界がそのような性格を持たなくてはならない、ということである。

ところが他方、（私見では）カントによる意識哲学の突破の試みは不徹底に終わった。不徹底であるということは、主観、自我を他者との関係性に先立って立ててしまうことであり、別言すれば、（ハーバーマスの言う）意識哲学のパラダイムが残存したということである。アドルノはこの不十分性（不徹底性）を全体化してしまった。かくてカントの理説はもっぱら主観－客観図式の中で、その図式によって構成されたものとして現れるのである[3]。

ともあれ、アドルノのカント解釈では、カント的主観はもっぱらモナドとして現れ、さらに、一切の経験から分離された純粋存在として現れた。つまり、個人と社会という点からすれば、社会から切断された、概念的抽象的統一として現れた。

2 衝動

アドルノはカントの主観をモナドとして捉え、しかもその上意志（実践理性）からあらゆる素材、実質、衝動が捨象されているものと解する。あるいはアドルノは実践理性をあらゆる素材に優越する理性として捉える。それ故、理性は如何なる素材によっても拘束されることなく己を実現するものとされ、意志は己を実現するためには衝動を必要とするのに、その衝動を捨象したというカントに対するアドルノの批判が出てくる。

アドルノは純粋意志、純粋実践理性が虚構であることを示そうとしている。アドルノによれば、純粋意志といったものは衝動を捨象して立てられたものであり、それゆえ虚構であることを免れ得ない。純粋意志なるものも、アドルノは言うが、衝動から逃れることはできない。というのは、衝動への追憶が超越論的道徳論に絶えずつきまっているからである（Vgl. ND, S. 240/294）。むしろ逆に、道徳的なものの規定は、それが逃れようとする質料、つまりは衝動から絞り出されている（Vgl. ND, S. 241/295）。道徳的なものが（自由の）衝動から搾り取られているというのに、それが道徳的なものの定式化にあっては消失してしまっているというのである。

けれども、この批判はもっぱら意識哲学のパラダイムをもってカントを理解している限り、妥当であるわけではない。まず、カントが理性的存在者たちの意志を道徳法則によって規定されると語ることによって立ち入った彼ら理性的存在者たちの相互行為の圏を念頭に置くべきであろう。カントがあらゆる実質を（方法的手続きとして）捨象したのは、そのような相互行為の圏をまずは確定するという手続きの故であった。ここにおいて理性的存在者たちは普遍的に立法するものとして現れ、立法されたものは彼らの行為の格率になる。理性的存在者たちは、感性界から完全に脱却して英知界、すなわち、人格としての、目的自体としての相互承認を媒体とする相互行為の圏にのみ属するということはできない、ということについては既に述べた。そもそも普遍的立法によって定立された行為の格率に従う行為は感性界に属する。カントによれば、最高善を実現する行為は感性界に属する。

英知界と感性界というカントの議論枠組みがうまく語らせないのだが、それ自身自然の国である感性界の歴史的運動の中で、カントが語る英知界、すなわち、それ自身まだ自然の国であるかの相互行為の圏が産出されると考えることもできよう。そしてこの行為の圏において、各人が、そして一定の集団が自らの幸福を追求するのである。これが最高善である。してみれば、行為に不意に現れてくるもの、突発的に現れてくるもの、それ自身自発性である衝動について語るならば、それは、意識哲学のパラダイムのもとで捉えられたモナドとしての、純粋な概念的統一としての純粋な意志に関して語るのではなく、かの相互行為、従って相互主観性の領域の生成の場面で語るべきだったのである。カントでは、定言命法は実践的次元を隠し持っており、なるほど、定言命法が如何にして理性的存在者の意志を規定するのかという問いは、それが因果的決定性の事柄ではないが故に、あらゆる実践哲学の究極の限界とされたのだが、もし定言命法が理性的存在者たちの意志を規定するのなら、彼らの意志がそのように規定されることになる衝動が介在しているのであるが、それは実践哲学の体系では隠されてしまっており、それとして確かに現れはしない。そしてもしこの衝動が如何にして生成するのかを主題化しようとするなら、その時には、われわれの思考から体系志向を取り払って、理性的存在者たちを歴史の場面に置く他はないであろう。しかし、それが隠されてしまうのは、カント的主観が、従って実践理性が社会から切断された抽象的存在であるからではない。それは実質の捨象において道徳法則をそれ自身として取り出そうとする方法的手続きと、既に見たように、実践理性批判の体系を構築せんとする体系志向のゆえにである。もしわれわれが体系志向からその外に出て歴史的実践的場面に身をおくならば、古い抑圧に対する抵抗は自由への衝動を産み出すと語ることができるようになるであろう。この自由への衝動が何らかの行為を産み出すだろうし、それが例えばアーレントの公共空間に関して見たように、イニシアティヴをとった人々の行為が、それと知らずに、それと意図することもなく、公共空間を産出するということもあろう。

形式性はある実質を持っている

アドルノはカントの道徳哲学の形式性について次のように言っている。

カントは、実践理性は自分にとって「異質な」いかなるものからも、すなわちいかなる客体からも独立であると考え、そうした教義から道徳的行為を導きだすのだから、彼の言う道徳的行為は理論的なそれよりもいっそう形式的になるのである（ND, S. 234/287）。

カントの抽象的道徳も、特殊と普遍の永続的な不一致を前にしては、十分なものではない。……カントの実践理性の脱実践化……は、実践理性からその対象を奪いとることと一体である。対象を奪われてはじめて実践理性はあの絶対的に至高の理性になり、経験のなかで経験を顧慮せずに……はたらきうるということになる（ND, 234/287–8）。

実践理性とその対象。アドルノはあくまで主観－客観というこの二項枠組みからカントを解釈している。ここで主観の位置を占めるのは実践理性であり、客観の位置を占めるのは言われるところの対象である。この枠組みを前提した上で、アドルノは、カントでは実践理性からあらゆる対象が剥奪され、こうして理性は至高の理性になると言う。けれども、この枠組み、従ってこの枠組みに従う思考はある思考の暴力を行使している。それは思考のなす同一化的作用であり、アドルノ自身が批判している同一化の強制である。カントでは、実践理性は対象を持たなくなり、こうして実践理性は形式的なものとなり、実践理性に異質であるものがいっさい奪い去られてしまう、とアドルノは言う。つまり、アドルノの見るところでは、実践理性は一切の経験を顧慮せずに働きうる絶対的に至高的な存在になる。確かに、カントの実践理性は形式的となるが、この形式性はカントにおいてそれ自身の内容を持っている。この内容がアドルノの視野の内では消え失せてしまうのである。カントが彼の道徳論で立ち入ったのは、主体たちの間の間主観的関係の領野であり、実践理性から（方法的な抽象として）あらゆる対象が奪われるということは、実質的な内容を持っている。すなわち、それは、主観－客観図式から相互主体的関係へと思考の眼を変換させるということである。

この間主観的関係は主観－客観図式には収まらない。ここで事情はいくらか錯綜している。間主観的関係を主題化するからと言って、この間主観的関係が無対象になるわけではない。[4] しかし、自然科学的認識が普通そのもとで考えられる認識主観と認識される対象という枠組みによってはこの間主観的関係は把握され得ない。あらためて間主観的関係をそれ自身として主題化する必要がある。そのためには、始めに一度主観－客観図式を除去しなくてはならない。カントのテキストを見れば、カントが実践理性から対象を除去することによって、相互主体性の次元を間主観的関係をそれとして取り出しているということが分かる。つまり、カントは実践理性からまず対象を除去するということによって実践理性の基礎的基盤を取り出しているのである。ところが、アドルノは、カントをあくまで主観－客観図式の内部でのみ解釈したために、主観－客観図式の主観の側に置かれた実践理性から対象を、従って客観を除去することとしてのみ理解する。カントの思考に見られるパラダイム移行はアドルノの視野から完全に脱落している。（方法的抽象において）無対象的ということは、カントの場合にある積極的な意味を持っており、それは思考の枠組みの変換を告げているのである。そして方法的抽象において実践理性が無対象になるということは実際に無対象になることを意味していない。もし無対象になるのなら、それは傾向性と抗争することもないであろう。

3　英知的性格

自然支配的理性という解釈

アドルノはカントの理性をあらゆる実質を欠いた人格的統一・英知的性格として捉え、自我の統合の形式的遂行を内的自然に対する支配として捉えた。だから、アドルノの見るところ、カントの理性は強い自我であり、これはブルジョワ的な強い自我、強い男に他ならない。カントの定言命法もまた自然支配の文脈で解釈される。すなわち、カントの定言命法もまた規範に変換された自然支配の原理であり、こうして、アドルノの目においては、カントの理性、理論理性のみならず実践理性ももっぱら自然支配的理性とされる。だから、カントの理性はあのオデュッセウスの姿をとって現れている。

しかし、実践理性をもっぱら自然支配的理性として捉えることは正当ではないと思われる。人間である理性的存在者たちの目的自体としての相互承認の圏はそれをもっぱら自然支配として捉えることはできないであろう。むしろ、そうした行為の圏は一つの自然であり、カントの用語ではないが、人間的自然の形態であって、それは目的自体としての理性的存在者たちの承認と相互関係性であり、それ故、そうした行為の圏を自然支配の原理と同一視することができるものではない。ところがアドルノでは、意識哲学的な思考パラダイムの支配のもとでカントの理性がもっぱらモナド的かつあらゆる実質が捨象された形式的遂行としてのみ現れて、かの間主観的な目的自体としての相互承認関係が消失してしまうために、（カントの）理性は内的外的な自然に対する支配の原理としてしか理解されないのである。

確かに、後に立ち入るように、カントの思考には、自然は人間のためにのみ存在するという観点がある。けれども、カントの実践理性それ自身をもっぱら自然支配の文脈で理解することは妥当ではない。というのは、道徳法則が理性的存在者たちの意志の規定根拠によって開かれる理性的存在者たちの行為の圏は人間の自然素質の展開として、それ自身人間的自然であり、そこには自然支配という契機はないからである。(5)

確かに、カントの議論では、道徳法則は意志の規定根拠として、われわれのあらゆる傾向性に妨害を加える。道徳法則はわれわれのあらゆる傾向性を抑圧すると言うこともできよう。それゆえ、われわれの傾向性が内的自然であってみれば、道徳法則はわれわれの内的自然に妨害を加え、それを抑圧するわけである。しかし、これは内的自然に対する支配、内的自然の抑圧としての内的自然に対する支配だろうか。

アドルノがカントの実践理性をもっぱら自然支配の原理として見るのは、カントが言う、道徳法則はわれわれのあらゆる傾向性に妨害を加えるという点、そしてこの点だけしか見ていないからである。この点だけを見るなら、そこに内的自然に対する（抑圧としての）自然支配を見ることが可能であると見えるかもしれない。しかし、それでもやはり、それをもっぱら内的自然の支配と見ることは論点を外していると思われる。カントによれば、傾向性は一緒になって我欲を形成する。我欲は自分自身に対する好意としての自愛、私愛と自分自身に関する適意としてのうぬぼれに分かれる。人間は感性界に属するものとして感性的存在者であるから、まずわれわれに迫ってくるのは欲求能力の実質であり、われわれは自分の要求をまずもって意志一般の規定根拠にする。これが自愛である。道徳法則はこのような傾向性に妨害を与えると言われた。けれども、この場合、道徳法則が妨害するのは傾向性そのものではなく、従って例えば自愛そのものではない。「道徳法則との一致に先行する自己尊重の主張はすべて無効であ」(KpV193, /188) るというカントの言明に見られるのは、道徳法則に先行して自己尊重が立てられることが排除されるということである。あるいは道徳法則は傾向性を、すなわち自愛を最上の立法に参加することから排除する。そして、このことによって傾向性というこの内的自然は単なる利己性から解放される。生じるのは、むしろ、人格の目的自体としての相互承認の圏において各人は己の、あるいは一定の集団の傾向性を、だからまた幸福を追求するのである。これは傾向性という内的自然に対する支配と抑圧ではなく、利己的な傾向性の止揚として、むしろ傾向性(内的自然)の肯定である。(そうでなければ、そもそもカントは最高善について語ることができないはずである。)それゆえ、カントが道徳法則はわれわれの傾向性に妨害を加えると言うとき、それを内的自然に対する抑圧としての支配と同一視することはできない。自愛は道徳法則が最上善となることによってむしろ肯定されるのであろう。(6)

かの自由の理説、あるいは人間の英知的性格に関するアドルノのフロイト的解釈

アドルノはカントの道徳法則の命法的性格にある種の強制性格を読みとる。この強制性格は何に由来するのか。

それは、アドルノによれば、衝動の抑圧を介する自我の形成、従って自我同一性の形成という事態に由来する。つまり、自我、従って自我同一性の形成は本性的に（衝動の）抑圧であり、それ故、抑圧的性格を持っている。アドルノは自我のリビドー的発生について語っている。媒介なき自我そのものといったものはどこにも存在しないのであって、自我は拡散したリビドーエネルギーから発生したのである。言い換えれば、自我、従って自我同一性という権威は抑圧の内面化として生じるのであり、アドルノは（カントの）道徳法則の純粋かつ命法的な形式はこの抑圧的性格を表現しているものとして理解する。ところで、フロイトにあっては、超自我は社会的強制の無意識的な内面化として把握される。良心の働きにおいて行使される良心強制とはこの超自我の働きである。さて、アドルノはカントが言う人格の英知的性格をこの超自我を表しているものとする。アドルノは、カントの道徳法則に精神分析学的な、すなわち、フロイト的な解釈を施している。このアドルノの解釈をもう少し詳しく見てみよう。(7) アドルノは次のように議論する。

カントは道徳法則を事実としたが、カントがこのように道徳法則を事実と言い換えることができたのは、実は、経験的人格の中に事実としてのそうした所与をカントが見出すことができたからである。経験的人格のうちに、事実として道徳法則を見出すことができるならば、英知的なものと経験的なものとの媒介がこれによって可能だということになる。経験的意識において、道徳法則の声である良心が現れる。この良心の声から、そしてこの良心が行使する強制から、カントの自由の教義の中に置かれた強制性格が読み取られた。アドルノはかくて、カントに自由の教義に強制的性格を論定しているが、アドルノのこの解釈では、この良心というのは超自我に他ならない。それ故、道徳法則の事実性を保証しているのは、超自我が経験的に抵抗しがたいことである。

アドルノによれば、カントは現象界における経験的動機付けは経験的心理学のそれだということを知っていたけれども、しかし他方カントは良心に対する如何なる批判も認めないという矛盾のために、彼は英知的性格を構成した。その際、カントは道徳哲学から一切の発生的契機を除去してしまった。アドルノからすれば、時間的、発生的ということは英知的性格によっては埋めあわされることはできない。発生という点からすれば、道徳は産出されたのでなくてはならない。道徳を根源的に産出する自我は、カントでは、これは隠されてしまっているが、「拡散したリビドー・エネルギーから枝分かれしたものである」(ND, 268/329)。道徳法則の一切の特殊な内容のみならず、定言命法、すなわち、この純粋で命令的な定式は、「自我という同一的に貫徹される固定した権威が発達していること、……抑圧が内面化されていることを前提している」(ND, 268/329)。この超自我は社会的強制の内面化であり、しかも無意識的かつ盲目的な内面化である。アドルノからすれば、その純粋な形式も、さらに道徳法則とその声である良心も、超自我という権威に由来するのである。つまり、道徳法則を根源的に産出するのは、このような社会的強制の内面化である超自我に他ならない。

以上のアドルノの議論は次の前提の元でのみ成り立つ。

① カントの主観があらゆる客観から切断された純粋存在(英知的性格)であるとされること。

② カントの道徳説がシステム社会のうちに置かれていること。

ここでシステム社会によって、私はアドルノの言う全体性の別名を意味しているが、アドルノによれば、現在超自我は外化され、それは無条件的な体制順応に転化している。非自由はアドルノの見るところ、見通しのきかない全体性のうちで完結してしまっており、この全体性はそれを破壊するような外部というものをもはや持たない

（Vgl. ND, 271/332）。

してみれば、全体性というのは、閉鎖社会としてのシステム社会である。私は先に（日本を例に）システム社会の生成に立ち入ったが、それはシステム社会の構成論理がアドルノの思考の基底に据え付けられていることを示そうとしてであった。システム社会の構成論理がいわばアドルノの思考の準－先験的な地平をなしているのである。システム社会の構成論理、それはルーマンの言うオートポイエシスによって表現されるが、オートポイエシス的システムにあっては、その要素の機能はシステムによってあらかじめ決定されており、その機能がまたシステムの再生産にとって機能的意義を有するが、ここでは特有の反復の論理が支配する。要素（諸個人の行為）が如何に新しきものに見えても、あるいはそれがシステムに反抗するように見えても、実はそれはシステムによってあらかじめ規定されており、それ故新しきものは実は古きものである。新しきものは姿が変わっても、実は古きものの反復である。私の見るところ、この反復の論理がアドルノにあっては、歴史的時間に投影されており、かくして歴史的時間は特有の非歴史性をもって現れる。歴史的時間は反復の論理、反復的時間によって絡め取られている。このことがアドルノの思考において、歴史的に位相の異なるものが同一の時間平面のうちにおかれるということを引き起こす。かくて、若き市民階級の一員であったカントは、同時に（アドルノの時代の）システム社会の内に置かれて解釈される。それ故に、二人のカントが現れることになる。アドルノによれば、フロイト学派はその興隆期においては、他律的なものとしての超自我を批判したのであるが、この点は「もうひとりのカント、すなわち啓蒙主義のカントと軌を一にする」（ND, 269/329）。これが一人のカントである。もう一人のカントはその道徳法則が超自我に由来するものと解されたカントである。否、二人のカントというよりも、同じ一人のカントが二重性において現れる。

しかしながら、アドルノがそのうちで生きていた閉鎖社会としてのシステム社会は新自由主義的グローバリゼーションの発動とともに変容し、そして変容しつつある。この事態は、システム社会を歴史的に相対化し、かくて、アドルノの思考の基底に据えられたシステム社会の論理を解除する視野を開くはずである。この視野からすれば、カントの道徳法則をシステム社会に位置づけ、それを超自我に、従って抑圧と社会的強制を内化したものとして解釈することはできなくなろう。むしろ、カントの道徳法則は他律的なものとしての超自我に対する批判の原理として、超自我に真正面から対立するものになるはずである。(8)

確かに、アドルノが言っているように(Vgl. ND, S. 277/341)、道徳的カテゴリーは個人を超える普遍的契機を持っているし、この普遍的契機は社会的なものだ。しかし、この社会的なものの具体的内容は何であるか。この問いにおいて、カントの道徳法則に関するアドルノの解釈は問題を孕んでいるように思われる。フロイトの深層心理学は超自我を内面化された社会規範として発見した。けれども、もとより、このことからカントの言う人格の英知的性格がその超自我を表しているということが即座に帰結するわけではない。

カントの思考に内在する矛盾

アドルノは人間の英知的性格に関するカントに理説にある矛盾を見出している。カントは現象としての行為を規定する根拠は英知的存在者の特質であるとする。アドルノの見るところでは、この「特質」という概念によって、英知的存在者は個人の資格において表象することができる実在的な存在者、現実存在になっている。他方、英知的なものは感性界の彼岸にあるとされてはいなかったか。つまり、アドルノはここでカントの理説に矛盾を論定しているのである。アドルノの議論は次のような議論図式に基づいている。すなわち、感性界は実在的世界、英知的性格は非実在的なものである。こうした図式を前提としている限り、この場合アドルノは無矛盾性の公理に従う限りといっているのだからわれわれもこの公理に従うとして、英知界が実在的なものとされるなら、単純な推論によってそこに矛盾があることになる。確かに、カントが時間と空間を感性の形式とし、従って時間と空間を悟性の認識行為の場に制限した限り、そして現実存在が時間・空間的に規定されている限り、もし「英知的現実存在」という言葉を使用するなら、その表現は矛盾的な表現になる。

しかし、カントは、ここでアドルノが論定している矛盾を回避するある概念的区別を持っている。それは認識と思考の区別である。カントによれば、英知界は認識可能ではないが、思考可能なのである。思考可能であるということは、単に論理的可能性として考えることができるということより以上のことを意味している。英知界は実際、カントにとって諸個人によって現に生きられた歴史的経験だったのであり、カントが目の前に見ることができた諸個人の活動圏だったのである。英知界は認識可能ではないが、思考可能だということによってカントが示そうとしているのは、そうした諸個人の活動圏は英知界として理論理性の論理ないしカテゴリーによっては把握され得ない、ということである。諸個人の相互人格性の領野はいわば自然科学的認識の対象に還元されることはできないのであって、それゆえ理論理性の論理をそうした領野に適用してそれですますことはできないのである。確かに、カントは時間・空間を感性の形式とし、このようにして、時間と空間の概念を英知界には適用できないものとしており、このことによって英知界は非時間的なものとして、非現実的なものとして現れ、そう見えてくるが、先に言及した認識と思考の区別の観点からすれば、そしてこの区別をいっそう内容展開すれば、カントは英知界にいわば自然科学的な時間・空間とは区別される歴史的・社会的な意味での時間と空間を付与することという方向もあり得たであろう。もとより、こうすれば、「時間の超越論的観念性」という考えもあやしくなるのではないかと思われるが。

しかし、アドルノはカントの理説にもっぱら矛盾だけを見出している。その矛盾とは「英知的な現実存在」という表現にまといついている矛盾である。英知的現実存在とは時間なき現実存在であろう。こうした矛盾は、アドルノの見るところでは、「物自体としての主体の自発性」という考えにおいて頂点に達する。

アドルノは次のように言う。『純粋理性批判』ではわれわれは現象の超越的原因についてと同様、主体の自発性についても語ってはならない。ところが、アドルノによれば、道徳哲学を完成する段になると、カントは甘んじて実践理性にまで世俗化された英知的領域を自然から絶対的に異なるものとは考えなくなる。理性の影響を確認できるのであってみれば、これは何ら奇跡ではない。英知的領域が経験的領域・自然から絶対的に異なるものではないということ、そのように考えることが何故アドルノにとって奇跡ではないのか。アドルノの解釈はこうである。理性は自己保存という目的のために分化した心的な力としては自然的であるけれども、理性はいったん自然から切り離され自然と対峙させられると、自然の他者ともなる。アドルノはカントの言う英知的領域をいったん自然から切り離され自然と対峙させられた理性として理解する。この理性は従って元々自然的なものだ。それゆえ、英知的領域が自然から絶対的に異なるものでないということは何ら奇跡ではないということになる。このようにして、アドルノはカントの英知的領域をカントが意図しているのとは全く違った議論へと同化してしまっている。自己保存的理性の別名は道具的理性であり、それゆえ、自己保存的理性はもっぱら主観－客観枠組みの内部で運動するものである。つまり、アドルノは英知的なものをあくまで主観－客観図式の内部に押し込めるのである。

英知的性格の転釈

アドルノはカントの言う英知的性格に無規定性という性格を付与している。それは無規定なのか。無規定であるとして、それはどのような意味で無規定なのか。理論理性の権限領域内部では無規定であるとしても、英知的性格がそれ自身として無規定であるということにはならない。しかし、英知的性格はアドルノには無規定なものとして現れる。それというのは、アドルノの解釈図式がもっぱら主観－客観図式であるために、理論理性の権限領域しかアドルノの視野にはないからである。そこで、アドルノは英知的性格に無規定性に抵抗する内容を付与しようとする。この内容とは、われわれが現在あるのとは別の可能性である。アドルノによれば、この別の可能性こそが英知的性格なのだ。歴史過程の中で、自我は衰弱し、アトム的でもっぱら反射作用的な受動的行為を為す存在へと退化してしまった。もしも英知的性格のごときものがあるとすれば、それは人間をその現存在から区別するものであり、非同一的なものである。この英知的性格はこうして、アドルノにおいては、人間が自己の現実性を攻撃し、否定するその可能性を意味する。それゆえ、カントの英知的性格は偶像禁止の真理を、少なくともその幾ばくかを備えていると解釈される。だから、アドルノはカントの「英知的なもの」の概念に啓蒙過程への抵抗の姿勢を嗅ぎつけもするのである。しかし、それはアドルノにあっては語ることのできないものであり、また語ってはならないものとされる。アドルノにあっては、英知的性格は存在ではないが、しかしまた単に存在しないのでもないものとして現れる。つまり啓蒙過程への抵抗としての英知的なものは、アドルノにあっては語ることのできないものとして、存在しないものとして、しかしまた存在しないのでもないものとして、すなわちアポリア的なものとして現れるのである。

第三アンチノミーに関するアドルノの解釈

アドルノは哲学的思考の歩みを社会及びその歴史との関係において解読する。すなわち、アドルノはその社会的意味を解読し、そのことによってその社会的正体を暴こうとする。社会・歴史的意味が解読されるのは哲学的思考の歩みだけではない。ホメロスの叙事詩におけるオデュッセウスの冒険物語がまたそうである。例えば、この物語に登場するポリュペームスは一つ目の怪物である。一つ目は二つ目の対称性に比べてより原始的な社会状態を、すなわち、まだ労働と時間の体系的編成が存在しない社会状態を告げている。それが表現しているのは、牧人や狩人たちの時代である。彼らは植え付けや耕作をやろうとはしない。つまり開墾など労働力の土地への投下をしないのだ。一つ目の怪物が代表しているのはそうした時代であって、自己保存的理性が代表する文明はそのような状態を告発するのである。そして遊牧民族や狩猟民族はこの理性にとっては怪物でなければならなかった。（現実の歴史にあっては、告発などといったなまやさしいものではなかったが。ついでながら、私はここで『市民政府論』におけるロックの議論を想起する。ロックはこの文明に属するということになる。自己保存的理性は、現代では、グローバル化の中での生存競争という形態をとっている。このような自己保存的理性の思考形態と制度的形態が生活世界に広くかつ深く浸透している。）

アドルノはカントが『純粋理性批判』で論じたこの二律背反の社会的基礎に言及した。アドルノにとって、どのような哲学も、どのような哲学的思考も人々の社会的・歴史的経験の表現であり、カントのアンチノミー論も例外ではない。アドルノによれば、アンチノミーとして出現しているものは、近代市民階級が遭遇した現実的な歴史的状況であり、アドルノにおいてアンチノミーは近代市民階級の現実的経験の表現として解読される。

では、理性が経験の限界を超える時、理性が必然的にそれへと落ち込むとされるアンチノミーが表現している歴史的経験をアドルノはどのように論定したのか。アドルノによれば、こうであった。近代市民階級は科学が生産を促進する限りで科学と同盟を結んだが、他方では、科学としての心理学が意志の自由の領域を、心理学が性格形成という内容を占有するという形で占有すればするほど、それに恐怖を抱いた。意志の自由は内面性の領域の内に置かれたが、この領域を科学としての心理学が浸食するにつれて、意志の自由に関する哲学的理説はますます狼狽することになった（ND, 214/260）。アドルノは、科学に対する市民階級のこの両義的観点がアンチノミーとして表現されているのだ、と言う。アドルノによれば、アンチノミーの社会的源泉は近代市民階級の一方の科学との同盟と、他方の科学への恐怖だということになる。なぜ、科学が恐怖されたのかと言えば、それは科学が内面的なものとしての意志の自由を損なうと考えられたからである。

このアドルノの解釈は正しいのであろうか。アンチノミーがある社会的・歴史的事態を表現しているということが正しいとしても、このことからはカントが論じたアンチノミーがアドルノが言っているその経験を表現しているということが直ちに出てくるわけではない。ここで重要になる論点は、カントが念頭においていた自由とは単に内面性の領域に置かれた自由にすぎなかったのか、という点である。なるほど、アンチノミー（第三アンチノミー）が、アドルノが言うように、一定の社会的・歴史的事態を表現しているのだとしても、このことからはカントが語る自由が内面性の領域に置かれたという点が直ちに首肯されることになるわけではない。もしカントの言う自由が単に内面性の領域に置かれたものにすぎないのではないことが示されるならば、アンチノミーに対するアドルノの解釈は成り立たないということになろう。そして実際、カントにあって、自由は決して（人間の）内面性の領域に据え付けられているとされてはいない。それは（理性的存在者たちの）間人格的関係において論定されている。

アンチノミーに関する議論を通してカントが示したことはむしろ、ハーバーマスが言うであろうように、近代における価値領域の差異化であった。こうした差異化という経験こそがアンチノミー論の社会的・歴史的基盤であったように思われる。その差異化の経験の故にこそ、これは理論的－思弁的領域と実践的－道徳的領域の差異化として表現されるのであるが、理論理性のその限界を超えた使用がアンチノミーに導くという議論構成を必要とさせたのであって、内面性に置かれた自由を科学が浸食することへの近代市民階級の恐怖という点は関係ないように思われる。たとえ、アドルノの先の解釈が正しいとしても、カントの理論構成は決してそれにつきない意義を持っており、近代における価値領域の差異化という、アドルノが言うのとは異なる社会的・歴史的事態を表現していたのである。

アドルノは「自由ははじめから抽象的主観的に考えられていた。そのために、社会的客観的傾向に手もなく引き渡されてしまった。自由の理念が人間に対する威力を失ったのはこのためだ」(ND, S. 215/261 訳は私訳)と言う。なるほど、自由のカントの定式が抽象的であり、このために社会的客観的傾向に手もなく引き渡されてしまったということがあったのだとしても、このことからカントが眼にしていた自由が抽象的・主観的であり、もっぱら内面性の領域に置かれていたということが出てくるわけではない。

カントが想定していた自由の領域は、つまり道徳性の領域は相互人格性の領域だったのであって、それ故にこそ、カントが公共性という形で政治を道徳化しようとすることも可能であったわけである。(9) カントの道徳は従って公共性の概念と決して無縁ではない。道徳それ自身が間人格性の領域においてのみ成り立つ。それは決してもっぱら内面性の領域の内に置かれた意志の自由ではなかったのである。カントにとっては、道徳の領域は自然科学的認識の対象へ還元されることのできない領域であった。あるいは、それは主観による客観認識のモデルによっては捉えることができない領域であった。私見では、カントが見ていた経験はアドルノにおいて既に忘却されているのである。アドルノによれば、カントの自由のテーゼの動機となったのは、人格の内面的価値の増大への期待である。表現上、人格の内面的価値は、アドルノが言っているようにモナド的個人の内面性の価値を意味しているように見える。しかし、そう見えるだけである。カントにあっては決してそうではなかった。ただ、カント自身の歴史的経験が非歴史的カテゴリーという衣装をまとって現れたのである。けれどもアドルノは、カントの自由のテーゼの動機を内面性、人格、つまりはモナド的個人の内面性の内に位置づける。このことがカントを論じる際のアドルノの解釈図式の一端を露わにしている。

さて次に、カントの第三アンチノミーをアドルノがどのように扱うかを、もっと詳しく見てみよう。第一のテーゼは「意志は自由である」であり、第二のテーゼは「意志は自由ではない」である。アドルノはこのアンチノミーの社会的基礎は社会の非和解性・敵対性であり、その経験であると語る。「不幸は……自由な人間がもはや悪である必要のないような世界……がまだ存在しないという点にある」(ND, 218/265)。ということは、われわれの現存社会は自由な人間、つまりは内なるものと外なるもの、主観と客観の宥和を体現しているような人間・自由な人間が悪であるような社会だということである。すなわち、われわれが生きている現存社会では内なるものと外なるもの、主観と客観が和解されていない状況が支配している。こうした状況下では、自由を求める個人の行為がむしろ逆に個人の自由を抑圧する社会連関をそれと意図せずにいっそう押し進めてしまうという反転が展開されてしまう。主観と客観の分裂状況では、個人は自由を求めて自らを社会から切断しようとする傾向を持つ。このとき、個人は自己の内面に引きこもり、内面の充実に対して過大な期待を抱くようになる。すると、内面は内面性を制限する全体に対し対立することになる。現存社会では、その非和解性のために、自由への道は閉ざされているが、このような社会状況では、自由はただ自由へと至る道が閉ざされている歴史の集結点としての一瞬の自発性として現れる(Vgl. ND, S. 218/266)。けれども、諸個人が内面の自由を求めてモナドたろうとする限り、社会の盲目化連関はいっそう強固なものとして再生産されるのであった。ここには反復の神話的力が働いている。思考は神話的な反復の力に囚われて、それが逃れようとする社会の強制連関をいっそう強固なものとして再生産する。確かに、このような状況にあって、神話的な反復の力から脱出しようとする思考に要求されるのは、自らへの省察であろう。この省察を欠けば、思考、個人の思考は歴史的状況の無反省な関数となろう。しかし、ここで問題なのは、このことではない。アドルノは、第三アンチノミーの社会的基礎を解読して、それを社会の非和解状況を表現しているものとした。アドルノは矛盾をはじめから手続きのせいにしてはならないと言う（Vgl. ND, S. 238/291）けれども、逆に、矛盾をすべてはじめから事象の矛盾にしてはならないとも言うことができる。矛盾が手続きに由来するのか、事象に由来するのかは、矛盾が論定される具体的な文脈の分析をまってはじめて言えることである。もし矛盾（今の文脈ではカントのアンチノミー）がもっぱらアドルノが言う意味での事象に由来するのではない別の意味を持つならば、このときには、その矛盾をはじめから事象の矛盾として解釈してしまうことは、その別の意味を完全に看過してしまうという事態を惹起するであろう。そして、私見では、カントのアンチノミーは単に事象の矛盾に由来するのではない別の意味を持っているのである。（この別の意味とは、既に触れた近代における価値諸領域の差異化を言っている。）以上のカントのアンチノミーに対するアドルノの解釈は、意志の自由を主観の内面性のうちにあるものとし、こうして事柄をもっぱら主観－客観図式のもとで見ている、という特徴を持っている。

アドルノは、カントの因果性概念について、カントは因果性を悟性のカテゴリーとすることによって因果性を理性に内化した、と言っている。すると、因果性それ自身は本来対象や対象相互の連関のうちにあるというより、思惟の中にあることになる。カントにあって、因果法則は対象については何も語らない。それ故、アドルノは因果性を純粋悟性概念へと拡大することは因果性を否定することだ（Vgl. ND, 246/301）と語る。ここに既に、カントに対するアドルノの解釈枠組みが主観－客観図式であることがかいま見える。アドルノはこの図式を前提した上で理性を主観の位置に置き、それに対象を相対させている。

アドルノは、カントの超越論的観念論は絶対的同一性を措定してはならないという禁令を含んでおり、認識論は無限の内容が理性それ自身の規定から獲得されるかのように振る舞ってはならない、この禁令を犯すものは矛盾に陥ると言うが（Vgl. ND, 244/299）、このアドルノの言明はカントの意図を正確に要約している。しかし、アンチノミーはカントにとって不可避でありながらも、アドルノの見るところでは、カントはそうした矛盾を超越論的分析論において未然に防ごうとし、単に概念の誤用から生じるものとしてしまう。アドルノは、こうして、カントはアンチノミーを単に概念の誤用から生じるものとすることによって、その矛盾を回避しようとしたと解釈する。

しかし、それにしても、カントにおいて英知的性格ないし英知的なものとは何を意味していたのだろうか。この点に若干立ち入ってみたい。カントは『純粋理性批判』において、感性界に属するものとしての主観に経験的性格を認め、同時に、この同じ主観に英知的性格を付与している。性格とは原因の原因性の法則のことであるが、主観は英知的性格において自由である。経験的性格は現象としての私であり、英知的性格は物自体としての私である。(10) 結論を先取りして言うなら、私はカントが言う英知的性格は、生活世界におけるわれわれのありふれた経験の事柄であることを、奇異でも奇跡でもなく、「知っている」のある意味でわれわれがよく知っている事柄であることを示したい。アドルノは、カントの英知的性格を経験から、従って自然から絶対的に切断され、自立化された抽象的統一と解していた。

われわれが（日常的）生活世界において、何かの行為を遂行するとき、それがある個人の単独の行為であれ、諸個人の相互行為であれ、そのように行為しているのは、行為の主体である私であることを了解している。確かに、自らを対象化し、対象（Gengenstand）として定立して、それを研究し認識しようとすることがある。この場合、われわれは社会学者あるいは言語学者のように振る舞っており、われわれは対象（カントの言葉では、現象）に対して認識的態度を採っているのである。（カントの場合では、この時、対象化された私は現象としての経験的自我となる。）もしわれわれがそうした対象認識をカントに倣って経験（Er-fahrung）と呼ぶならば、われわれは対象に関して認識＝経験を行っている。このことはわれわれが自らを対象化して、その対象化されたもの（つまり私）を認識する場合のみならず、自然過程・自然物、社会過程・社会的なものを認識しようとする場合も同様である。われわれはこの時対象から何かを被っている。しかし、すべての場合がこの対象認識の論理によって理解できるわけではない。われわれは対象認識ではない様々な行為を遂行するのであり、その場合、われわれにあって、その行為を遂行しているのは私であるという了解が成り立っている。もし「知識」という語を対象認識において得られる結果のみを意味するものとして使用するなら、この場合には、行為を遂行しているのは私であるという了解は知識ではないことになる。そうではなく、もし「知識」という語をそうした反省的了解を含むように拡大するなら、その反省的了解を反省知と呼ぶこともできよう。しかし、この場合、この反省知は経験の先に述べられた意味での経験的知識ではない。重要であることは、われわれの行為遂行において、その反省的了解が絶えず働いていること、語られた反省的了解はわれわれの行為遂行に絶えず随伴しているということである。この反省的了解は、具体的に現存する感性的な人間の行為遂行なしには成立しないが、逆にそうした反省的了解がなければ、すなわち成立しなければ、私の行為は、物体の運動と同じものになってしまう。実はこのような反省的了解は対象化されたものに対する認識においてもやはり働いている。というのはそこでは、認識を遂行しているのは私であるという了解がつきまとっているからである。

先に述べたようにこの反省的了解は、主観の客観に対する認識という意味での経験、あるいは主体の対象に対する目的の対象化的行為と同一化されることはできない。このことが意味するのは、行為主体の反省的（自己）了解は主観‐客観図式の元での主観の客観に対する振る舞いの論理では決して捉えられない、ということである。というのは、反省的了解にあっては、私は私を対象として措定してそれに対して反省という認識を行っているのではないからである。

H・ハイゼムートは次のように述べている。

自我の自己所与性においては、われわれは自発性そのものを、明瞭にしかも直接的に意識している。ここにおいてわれわれは、何らかの述語を通じてはじめて、自我を思惟するというのではない。述語というものは、あらゆる能動性の結果にすぎないからである。《あらゆるものは、述語を通してのみ思惟される。ただし、〝自我〟はそうではない。》《何ものかが主語であって、他の何ものかの（印象 apparentia という意味での）述語ではない、ということをわれわれが認識しうるのは、活動そのものを表す〝自我〟という言葉（verbum activum, Ich）を通じて、それゆえ意識を通じてのみである。》したがってこの場合、われわれは、感受的受容的存在者なのではない。われわれは、英知的なもの、知的なもの（intellectuales）として存在しているのである。(11)

もとより、ハイゼムートのこの発言は前批判期のカントに関するものであって、自己直感について述べられているのであるが、批判期では、「自我が自己を把握するときには、実体的なものそのものが把握されている」という主張は否定されていると言えよう。つまり、自己直感によって実体が把握されているという考えは否定されるが、しかしこの自己把握の内実は、カントにおいて完全に消え去るわけではない。私は（自分の）自我を経験的認識の対象として認識するのではない。私は自我をいわば直接的に意識する。このことが意味するのは、私の何らかの行為遂行において、ハーバーマスの言葉では遂行的構えにおいて、私は自分の行為を了解し、また行為しているのは自分であることを了解するということである。対象化された自我に対する経験的認識とは区別される自我の自己把握の仕方がある。この了解は経験的認識ではないのである。[12] カントはそうした反省的了解及び反省知を「知的なもの」ないし「英知的なもの」(intellectuales) というミスリーディングな用語で呼んでいた。ミスリーディングだというのは、この語はかの反省的了解ないし反省知を具体的感性的人間から分離された抽象的作用のように考えるよう人を誘う傾向があるからである。

この反省知は、『純粋理性批判』では、超越論的統覚としての「我思う」として現れる。主観が、把捉の綜合であれ再認の綜合であれ、何らかの綜合を遂行する時、この綜合を遂行しているのは私であるという了解が伴う。

同じことは、例えば「痛み」の場合にも成り立つであろう。ウィトゲンシュタインによれば、私は痛みをコインをポケットの中に所有するように所有するのではない。[13] ストローソンは、例えば、欲求や嗜好について、それらは大部分われわれそのものである (To a large extent they are we) と言う。[14] もとより、痛みは私そのものなのではなく、痛んでいるのは私であり、欲求や嗜好は私そのものではなく、私が欲求や嗜好を有するのだとも言えるが、ストローソンの言い方にも真理性の契機がある。私が痛んでいるとき、痛んでいるのは私であって、その痛みは私の痛みだということを、私は「分かっている」という意味において了解している。（私は何も私を観察してその結果私が痛んでいることを知るのではない。欲求や嗜好についても同様である。）もし痛みがないなら、私は痛んでいるという了解はないだろうが、逆にもしこの了解が成立していないならば、私は痛んではいないであろう。

ともあれ、英知的性格あるいは英知的なものとは、「知っている」のある意味においてわれわれがよく知っている事柄である。それはだから極平凡な事柄であって、それ故、自己への反省的了解は人間においてのみ成立することではなく、むしろ、「英知性の概念はすでに、生物の振る舞いにおいて示されることができるものに基礎付けられているのではないか」[15]。この平凡な事柄は、苔や大腸菌ならいざ知らず、既に一定の高等動物において成立しているものである。また、われわれはクイズに答えたり、チェスをするコンピュータについて、この（反省的）了解が成立していないことを知っている。もし、コンピュータにあって、今自分はチェスをしているという了解が成立するならば、コンピュータは、理性的存在者たる人間と同じく、善なる行為ばかりではなく、悪なる行為を行うこともできるようになるだろうし、コンピュータは悪への性癖を自ら形成することもできるようになるであろう。というのも、コンピュータはこの場合自由であるから。カントにとって、人間は自分を表象することができる存在であるが、この場合には、コンピュータも自分を表象することができるであろうし、人格を有するであろう。人間において、今この行為を遂行しているのは私であるという自己把握（カント言葉では、表象）が成立しているからこそ、彼は別の行為を遂行することもできるのである。われわれが未だ理解していないのは、とりわけ人間においてこの自己把握が如何にして成立するのかという点である。

カントの言う目的の国としての英知界もまた、主観－客観図式では捉えることのできない領野であった。それ故、私は英知的なものによって、主観－客観図式では捉えることのできないものを意味すると解釈する。ところが、アドルノは、カントの理説のうちに、かれが英知的性格を、彼の思考への主観－客観図式の強い拘束の下で、客観、すなわち現実から分離・独立した抽象的統一として把握したために、それは一方で非実在でなければならないのに、他方では、それは実在でなければならないという矛盾を発見し、フロイトの深層心理学を援用して、英知的性格を内面化された社会規範としての超自我と同一視する。けれども、英知的性格を超自我として解釈する必要はないのである。

4　カントの二分法的調停——むしろ近代における価値領域の差異化

カントは『実践理性批判』のなかで、次のように述べた。

> この法則〔自然必然性の法則〕は不可避的に、その現存が時間のうちで規定可能な諸事物の一切の原因性にかかわるから、もしこの法則が、それに従ってこの事物それ自体の現存をも表象しなければならないような種類の法則であるとすると、自由は無意味で不可能な概念として斥けられなければならないであろう。したがって、自由をなお救おうとすれば、残された道は、時間のうちで規定可能な限りでの事物の現存を、したがってまた自然必然性の法則に従う原因性をたんに現象に帰し、自由をしかし物自体そのものとしての同じ存在者に帰する以外にない（KpV, 220/242）。

自由を救出するために、カントは自然必然性の法則に従う原因性を現象に帰し、自由を物自体としての存在者に帰する。これがアドルノがカントの二分法的調停と呼ぶものであった。つまりカントは一方で事実性・自然性と他方で英知的なものとの矛盾・葛藤を、この矛盾・葛藤を考え抜く代わりに、それぞれを別領域に割り当てることでことをすませてしまったというのである。ここで、別領域とは一つには現象であり、一つには物自体である。

（しかし、もし例えば現象―物自体という概念対を廃棄してしまうなら、カントの言われるところの二分法的解決も廃棄されてしまうであろうが。）

けれども、カントのそうした「二分法的調停」にもある意味がある。第一は、アドルノが語っていたことであるが、自然は一部は構成されたもの、経験の総括概念であるが、他方では自然は物自体として存在根拠であるという「自然」の二義性に関係している。これによって、物自体も自然であれば、現象の原因としての物自体という概念を廃棄しても、自由の領域を一つの自然の領域とすることは可能であろう。この場合には、自由の領域は自然（カントの用語ではないが、人間的自然）の領域となるだろう。英知界は自由の領域である。

第二に、カントは英知界によって、この人間的自然の領域を、理性的存在者たちの目的自体としての相互承認という媒体のもとでの彼らの行為の圏を開いたのである。アドルノは言うカントの二分法的調停、すなわち自然因果性を現象に割り当て、自由を物自体の領域に割り当てることには、そうした行為の圏を開くということが含まれている。アドルノではこの間主観性の領域が意識哲学のパラダイムのもとで完全に消え失せてしまっており、矛盾・葛藤はモナドと解された純粋存在と事実的なものとの矛盾・緊張とされてしまっている。矛盾・葛藤について語るのであれば、私見では、カントが開いた地点（かの行為の圏あるいはその理念）から後退することなく、その行為の圏と感性界との矛盾・葛藤について語るべきである。カント自身はこの行為の圏、つまりは英知界と感性界の綜合を構想した。この綜合は、カントにとっては、その実現に如何に長い時間がかかろうとも可能であった。それ故にこそ、カントはその可能性のために、実践理性の要請としての心の不死について語ったのである。(16)

けれども、カントが言う感性界がその歴史的な一層の展開において、英知界、すなわちかの行為の圏を解体し始め、それ故にかの行為の圏と感性界が相互の矛盾・葛藤の内に入り込み、解体されてしまったかの行為の圏がそれを無効にし解体した感性界の歴史的傾向に対して、それへの対抗において再生するということもあり得よう。カント自身はそうした矛盾・葛藤を想定することはできなかったが。

ともあれ、アドルノがカントの二分法的調停と呼ぶものは、（対象）認識の領域と間主観的関係の領野としての実践理性の領域の近代における差異化を表現しているのである。すなわち、（自然）認識の場合、認識の対象は因果性によって規定されており、他方、実践理性の領域は自由の領域である。ただ、この差異化を「現象」と「物自体」によって表現する必要は何らないであろうが。

5 体系のほころび

カントでは、実際には、既に見たように、感性界も英知界も自然であり、両者の綜合としての目的の国や最高善もそれぞれ自然であり、感性界は自然的であると同時に経験的であるから、カントは経験的なものと自然的なものとを同一視しておらず、従って、カントにあって、自然という点からして、英知界と感性界は絶対的に分離しているとは言えないと思われるが、アドルノは、彼の自然史の考えをカントに読み込むために、経験的なものを自然的なものと同一視し、かくて英知界を超経験的＝超自然的なものとして解釈し、これによって英知界と感性界を絶対的に分離しているものとしてしまう。

アドルノは、以上のように、カントでは英知界ないし英知的性格を感性界、幸福から絶対的に分離していると理解するが故に、カントは英知界と幸福を綜合する段になると、英知的領域を経験的自然的領域とは絶対的に異なるものとは考えないことを甘受すると語った。けれども、そもそものはじめからカントは両者を絶対的に分離しているとは考えていなかったとすれば、以上のアドルノの議論は成り立たなくなろう。

カントは自由を救済するために、現象とは区別される物自体の領域に自由を置いた。カントの体系構成からすれば、時間・空間は現象についてのみ語ることができ、物自体については語ることができないはずであり、それゆえ物自体としての仮想的主体は時間・空間の外に存在することにならざるを得ない。この場合、そのように時間・空間の外にある存在者が時間・空間的な世界に働きかけることはいかにして可能なのか。だから、カントは彼の体系によって禁じられているものを求めざるを得ない。これがアドルノがカントに論定したアポリア・パラドクスであった。確かに、私見では、アドルノのこの指摘は正当であって、それは体系のほころびを示している。この事態は時間・空間の概念の変換を要求するように思われるが、その際手がかりとなるのは、英知界もまた自然であるという点であろう。

6　実践理性と伝統の墨守

アドルノはカントに道徳的なものの無謬性の主張を帰し、しかもカントの実践哲学を閉鎖社会としてのシステム社会という文脈において解釈し、この点から、（カントの）実践理性の優位の主張はシステム社会を持続させる機能を果たすのであり、実践理性の優位の主張は「伝統を墨守する場面でしか当てはまらない」と語った。

アドルノには、カント読解に際して、カントの理説を社会・歴史的状況において解釈するという観点があるが、私は、その際アドルノにはそれにもかかわらず特有の非歴史性があると語った。この特有の非歴史性にあっては、歴史的時間の位相が消失して、異なる歴史時代に属する事柄が同じ時間の平面内に現れてくる。私見では、システム社会、これは階級社会からのそれへの移行として歴史的に生成したものだが、このシステム社会の反復的循環の論理がアドルノの思考の目を、換言すれば、彼の解釈図式を形成している。ここでは、新しきものは古きものに対して新しきものである。それゆえ、新しきものは古きものとは違っている。けれども、新しきものは同時に古きものの反復である。このような仕方で新しきものは、古きものが果たしていたのと同じ機能を、つまりシステム社会のシステムを再生産する機能を果たすのである。[17] こうして、アドルノはカントの実践哲学を近代において生成しつつあった近代社会のうちに位置づけて解釈するとともに、他方ではその同じカントの実践哲学を、それ以後に生成した閉鎖社会としてのシステム社会のうちに置いて解釈した。

アドルノが、閉鎖社会においては実践理性の優位の主張は伝統を墨守する場面では働かないと論定する論拠は、道徳的なものは社会の実質から絞り出されて来るが故に道徳的なものの無謬性の主張はその社会を存続させる機能を果たすというものであった。カントでは、実践理性は理論理性に優位し、この優位の元で理論理性は実践理性に服属されると主張されるが、この実践理性の優位について、アドルノは「理論に対する実践理性の優位……は伝統を墨守する局面にしか当てはまらない」(ND, S. 241/296) と言う。しかし、どうしてそのようなことが言えるのか。「道徳の無謬性」とは何のことか。先のようなアドルノの言明に対して、われわれは何を言うことができるのか。アドルノによれば、主観的観念論者が道徳に帰した無謬性は閉鎖的社会を存続させる機能、少なくともそのような社会に閉じこめられている意識に閉鎖的社会という仮象を与える機能であった (ND, S. 241/296)。アドルノのここでの議論は次のように再構成される。道徳の無謬性という観念は閉鎖的社会の反映である。この観念は伝統の墨守という機能を果たす。ところで、理論理性に対する実践理性の優位によって実践理性に無謬性が帰されているのだから、それは伝統の墨守という機能を持つ。閉鎖的社会とは何らかの同一性が支配している社会であろう。道徳性が無謬的なものとして立てられると、この道徳の無謬性はその同一性を維持する機能を果たすということになる。けれども、このような議論は、理性的存在者たちのかの相互行為の圏、目的自体としての人格の相互承認を媒体とする彼らの行為の圏を念頭に置くなら、この行為の圏はアドルノの視野から完全に脱落しているのであるが、成り立たなくなるはずである。（人格の目的自体としての相互承認は諸理性的存在者たちの間にある関係態を産出する。）

閉鎖社会としてのシステム社会においては、システムを織りなすあらゆる要素、すなわち人間行為はシステムの維持と再生産のための機能を果たしており、反抗者の行為もシステムの再生産の論理に取り込まれる。してみれば、あらゆる人間行為はシステム維持と再生産のための手段と化している。それ故に、カントの実践理性はそうした、内閉としてのシステム社会に対する批判の意味を持つはずである。というのは、閉鎖社会としてのシステム社会は手段的世界であって、そこでは人間たちの生活世界が資本蓄積の手段となっているからである。

カントによれば、超感性的自然である悟性界（英知界）は経験的条件から絞り出されたものではない、あるいは感性的自然に属しているものではない。むしろ逆に、カントでは、感性界が悟性界の形式を内化するという形で感性界と悟性界は綜合されなくてはならないのであるが、悟性界は経験的感性的ではないもの、すなわち道徳法則に起源を持つからである。アドルノは道徳を既存の社会から絞り出されたものとし、それ故に道徳法則の絶対化は伝統を墨守する場面でしか働かないと述べた。少なくとも言えることは、こうしたアドルノの主張は必ずしも成り立つわけではない、ということである。というのは、カントの意味での道徳法則がそれを否定するように運動し、形成されている社会システムに抵抗し、それと抗争関係に入るということもあるからである。

私見では、新自由主義及び新自由主義的グローバリゼーションがもたらした世界においては、カントの道徳法則はこの世界の有り様に対抗し、批判し、別の世界を産出しようとする運動の内でその生命力を発揮しうる。それはこの別の世界の本質的な条件となるものである。というのは、新自由主義的グローバリゼーションにあっては、人間たちの物件化という意味での物化、並びに、人口の多くの部分の生活条件の弱体化が進行し、彼等の幸福追求の条件が解体されていっているからである。カントの言葉では、最高善こそが追求されなくてはならない。(18)

7　自由の強制的性格

アドルノはカントの自由が内包する強制的性格について語った。アドルノが語ったことをまとめてみよう。

① 自由はただ具体的非自由を否定する場合にのみ把握されるのに、カントは自由をそのような媒介なしに積極的に立ててしまうために、虚構（als ob）になる。

② 人間は自由の理念のもとでしか行為し得ない存在者であるとされるが、他方では、人間はどうしても現実的な人間でなくてはならない。アドルノはこれを（カントにおける）自由のアポリア的性格と呼ぶ。

③ カントは自由の理念とこれとは両立し得ない現象界とを一体化させようとするが、そのためには強制以外にない。自由からの原因性が自由を損ない、つまり否定しそれを服従に化す。(19)

④ カントは強制なき自由には耐えられない。カントにはアナーキーに対する不安があり、だから、無情に罰するという欲求がある。

⑤ カントの定言命法は他者の自律を踏みにじる。というのは、定言命法の実質である他者は自律的な主体に

とっての手段として現れるからである。

このようなアドルノの議論はすべて、次の前提に基づいている。

前提1　カントの理性は、あるいはカントの主観は他から絶対的に孤立したものである。

前提2　カントの理性は、あらゆる実質、すなわち、経験的なもの＝自然的なものを捨象した純粋な人格的統一である。従って、この人格的統一は超自然的である。

けれども、既に述べてきたように、こうした諸前提は成り立つものではない。こうした諸前提が成り立たないとなれば、先のアドルノの議論も成り立たないということになろう。しかし、私はここで、何故アドルノが前提1ととりわけ前提2をカントに読み込んでしまうのかを問題としてみたい。私見では、それは硬化した人間の歴史としての自然史の概念に関係している。前提2をアドルノが使用している語を持って言えば、それは精神と自然との二元論ということになる。精神はそれが自然支配の主体となるためには、自らを自然から自立化させなければならない。この時、自然支配の主体である精神は自らを自然から自立化したものとして非自然化する。アドルノはカントの理性を自然支配のカテゴリーとし、定言命法もまた規範に変えられた自然支配のカテゴリーに他ならないと述べていた。理性のカテゴリーによる自然支配が絶対的自明なものとされていると言われた。つまり、アドルノはカントの理説を、『実践理性批判』で展開された理説をもっぱら精神による自然支配の文脈で理解しているのである。アドルノは次のように言っている。カントは自然支配の原理としての精神を人間における自然の自己省察として弁証法的に媒介することが出来ずに、この精神を、あたかもその支配の原理が、独立した原理であるかのように、いわば思慮を失って、盲目的に絶対化するほかはない（PM, 156/177）。

しかし、自然から自立化した精神が盲目的に自然支配を絶対化するとき、精神はそれ自身が一種の自然となり、人間の歴史は硬化した自然史となる。それ故、

社会化が人間と人間関係の直接性の全契機を容赦なく我がものにするにつれて、社会の複雑な仕組みが生成したものであることを思いだすことはますます不可能になり、自然という仮象はますます抗し難いものになる。人類の歴史が自然から遠ざかるにつれて、この仮象はさらに強まり「自然」がこの囚われの身を示す不可抗的な比喩となる（ND, 351/434）。

このように、アドルノは、カントの理説をアドルノの意味での自然史の概念を背景において解釈し、その自然史の概念をカントの理説のうちに読み込んでいるのであり、それ故、アドルノのカント読解では、カントの主観は絶対化された精神、つまり自然から自立化された精神となる。それ故にこそ、アドルノは、カント解釈に際して経験的なもの＝自然的なものとし、カントの主観、理性を自然から自立化した、この意味で、超経験的であるだけではなく、超自然的なものとして解釈したのである。[20] しかし、既に見たように、カントに関して経験的なもの＝自然的なものとし、カントの主観や理性を超自然的なものとする解釈は正確ではない。というのは、カントにおいて、例

えば理性は自然素質の展開としてそれ自身自然なのであり、感性界が感性的自然であるように、悟性界（英知界）もまた自然、超感性的自然とされていたからである。アドルノがカントの法則、強制、尊敬、義務といった概念のすべてが抑圧的であると論定したのは、アドルノが定言命法と（現実の）人間との間に絶対的分離（一方は感性的＝自然的、他方は非感性的＝非自然的として）を見たからである。この溝を埋めるためには、かの諸概念は抑圧的なものであらざるを得ないというわけである。しかし、この絶対的分離はカント解釈として成り立たないであろうし、またそうであれば、カントの実践哲学における「法則、強制、尊敬、義務といった概念のすべてが抑圧的である」という結論も出てこないことになる。

しかし、それにしても、アドルノが「自然支配の原理としての精神を人間における自然の自己省察として弁証法的に媒介することができずに、この精神を、あたかもその支配の原理が独立した原理であるかのように、いわば思慮を失って、盲目的に絶対化するほかはない」と語ったことがやはりカントにおいて生起しているのではないだろうか。つまり、カントは理性と自然とを、アドルノが言うように、絶対的に分離したものとして捉えたがために、これまたアドルノが言うように、理性はそれ自身一種の自然と化し、それ故にカントにおいて理性は自然でもあるとされたのではないだろうか。

しかしながら、この議論は、カントの理性を非自然的なものとする解釈を前提としている。この前提がそもそも成り立たないのである。というのは、カントにあって、理性は人間の自然素質の展開であり、かかる意味で自然であるからである。カントでは、理性的存在者である人間は自然、理性的自然である。

8　まとめ

アドルノのカント解釈は私には極めて強圧的であるように見える。アドルノはカント哲学にそぐわない枠組みから、その枠組み内でカントの哲学を構成してしまっている。それ故、アドルノが描くカントの哲学像とカントその人の哲学像の間には本質的なズレがある。けれども、事柄はこのズレを確認することが私の目的ではない。私の目的はズレを一層展開することによって、アドルノの語る自然史の概念を一層展開することである。そのために、私はここで以上の議論のまとめを行い、以下の議論の出発点を確定しておくことにしたい。

① アドルノは、カントの道徳説を人間の自然史の中に位置づけ、それを人間の自然史を表現するものとして解釈した。それ故に、アドルノはカント的理性を、英知的なものとして、自然から絶対的に分離し自立したものとした。このとき、理性はアドルノからすれば、それ自身自然化してしまうのであった。しかしながら、カントには、アドルノがカントを批判して対置した観点、すなわち、理性と自然は切りはなしえないこと、換言すれば、人間は自然を超えた自然であるという観点が見出される。これは人間は人間的自然（カントの言葉では理性的自然）であるという観点である。カントにおいて、歴史はそうした人間的自然の歴史であり、それ故、カントには自然の人間的歴史の観点が見出される。

② アドルノのカント読解に際しては、主観－客観図式の支配が認められる。これはカント批判に際するアドルノのメタ哲学の一部をなしている。これは別の言葉で言えば、意識（主観）哲学のパラダイムである。しかる

に、カントには主観哲学突破の方向性が認められる。これはアドルノの思考を破壊する潜在性を持っている。
③　アドルノの思考の基底には、システム社会の構成論理が据え付けられている。アドルノのカント批判では、カントの道徳説はこのシステム社会の維持機能を果たすものとして解釈されている。システム社会はとりわけ戦時体制及び戦後のフォーディズム時代に成立した。しかしながら、新自由主義及び新自由主義的グローバリゼーションの展開は、フォーディズムに基づく社会の構成論理をある仕方で突破した。この事態はアドルノの思考に据え付けられたシステム社会の構成論理を相対化させるが、この点は更に新自由主義的グローバリゼーションがアドルノの語る自然史の新たな展開ではないかどうかという問題に導く。（私見では、アドルノが語る自然史はシステム社会の論理に限定されている。）ところで、これまで立ち入る機会がなかったが、カントが構想した歴史、すなわち自然の人間的歴史はコスモポリタン的歴史でもあった。[21] こうした歴史観はアドルノを飛び越えて現代のグローバリゼーションに直接関係してくる。

以上の点は、アドルノの「自然史」の概念を（アドルノのカント読解に際するアドルノのメタ哲学、そしてこのメタ哲学はアドルノ自身の哲学である故に、アドルノの思考それ自身を破壊しつつ）、一層展開することへと導くことになる。

システム社会自体が歴史的かつ内的に変容して来たのであり、アドルノが言った敵対的かつ管理の全体性は内側から分裂し始める。この時、私見では、アドルノのカント読解の内で抑圧されていたカントの思考が変容した姿で現し、現状に対抗するに至るのである。

注

（1）カントの道徳哲学に対する道徳的個人主義としての解釈には批判がある。Cf. Katrin Flikschub, "Kant's Non-Individualist Cosmopolitanism", *Kant und die Zukunft der europäischen Aufklärung*, herausgegeben von Heiner F. Klemme, Walter de Gruiter, 2009.

（2）Cf. Eric Thomas Weber, *Rawles, Dewey and Constructivism On the Epistemology of Justice*, Continuum, 2010, chap. 4.

（3）このことは、アドルノの解釈図式が意識哲学のパラダイムであることを語っている。

（4）例えば、討議はいつも何かについての討議であって、それは常にその対象を持つからである。

（5）ここで「人間的自然」は、人間は自然存在であり、かつ人間としての、人間的な自然存在であるということを意味している。カントは「永遠平和のために　哲学的草案」において、権力者の交戦への傾向性といったことを「人間的自然（die menschliche Natur）」と呼んでいる。先の意味での「人間的自然」は、カントの「理性的自然（die vernünftige Natur）」に相当するであろう。人間はカントでは理性的自然である。

（6）この場合に自愛（Selbstliebe）は、私愛（Eigenliebe）とは区別され、理性的自愛（vernünftige Selbstliebe）と呼ばれる（Vgl. KpV, 193/188）。同じことは、自己の保存と安寧についてもなりたつ。カントによれば、幸福とは保存と安寧であるが、この場合保存とはアドルノの用語では、自己保存のことであろう。アドルノはカントの言う理性をこの自己保存に還元して理解する傾向があった。だが、自己保存のためには、理性や意志によるよりも、本能による方がよかったであろうとカントは言う。だから、カントが言う理性や意志をもっぱら自己保存の文脈で理解してはならないであろう。

（7）一層詳しくは、Christian Henning, *Der Faden der Ariadne Eine theologische Studie zu Adorno*, PETER LANG, 1993, 2. Kapitel: Adornos Kantkritik を参照。

（8）このシステム社会は戦時体制及び第二次世界大戦後のフォーディズムの時代における社会システムである。

（9）Vgl. J. Habermas, *Strukurwandel der Öffentlichkeit*, 12 Auflage, Luchterhand, 1981. S. 127（ハーバーマス『公共性の構造転換』細谷貞雄訳、未來社、一九七三年、一四三頁。）

（10）I. Kant, *Kritik der reinen Vernunft*, B567.

（11）H・ハイゼムート『カント哲学の形成と形而上学的基礎』須田朗・宮武昭訳、未來社、一九八一年、一七九頁。

（12）この点では、ハイデガーにおいて、道具的存在者との配慮的交渉には、それ固有の見方、すなわち Umsicht が備わっているが、これが例えば経験的認識における知とは区別されるのと同様である。

（13）Cf. M. Ter Hark, "The Development of Wittgenstein's View about the Other Minds Problem", *Wittgenstein in Florida*, Kluwer Academic Publishers, 1991.

（14）Cf. P. F. Strawson, *Analysis and Metaphysics An Introduction to Philosophy*, Oxford Uni. Press, 1992, p. 134.

（15）Volker Gerhardt, "Die Menschheit in der Person des Menschen. Zur Anthropologie der menschlichen Würde bei Kant", *Kant und die Zukunft der europäischen Aufklärung*, herausgegeben von Heiner F. Klemme, Walter de Gruiter, 2009. S. 270.

（16）この心の不死は、「世界市民的見地における普遍史の理念」では、世代間の啓蒙の伝達として現れる。

（17）『啓蒙の弁証法』では、神話は既に啓蒙であったが、啓蒙は神話に対して啓蒙である。しかし啓蒙はそれ自身において神話を反復し、それ故に、神話へと反転する。とはいえ、アドルノは他方、ベンヤミンの Vergängnis 概念を継承して、それがまた移ろいゆくことを視野の内に置いていたのだが。

（18）カントは『実践理性批判』の中で、われわれが物体を所有する、あるいは何らかの状態を所有することができるのは、それが最高善と調和している時である、と言っている（Vgl. KpV, 262/323）。それ故人間たちを単なる物件に還元したシステムの形成によるある人間たちの富の所有は、カントの立場からして、不正である。何かを所有することと所有するに値することとは違っている。

（19）アドルノは次のように言った。「定言命法と人間とのあいだの溝を埋めて自由に名誉を与えるために、カントが『実践理性批判』で提出した概念のすべて、たとえば、法則、強制、尊敬、義務といった概念のすべてが抑圧的である。自由からの原因性が自由を損なって、それを服従と化してしまうのである」（ND, 231/282）。

（20）もとより、こうした理性はアドルノによれば、それ自身一種の自然となる。

（21）Cf. Martha Nussbaum, "Kant and Cosmopolitanism", Garrett Wallace Brown, "Kant's Cosmopolitanism", *The Cosmopolitanism Reader* eds., Garrett Browan and David Held, Polity Press, 2010.

第五章　自然・経験・社会・歴史

1　二つの意味での自然史

私は、以下においてカント哲学から、まずカントの歴史構想をあらためて取り出してみたい。カントの歴史構想にあって、歴史（人間の歴史）は理性的自然（人間的自然）の歴史である。人間の様々な才能は人間の自然素質であるが、人間にはまた理性の使用に向けた自然素質が備わっている。歴史はこうした自然素質の発展であり、とりわけカントでは、歴史において最高善が実現されていくとされるのである。たとえ、その実現が遠い将来のことであるとしても。カントにおいては、道徳が自然（と社会）の領域において実現されるべきとされ、道徳に適合して経験的秩序が再形成されるべきとされるのであるが、こうした自然（社会を含む広い意味での）の再形成過程は歴史過程に置かれるのである。それ故、カントにおいて、歴史は社会を含む広い意味での自然の再形成の過程、それ自身同時に自然である最高善の実現過程である。最高善とは世界のある状態であるが、この状態の生成は、従って世界自体の変換の過程に他ならない。カントによれば、理性的存在者たる人間たちは最高善を促進し実現するように行為すべきである。かくて、人間の歴史は、カントにおいて、一つの意味での自然史、人間という自然の発展史になる。(カントでは)人間の歴史は自然史(あるいは自然の人間的歴史)である。カントの実践理性は単に形式的ではなく、ある実質的内容を有しており、それは目的の国、すなわち目的自体としての人間たちの相互承認の圏であり、最高善はこの圏と幸福との綜合である。だから、最高善というのは人間的自然(カントの言葉では、理性的自然)の形態である。

この意味での自然史は、もとよりこれは例えば「自然誌」のことではないが、アドルノが語る自然史とは意味が異なっている。アドルノでは、それ自身支配の原理である精神が自然から独立化してしまうと、それ自身が盲目の自然へと転化してしまうのであった。このことは社会という次元では、社会が、それが人間の社会であるのに、盲目的に運動するという意味で自然過程となってしまうということを意味している。アドルノの意味では、人間の歴史はこの仕方で盲目的な自然過程となるのであり、人間の歴史はこの意味で自然史となって現れる。この自然史的過程において社会は全体性(システム社会=閉鎖社会)社会となり、それは人間たちに対して自動的に運動するものとして現れてくる。社会過程が一種自然過程へと転化する。

これに対して、カントにあっては、人間(理性的存在者)は自然存在であり、「自分自身に対してある目的を設定するという点で、ほかの存在者から特に区別される」自然存在であって、このような人間が世界において最高善を彼らの行為において実現していく過程、これが人間の歴史であるが、この歴史は人間的自然の歴史としてそれ自身自然の歴史である。同じく「自然史」と言っても、カントの意味での「自然史」とアドルノの言う意味での「自然史」とは根本的に意味が異なっている。(カントは定言命法を定式化するときには、主体の客体に対する目的志向的行為の論理を捨象したが、最高善の歴史的実現を目的論的思考枠組みの中に置く。)

私は以下において、カントの意味での自然史（自然の人間的歴史）とアドルノの意味での自然史（人間の自然史）について語るであろう。アドルノは、カントの理説をアドルノの意味での自然史のうちに置き、その自然史と同化してしまったために、カントの歴史構想、（カントの意味での）自然史・自然の人間的歴史は、アドルノのカント読解ではそれとして現れることはなく、かくて抑圧されてしまったのである。これこそがしっくりこないもの、抑圧されたものとして、アドルノのカント読解のうちでなお存続しているものである。

とはいえ、以上のことは単に解釈上の不首尾の問題ではない。というのは、現実の歴史過程にあっては、カントの歴史構想（カントの意味での自然史）はそれとして実現されることはなく、むしろ、逆にアドルノの意味での自然史が現実化してきたからである。人間の歴史がアドルノの意味での自然史として実現されるというこの事態は、アドルノはヘーゲルの世界精神は自然史のイデオロギー（die Ideologie der Naturgeschichte）であると語ったが（Vgl. ND, 350/433）、ヘーゲルのうちに現れていた。アドルノはこの点について、「第二の自然としての精神は精神の否定であり、しかも精神の自己意識が自分の自然発生性に気付かぬほど幻惑されればそれだけ一層、その否定性は徹底したものになる。このことは、すでにヘーゲルの中で起きている。……支配が絶対的となり……歴史というもの、あるいはいつも歴史がそれだったとされる〈あるもの〉の解釈は、歴史のないものという性質を帯びてくる」（ND, 350/433）と語った。この事態はマルクス、ルカーチらによって捉えられた。人間の歴史が自然史として姿を現す中で、アドルノに至れば、社会が全体性として、自然の循環性として現れ、社会のこの把握が人間の歴史に投影されて、歴史自体が反復的・循環的なものとして現れてくる。アドルノにおいては、人間の歴史は以上の意味での自然史として現れるのである。

けれども、カントの歴史構想、すなわち、カントの意味での自然史（人間的自然の歴史、自然の人間的歴史）はアドルノの意味での自然史の勝利において、無化され、完全に消滅してしまうのではない。それはアドルノの意味での自然の勝利の中で抑圧されたものとして、それ故にまた批判し抵抗するものとして存続し続けるのである。(人間の自然史のなかで、外的及び内的自然に対する支配と抑圧が完結するが、アドルノは抑圧された自然の想起について語る。)

2　カントにおける自然

私はここでカントにおける「自然」の意味をあらためて分節化することから始めたい。

自然の意図

カントは、論文「世界市民的見地における普遍史のための理念(Idee zu einer allgemeinen Geschichte in weltbürgerlicher Absicht」(1784)において自然の意図について語っているが、『道徳形而上学の基礎づけ』においても自然の意図の観点が出ている。自然は幸福という目的の遂行者として理性を持つ存在者をあてがったことは拙策であったであろう、とカントは言う。自然は自然素質をあまねく分配したが、自然は自然素質の分配に際して合目的的に作業したのであり、自然は理性的存在者たちにその自然素質を分配する際に、ある目的を持ってしたのである。ここでは、自然が主語になっている。それは幸福を産み出すことではない。幸福が自然の本来の目的であるとすれば、自然は理性を自然のこの意図の遂行者として選ぶのはまずい措置だったということになろう。そうではなく、その目的は、理性の真の使用は手段として善い意志ではなく、それ自体において善い意志を生み出すことであった。カントが『道徳形而上学の基礎づけ』を書いたとき、「自然の意図」ないし「自然の目的」という考えが背後にあったのである。この点は、カントが道徳法則によって、これを判定基準として行為の格率を判定することについて語ったときにも、現れているものである。自然は人間に自然素質の配分を行ったが、それは合目的的なものであったのだ。カントは「理念」では、人間の場合、理性使用に向けての自然素質があると言っている。

形式的な意味での自然

形式的な意味での自然とは、普遍的法則に従って規定される限りの規則の総括を意味する。つまり、この場合、形式的な意味での自然というのは、規則（現象が従わなければならない規則）の総括である。

定言命法「汝の意志の格率が、つねに同時に普遍的立法の原理として妥当することができるように行為せよ」は道徳法則を表現するが、この場合の普遍的立法によって定立されるのは普遍的法則であり、そしてそれはまた行為の格率である。この法則に従って生起するもの、つまり行為は自然である。実践的法則とは道徳法則のことであるが、これについてもカントでは普遍的、自然的原理である。すると、道徳法則は自然原理であって、それによって規定される行為領域は自然であるということになる。

英知界ないし悟性界は自然である。そのほかに、経験的自然というのは、個人的傾向性のことであり、そして傾向性というのは感情的法則に従う自然全体である。傾向性の全体は（一つの）自然的全体を形成する。かくして、カントによれば、悟性界も感性界も自然である。悟性界は超感性的自然であり、感性界は感性的自然である。道徳法則というのは、超感性的自然の可能性の法則であり、経験的には全く認識不可能な自然の秩序を定義する。アドルノは、カントは経験的なもののうちに経験的なものと超経験的なものとを区別しているのだと語ったが、これは正確ではなかった。むしろ、カントは自然の内に経験的なものと超経験的なものとを区別したと言うべきであった。この場合、「自然」は広い意味で語られている。

他方、カントには次のような言い方がある。すなわち、実践的法則は自然法則ではなく、自由の法則である、というものである（Vgl. KpV, 186/173）。この場合、自然法則は自由の法則と対比されており、この対比の中で「自然法則」という語は使われている。この場合には、「自然」は「自由」との対比において用いられ、これは狭い意味での「自然」である。このように、カントにあっては、「自然」という用語は広い意味でと狭い意味の両方の使い方がある。

既に見たように、英知界も感性界も自然であり、目的の国もそれは英知界であるから自然であるとされた。カントによれば、純粋悟性界の模写が感性界のうちに現存しなければならないので、英知界ないし悟性界は原型的自然（natura archetypa）であり、感性界は模型的自然（natura ectypa）であった。

狭い意味での自然のなかに社会が暗黙の内に、すなわち、明示的に語られずして含まれている。広い意味では、つまりもっとも広い意味においては、自由の法則もまた自然法則だということになるであろう。広い意味では、自由の法則も自然法則となるというのは、それは一つの自然の領域を規定するからである。

自由の法則と自然の法則という対比においては、実践的法則である自由の法則は、その対比という文脈の中で、自然の法則ではないものとして現れると私は述べた。この議論文脈の中で、道徳法則によって規定された行為は同時に感性界にも属する。この場合、道徳法則が感官の対象において具体的に顕示される法則となっているのであって、これはまた一つの自然法則と言われる。これが道徳法則の範型であり、それゆえ、道徳法則の範型は感性界に属する。人間、理性的存在者である人間たちが傾向性を持つのは、社会においてであるはずであるが、カントでは、傾向性というものは感性界における自然機構である。

最高善は自然である

最高善が道徳と自然ないし自由と自然との綜合と言われる場合、自然のうちにはそれと明示的には語られないで社会が含められているが、「人間歴史の憶測的起源」（Mutmasslicher Anfang der Menschengeschichte（1786）」では、社会について明示的に語られている。カントによれば、理性がとる歴史的歩みにおいて、人間は自らが自然の目的であることを把握することになる。人間は自分の本性のゆえに特権を持つことを自覚する。すなわち、それは人間がすべての動物の上に行使する特権である。人間は、すると、他の動物に対してそれは人間と同等の被造物なのではなく、人間の意志にゆだねられた手段、道具であると考えるようになる。このことは、他のどんな人間についてもそのようであってはならない、という思想を含んでいる。「このことは、理性が将来に最初の人間との仲間に関連して意志に課するはずであった制限に対する予めの前もっての準備であり、この準備は愛著や愛情より以上に遥かに社会（Gesellschaft）の建設のために必要なものである(1)」。ここには、人間を目的とする自然の目的論的体系の思想が見られるが、この文脈で問題なのはこのことではなく、社会が明示的に語られているということである(2)。

最上善ないし道徳と幸福、個人的幸福及び普遍的幸福（一般的には自然。自然は暗黙の内に社会を含んでいる）との結合が世界のある状態としての最高善であった。『実践理性批判』において、最高善の実現可能性という文脈で、神が（信仰の事柄として）要請される。一つには、幸福、そして他は道徳性。これらの価値を含む全自然の原因がなくてはならない。全自然の原因と言うからには、それはその全自然とは区別されるわけである。カントは全自然の原因が想定されなければならないと言うのである。

両者の綜合は、結局のところ、この全自然の根拠、つまりは全自然の原因を根拠にしていることになる。自然の最上の原因とは全自然の原因のことであるが、これは神である。これはその実在性が主張されているのではなくて、その現存が要請されるのである。カントによれば、最高善は最高の英知の前提の下でしか思考することはできないがゆえに、神が現存するという想定は信仰である。最高善というのは、希望の事柄であり、われわれは最高善を希望することができるのであるが、それは私の意志が世界創造者、すなわち神の意志と合致することによってであり、それによってのみである。それゆえ、カントでは、希望と要請とは結びついている。

ここで人間にとって義務であるのは、世界において最高善を産出し、保証するように努めることである。かくて、「最高善を促進するように行為せよ（Act to promote the highest good in the world）」は歴史的命法（the historical imperative）になる。[3] 道徳と自然との綜合について語る場合、その自然に社会が暗黙の内に含まれているのである。このことは確かに人間及び社会がそれ自身自然存在者であり、自然（の一形態）であることを指し示すという利点を持っているが、他方、両者の種差が付けられないという不利点を有する。[4] そこで、次に、カントの議論の再構成として、一つの抽象的な点から人間及び人間社会と他の自然との種差について立ち入っておくことにしたい。

3　自然に対する内在的超越としての人間及びその社会

アドルノは『道徳哲学講義』の中で次のように語っていた。

自然を超越するものは、自己の自然に気付く自然である……。カントはこのことを一定の仕方で言い表しました。しかし同時にカントはそのことについて何も知らないのです。彼にとって理性のカテゴリーによる自然支配が、それ自体、絶対的かつ自明なものだからです。実は理性は自然支配のカテゴリーそのものなのです。カントが倫理学において提示するすべてのカテゴリーは、そもそも自然支配のカテゴリーにほかなりません(PM, 155/176)。

「自然を超越するものは、自己の自然に気付く自然である」ということは、自然はそれが自己が自然であることに気付くなら、そのことによって自然を超越している自然であるということであった。このとき、自然は己が自然であるということに気付くことによって、自然から独立し、自然の外に出てしまうという仕方で、自然を超越するのではない。この自然は自然でありつつ、同時にその自然を超越する。これは自然に対して外在的な超越ではなく、自然に内在する超越、内在的超越である。ここに言われる内在的超越は自然が自己が自然であることを反省的に了解するということであり、自己が自然であることを反省する自然は、そのことによって単なる自然ではなく、自己を反省する自然という意味で単なる自然を、例えば、素粒子やクオークのような自然を超える、にもかかわらずそれ自身自然である自然である。

この自己への反省的了解はカントの英知的なものの概念のうちに含まれていたものである。すなわち、ある行為を遂行する人間主体はその行為遂行において、行為を遂行しているのが自分であることを、更に自分が如何なる行為を遂行しているかを反省的に了解している。この反省的了解は、自己が自己の外に出て、自己の外から自己を観察することではない。もしそうなら、それは内在的超越ではなくて、単なる超越であろう。行為主体はその行為遂行のただ中で同時に自分自身を反省している。人間、カントの言葉では理性的存在者としての人間はこの意味で英知的存在である。ところが、アドルノはカントの英知的なものを、更にカントの実践理性を、自然に対して絶対的に分離した存在、従って規範に変えられた自然支配の原理と同一視してしまった。これはアドルノが（カントの実践）理性を自然を内在的に超越する自然として捉えるのではなく、単なる超越として捉えてしまったからである。人間が英知的存在であるということの意味は、人間は自然に関して、自然から分離・独立した、この意味で自然に対して単なる超越である存在であるということではなくて、自然に内在しながら自然を超越する存在であるということである。

自然の一部としての人間と社会の見方・人間対自然という見方

アドルノの考えでは、人間は自分を自然と認識する自然であり、人間が自らを自然として認識するとき、人間は自然でありながら、単なる自然ではない。人間が自然を超える自然であるということは、アドルノのカント解釈に反して、カントでも同様であった。

ところで、このような内在的超越は「宇宙の一部としての人間」という観念についても成り立つであろう。内在的超越という考えは、近代にプトレマイオスの宇宙体系がコペルニクスの宇宙体系によって置換されたときに現れた。プトレマイオスの宇宙体系にあっては、人間は地球上にあって、つまり宇宙の中心にあって、そこから宇宙を眺めている。彼は地球の外に立っているかのように地球を眺めるのではない。彼は宇宙の中心たる地球上にあるものとして、自らを宇宙の中心に置き、この中心の位置から、天空を眺めるのである。これに対してコペルニクスの宇宙体系を彼が受容するならば、宇宙と自分自身に関する彼の眼差しが変わる。彼は、地球は二重の運動（日周運動と年周運動）を行うものとして地球を見るのである。つまり、この地球を、他の諸惑星もそうだが、太陽の回りを回っているものと見るのである。だから、彼は（ここで地球と太陽だけに言及するとすれば）、いわば地球と太陽両者の外の宇宙のある地点にいるかのごとくに地球と太陽を見る。ちょうど、われわれが黒板にチョークで太陽の回りを回る地球の図を書き、それを眺めるように。プトレマイオスの宇宙体系がコペルニクスの宇宙体系に変わるとき、確かに、宇宙体系を記述する諸概念の意味と外延は変化する。例えば、プトレマイオスの体系では、太陽は惑星であり、地球は惑星ではないが、コペルニクスの体系では、地球は惑星であるが、太陽は惑星ではない。しかし、それだけではなく、宇宙を見る人間の眼差し、宇宙を見る人間の見方が変化する。コペルニクスの宇宙体系を受容した人は、あたかも自分が宇宙体系の外の地点にいるかのように、地球を見るのである。

とはいえ、同時に彼はあくまでこの地球上に存在し、そこから宇宙を自分が眺めていることも知っている。彼は現実に、宇宙をその外から眺めているのではないし、従ってまた、地球の外から地球を眺めているのでもない。地球上にいながら、彼は同時に自らが地球上に存在することを了解しているのである。人工衛星ができて、人工衛星に乗った人間が現実に地球の外から地球を眺めても、彼は宇宙の外の視点を現実に持つことはできない。

コペルニクスの宇宙体系を受容した人は、あくまでこの運動する地球上で生を営みながら、地球と太陽を、それ故にまた地球上に住む自分自身をあたかも外から見るかのように見るのである。彼はこの地球上で生きており、そうしたものとして自己を了解し、そしてそうしたものとして天空を、宇宙を眺める。彼の目の前に広がるのは宇宙である。このような彼の眼差しを（地球）内在的な眼差しと呼ぼう。彼はその内在的な眼差しで宇宙を見ながら同時に、それを超越した点から自分自身を見る。それ故、彼の眼差しは内在的な超越、あるいは超越的な内在に他ならない。

H・アーレントはその宇宙の視点をアルキメデスの点と呼んでいる(5)。もしこのアルキメデスの点がこの地球上の人間の視点に内在化されるならば、それは人間の自己省察の視点となることができる。けれども、もしアルキメデスの点が、そのような内在化なしに立てられるのなら、すなわち、超越が内在から切断されてそれ自身として立てられてしまうのなら、その点に立つ眼は神の眼となり、彼の宇宙に対する観点は神の視点になってしまう。それは結局全自然を自分の前に置く視点となる。あるいは、その視点に位置する眼は、ウィトゲンシュタインの哲学的自我のようなものになろう。自我は世界には属さない。自我は世界の境界なのだ。あるいはそれはパトナムが批判的に語る「神の視点」(6)のようなものであろう。

内在的な超越と単なる超越とは区別されなければならない。前者の場合には、それは決して超越的な視点なのではなく、内在化された超越として、人間の自己省察に寄与するのである。これは言語内部での言語への反省可能性と同じ論理構造を有するであろう。後者、単なる超越の視点の場合には、その超越点に立つものは、宇宙を自分の前に見出す。論理的に徹底すれば、その点は、従ってその点に立つものは、宇宙に属さないことになる。

以上に述べたことは、人間と自然に関する二つの見方に関係する、あるいは類似するように思われる。そこには二つの眼差し(超越と内在)があり、両者はその統一において捉えられなければならないであろう。いずれも欠くことができないのである。それは、

(a) 人間が自然を自らの前に見出すという眼差し。この眼差しにあっては、人間は自然を自らの対象として、自らに相対してあるものとして、見出す。だから、この場合、人間はあくまで自分の立場から、人間の視点から自然を見ている。これは人間に内在的な視点である。もし、この眼差しがそれだけで立てられるならば、人間は自然ではないものとして、自然は人間ではないものとして現れ、同時に人間は自然に対してその外にあ

るものとして、つまり外在的なものとして現れる。

（b）人間が自らを自然の一部と見る眼差し。この場合、例えば、人間は自然を自らの前に見出すのではない。人間は自らを自然の内にあるものと見るのである。例えば、自らを生命共同体の一員として見るのである。このとき人間は自然とそのうちにいる自分自身をあたかも外からのように見る。

まず、人間は自らの前に自然を見出すが（眼差し（a））、同時に、そのように自然を自らの前に見出す自分が自然の一部であることを反省する（眼差し（b））。両者は統一においてある。従って両者は統一の契機としてある。もし両契機が抽象的に切断され、それぞれがそれ自身として立てられてしまうならば、これは内在と超越の分断を意味するが、抽象的に立てられた、その意味で自立化された契機は次の帰結をもたらす。眼差し（a）がそれ自身として立てられるなら、人間は自然ではないものとして非自然化される。（同様に、自然は非人間化される。）もし眼差し（b）がそれだけで抽象的に、従って人間に内在的な視点から分離されてそれ自身として立てられるなら、人間は自然の一部であると語るそのもの、つまり、超越的な点に立つものは、人間でも自然でもないものとして現れる。こうして、この場合には、超越者が登場することになる。この超越者は世界に外から接しながら、世界には属さない存在者であることになろう。

以上の議論は、アルキメデスの点に関するアーレントの議論に示唆を受けたものであるが、次にこのアーレントの議論を検討して見ることにしたい。それというのは、以上の議論は、逆にアーレントの議論に一定の照明を与えると思われるからである。結論をあらかじめ言ってしまえば、以下の議論の目的は、アーレントが内在的超越（あるいは超越的な内在）と超越とを十分に区別してはいないことを明らかにすることにある。

人間はそれ自身が自然の一形態であるが、人間は自らが自然の一形態であることを反省するのであり、それ故この反省において、人間は同時に自然でありながら自然を超えている。人間はこの意味で自然に関して内在的超越的存在者であり、人間は自然、人間的自然である。人間たちはこうした反省能力を、社会の中での言語を媒介にした相互行為において獲得するのであり、それ故にまた社会も自然に関して、それ自身自然の一形態として、人間的自然である。

アーレントは以下のように議論する。ニュートンが定式化した万有引力の法則が体現する新しい世界観を古代や中世の世界観からはっきりと区別するものは、同じ種類の外部的な力が地上における落下にも、天体の運動にも同じく現れるという仮定であった(7)。つまり、同じ力が現れるという点で、天体の運動と地上の運動とは区別がなくなったということである。コペルニクスやケプラーは地球と天空という二分法を廃止し、地球を高貴の星にまで引き上げていたが、彼らは感覚経験に反して地球が太陽の周りを回っていると主張するに望遠鏡を取り立てて必要とはしなかった。「むしろ必要だったのは、たとえすべての感覚的経験を否定する結果になるとしても、古代と中世の純朴な自然原理に従う思弁上の勇気と、地球から自分を持ち上げて自分が実際に太陽の住人であるかのように地球を見おろすことができたコペルニクスの想像力の偉大な大胆さであった(8)」。ここで、アーレントは、コペルニクスはあたかも自分が太陽の住人であるかのように、地球を見下ろすことができたと語っている。これは確かに偉大な想像力であった。彼は地球の住民でありながら、地球を見下ろすことができたのだから。地球外の一点から地球を見下ろすということは、そのためのアルキメデスの点が発見されたということ、以後人間はそのアルキメデスの点から地球を、従って自らを眺めることができるようになったということである。もとより、人間の条件によって地球に拘束されながらである。このとき、一切の出来事は、地上での出来事も含めて、宇宙的な普遍的法則に従うものと見なされることになる。すべての出来事は真に宇宙的な出来事になる。そのような出来事と見なされるようになる、ということである。先に言われたのは、コペルニクスは自らを太陽の住民であるかのごとく、地球を外から眺めたということであった。しかし、アルキメデスの点は太陽に固定される必要はないであろう。人は更に地球も太陽も宇宙の中心ではないような宇宙のある一点に自分を置き移して宇宙を見るのである。プトレマイオスの地球中心的世界観から、コペルニクスの太陽中心的世界観への移行ですべてが終わったのではなく、太陽中心的世界観は更に固定した中心のない世界観へと移行する。アーレントは次のように言っている。それは「私たちがアルキメデスの点を、地球からさらに一歩遠く、地球も太陽も宇宙体系の中心ではないような宇宙のある一点に移したということである。いいかえると、それは、私たちがもはや太陽にさえ拘束されているとは考えず、特定の目的に好都合な点ならばどこでも好きなところに引照点を選び、自由に宇宙の中を動いているという意味である」(9)。「近代科学を本当に完成するという点で、以前の太陽中心の体系から固定した中心のない体系へ移るこの変化は、疑いもなく、地球中心の世界観から太陽中心の世界観へ移った最初の移動と同じくらい重要である。今日に至ってようやく私たち人間は『宇宙的』存在となったのである」(10)。ここでアーレントが言っているのは、自由に宇宙のなかを動いている、ということである。この場合、アルキメデスの点は固定点ではない。始めは、その点は地球の外に、次に太陽と地球の外に、そしてどこにでも、地球と太陽の外のどこにでも、という仕方でアルキメデスの点が措定される。アルキメデスの点は動点になる。それが超越である場合、そこから人間は自らを見るのであるが、本当は人間が自らを宇宙的存在として了解するのは、動点たる外部の点を再び内在化することによってである。（その点が外在化されたままであるなら、どういうことになるか。人間はその外部の点から絶えず宇宙を見る、ということになる。

外在化されたままであるなら、彼は実は、その運動するアルキメデスの点を見る更に後退したアルキメデスの点を想定している。）

ここで重要なのは、「自由に宇宙の中を動いている」という点である。もし、これがなければ、アルキメデスの点は、世界に接しているが、それ自身は世界に属さない（『論理・哲学論考』の）ウィトゲンシュタインの哲学的自我のごときものになるであろう。この時、この自我は世界的存在ではなくなる。というのは、それは世界に属さないのだから。それを存在と呼ぶならば、それは非世界的存在となる。それは世界超越的となろう。これに対して、宇宙の中を自由に動く点は、それ自身宇宙に属していることが（既に）了解されているのである。

人間が自らを宇宙的存在として知るのは、人間は地上の存在であり、そうであることを知っており、それでありながら、自らの外部の点であるアルキメデスの点を想像し、その地点から自らを反省する場合である。人間は地球の内にある立場から、即ち、内在の立場から宇宙を見るが、しかし同時に、自らを超越した立場、アルキメデスの点に置き移し、自らを宇宙的存在として反省する。これは内在的超越の立場である。

ところが、私の見るところ、アーレントが語る工作人の立場は以上の内在的超越とは異なっている。内在的超越において、人間は自らを宇宙的存在として、宇宙的起源のものとして理解する。この場合、必ずしも地球の自然に対する人間の支配が意味されているわけではない。しかし、工作人にあっては、地球の自然に対する支配が現れる。

まず、アーレントは言うところを聞いてみよう。数学は地球の測定に依存していた幾何学から解放された。実験のおかげで、人間は地球拘束的な経験の鎖から解放された。人間は自然現象を自分の精神の条件の下に置いた。「いいかえれば、自然の外部にある宇宙的・天文物理学的観点から獲得された条件のもとに、自然を置いたのである」(11)。科学技術の客観的真理と実際的な知識は、宇宙の普遍的知識から引き出されている。地球の外部に引照点を選ぶことによって与えられた知識が、地球の自然と人間の工作物に応用されている。近代の科学は、アーレントによれば、宇宙的観点から自然を眺め、その結果、自然に対して完全な支配権を獲得した。宇宙的観点から自然を眺める、ということは、自然を自らの前に持とうとすることである。「これに対して、今日の科学は、真に『宇宙的な』科学であって、あえて、自然を破壊し、それとともに自然に対する人間の支配権をも破壊するという明白な危険を冒してまで、自然の中に宇宙過程を引き入れている(12)」。

工作人は、自然を自分の前に見出す。工作人は、その自然に対して、地球外部に引照点を結ぶことで獲得された知識を人間の工作物に応用すると言われている。その際、アルキメデスの点は、地球外部に固定されている。この場合、人間は地球の外部で地球を扱う。これは、人間が地球の自然の外部に自らを置いているということであって、内在的超越の立場ではなく、単なる超越の立場にすぎない。確かに、他方で、人間は自分がこの地球上に存在していることを知っているとしても、この認識は、あるいはこの知識はいわば括弧に入れられている。時に、人はそれを思い出すというのでしかない。

このように、アルキメデスの点に関して、二つの立場ないし場合が区別されるべきである。即ち、一つは、内在的超越であり、他は超越の立場である。注意すべきなのは、われわれは超越あるいは外在に対してまた再び単なる内在を対置するということではないということである。実は超越的内在、あるいは内在的超越の自己反省的視点においてのみわれわれは自らを宇宙的存在として了解することができる。この区別はアーレントにあっては、明示的に行われていない。

われわれが人間は自然の一部であり、それ故に一つの自然存在であると語るとき、そのわれわれの眼差しは、如何なるものか。①このとき、われわれは人間と自然を自らの前に立て、いわば人間と自然を見るアルキメデスの点について考えている。②しかし、同時に、そのアルキメデスの点において立つ自分自身が人間である限り、そう考える自分自身が自然の一部である。つまり、外在あるいは超越は同時に取り消され内在にわれわれは引きもどされている。

これに対して、人間と自然をその対置において思考する場合、即ち人間が自然を自らの前に持つ対象として見る場合には、これのみでは、論理的に見れば、人間は非自然として現れ、自然は非人間として現れる。この場合、こうした枠組みでは、人間が自然の一部であるということは出てこない。アルキメデスの点が外在、超越としてのみ抽象的に立てられる場合、同じことが生起しよう。つまり、そのアルキメデスの点に立つ人間は、非宇宙的なものとして現れてしまう。この場合には、その人間は自らを宇宙的存在として反省することはない。論理的にはである。人間と自然（あるいは人間社会とその歴史対自然）という対置的な思考枠組みでは、人間が自然の一部であるということは出てこないのである。この場合、人間と自然はその区別の面において現れる。最初の対置という点に既に区別が措定されている。（もとより、この場合、その区別の内容規定は行われていない。）人間と自然との区別・非連続性は、例えば人間の生活の仕方とライオンの生活の仕方の相違である。もしライオンにその能力があるならば、ライオンは、自らとその他の自然との間の同一性と区別を、即ち、ライオンと他の自然との連続性と非連続性を考えるだろう。連続性と非連続性の統一を論定するには、二つの視点の統一が必要である。

アドルノは精神と自然に関して、精神の反省の歩みについて語っている。精神が自らを自然として認識するとき、まさしくこのことによって精神は自然を越えている。精神とはそのような自然である。このとき、人間は自然であるとともに自然を超えた存在、この二重性を有する存在である。

確かに、カントは精神のこうした反省の歩みについて明示的に語っているわけではないが、カントが言う人間の自然素質、従って、カントが語る理性を精神の反省の歩みに関するアドルノの議論を援用して展開することもできるのではないかと思われる。というのは、カントにおいて理性は自然的素質の展開として、それ自身自然であるからである。社会は人間的自然である。傾向性もまた、欲求もまた人間的自然であるだろう。精神は自然であり、人間的自然である。この精神が自然から分断されて自立化されると、それは疑似自然化する、というのがアドルノが言っていたことであった

以上、私は、内在的超越と単なる超越との区別について述べた。アドルノはカントの自由の概念を一方では、内在的超越を意味するものとして解釈しようとする。

私見によれば、カントにおいて自由という概念で考えられているものの原史をたどり、一般にはやや無思慮に、不正確に扱われている自由という概念の根底に横たわるモデルをきわめて正確に把握しようとするならば、これはひょっとしたら、私たちが観念の中、想像力の中で、想像された自然や存在者のエレメントを扱うことができる能力、それらエレメントを最初に経験した関連、それらがもともと置かれていた関連とは別の関連に移し変えるこの独特の能力に他ならないのかもしれません。ごく簡単に観察されるこの事実、すなわち確かに精神と呼ばれるものは起源と内容からすれば自然に由来するが、同時に自然には収まりきれないというこの事実、思うにこれこそ、そもそも自然の只中における自由についての理論全体によってカントが言わんとしたことなのではないでしょうか（PM, 153/174–5）。

この引用において私が注目したいのは、「精神と呼ばれるものは起源と内容からすれば自然に由来するが、同時

に自然には収まりきれないという」点にある。というのは、この点こそ「自分が自然の一部であると気づき、認識する瞬間、そもそもわたしたちはもはや自然の一部ではない」ということを表現しており、人間が自然でありながら、自己が自然であることを反省的に了解する自然であるからこそ、人間は自由であることができる。こうした反省的了解が成立しなければ、人間は自然の因果的連関に従っているだけの存在、従って単なる自然存在となってしまうだろう。言われるところの想像力も、反省的了解（これは対象認識とは区別される）なしにはあり得ないであろう。本体的自我、あるいはカントの言葉を使用するなら、物自体としての自我というのは、反省的了解を有する自我（もとより、この自我というのは身体的存在であるが）、あるいは更に反省的了解において立ち現れてくる自我のことであって、自然（と社会）から切断された、この意味で抽象的な自我を意味するのではない。これまた、カントの用語で言うなら、この文脈では、現象と物自体の区別は、認識の対象として対象化された経験的自我とかの反省的了解のうちで立ち現れてくる自我との区別である。

ところが他方、アドルノは、頑強に単なる超越のケースとしてカントを解釈する。それは、アドルノの思考における主観－客観図式の強い支配のもとで、カントの主観を客観から切断された抽象的存在とし、自由をそうした主観内に閉じこもったものとして把握するからである。

4　経験と自然

J・K・ウレマンは次のように言っている。

カントはしばしばこの自然——われわれの感覚に与えられ、機械論的なニュートンの法則によって記述される空間——時間的な物質的あるいは物理的事物の世界——を『経験的なもの』として言及している。(13)

確かに、いわゆるニュートン的な自然は、カントにおいて、われわれの感性によって与えられる感性的なものであり、感性的なものというこの意味で、それは経験的なものである。すると、この場合、「感性的な sensible もの」と「経験的な empirical もの」とは同義となる。経験は、ここでドイツ語では、Erfahrung である。われわれはニュートン的な意味での自然を経験（認識）する。

しかるに、狭い意味での自然は（暗黙の内に）社会を含んでいた。社会が、確かにそれが自然の一形態であるとしても、ニュートン的自然には還元できない人間的自然としての質を有しているとすれば、その経験概念は直接には社会（という自然の一形態）には、そのまま適用できないはずである。それにもかかわらず、カントは、例えば感性界について、これは既に見たように社会関係を含んでいるはずであるが、狭い意味で「自然」を使用するとき、それを自然と称し、経験的なもの、感性的なものと語る。こうして、再び、カントの思考にあっては、社会ないし社会的なものがごく曖昧な位置に置かれるのである。「経験」がいわゆる機械論的な自然についての経験という文脈において語られる場合、経験とはそうした自然の経験であるはずだからである。ところが、社会的なものについても、カントは同じく経験的なもの、この意味で自然的なものとして語るのである。それで、感性界についてのカントの語りにおいて、社会的なものは一方では自然的＝経験的なものに還元される観を呈し、他方では、その還元において暗黙の内に社会的なものが（その還元に抗するように）現れるのである。

カントによれば、常識、すなわち健全な悟性は既に義務からあることを行うということと傾向性からあることを行うことを区別している。この常識（健全な人間悟性）とは何であろうか。常識がこの区別を行うとすれば、常識はこの区別を経験していると言うことができるであろう。すると、常識は義務からあることを行うことと傾向性からあることを行うことを両者共に「経験」のある意味で経験することができなくてはならないのではないか。そうでなければ、常識はどのようにして両者を区別することができるのであろうか。また、例えばカントは「傾向性や衝動が（したがって感性界における全自然が）かれを刺激して赴かせる目標は、英知としてのかれの意欲の法則をなんら損なうものではありえない」（GMS, 95/207）と言うが、傾向性というも衝動というも、それが人間の傾向性や衝動であるからには、それらの社会的（及び歴史的）に規定された性格を持つはずであるが、「感性界における全自然」という規定では、この社会的な性格は十分には表現されなくなろう。私がこのように言うとき、人間たちの社会的経験が十分に表現されることができなくなる、ということを意味している。人間たちの社会的経験は、対象化された（すなわち、認識の対象として措定された）過程ないし対象に対する認識へと還元されうるものではない。

もし「経験」ないし「経験する」がこの対象認識の意味に限定されるなら、われわれは自由な意志を経験することは決してないということが帰結しよう。カントでは、実際われわれは自由意志を経験しないのである。この場合の経験とは、対象に対する認識のことであり、この仕方では、われわれは自由意志を経験しない。それ故に、もしわれわれが自由の自己経験について語るなら、「自由の自己経験」は語義矛盾であるか、あるいはもしそうでないなら、「経験（Erfahrung）」が、カントの意味での「経験」とは別の意味で使用されているかのいずれかである。ここで注目されるのは、（ドイツ語の“Erfahrung”ではなく）英語の“experience”の意味である。この点について、J・K・ウレマンは次のように書いている。

「経験」、*Erfahrung* はカントにとって、日常的な英語の‘experience’よりも狭い。日常的な英語のタームは、その対象が感覚によって、あるいはわれわれの物理的理論への適合によって検証されることができるかどうかにかかわりなく、あらゆる種類の awareness を指示している。日常の英語においては、われわれは、夢……欺き、宗教的啓示、幻覚とわれわれが経験的（empirical）実在について知っているものと適合しない他のものの内容を経験する。われわれは同様に、ルーティーン的に、知的な「分かった！」瞬間あるいは論理学の制約のようなものを「経験する」。その経験を空間－時間的なニュートン的対象の体系に同化することは困難であろう。(14)

もしわれわれが「経験」の意味として、この英語の“experience”の意味をとるならば、この広い意味での経験においていくつかの場合を区別することができよう。人間の経験とは人間の生活世界内経験であり、それは言語ゲームの実践における経験であって、それ故、ニュートン的自然に関する感性的経験とは異なっている。もとより、対象化された過程ないし対象に関する認識も一つの種類の経験と呼ぶことができようが、人間の生活世界内経験はそれにつきるわけではない。例えば、自由の自己経験は対象化されたものないし過程に対する認識としての経験ではない。主体の、主体による自由意志の自己経験は、対象に対する認識とは区別される。人は自然と社会を社会学者の眼差しにおいて認識することができるが、しかし、実践的行為者の（遂行的構えにおける）自己了解はそうした認識とは別のものである。既に述べられたが、われわれには対象認識とは同一視されない自己了解の仕方がある。カントが言う英知的性格というのは、自体的に活動的なものである。対象認識において、われわれに現れる、つまり対象として立てられるもの、それは現象である。人間存在にはこのような現象としての対象についての認識とは区別される存在と自己了解の仕方があって、このことはハイデガーの「現存在」が語っていたことでもある。この場合の自己はカントの意味で可能的経験の対象にはならないものである。それは、カントの言葉では、可能的経験の対象についての認識と同じ意味において認識することはできない。カントによれば、私はそれを「客観」として認識することはできない。思惟する自我は自己自身を認識するのではない。私という表象における私自身の意識はいかなる直観でもないが故に、私はそれを対象認識のように認識するのではない。この点は、例えば、規則に従って行為している人の規則把握が対象化された規則に対する認識ではないのと同様である。そうではなく、ウィトゲンシュタインが言ったように、「応用の場合場合に、われわれが『規則に従う』と呼び、『規則に叛く』と呼んでいることのうちにおのずと現れてくるような規則の把握の仕方が存在する」(15)のである。この規則把握は対象化された規則に対する認識ではない。生活世界で生を営む者としてのわれわれ、つまりはあの常識が言語を用いて行為するとき、われわれは言語を理解していると言われることができるが、この場合の理解も言語学者がするような対象として措定された言語に対する認識ではない。ここで言及された規則や言語理解は、カントの意味での経験(Erfahrung)ではないが、英語の広い意味での経験(experience)においては、われわれはそれらを経験するということもできよう。もとより、このことは認識の意味での経験を否定することを意味するわけではないが、認識のための経験データにしても、それは言語ゲーム連関において始めて、(16)すなわちわれわれの生活世界内行為においてはじめて構成されるのである。英語の“experience”はより広いケースを覆うことができるのであり、カントの意味での経験は単にその一部であるにすぎない。こうした広い意味での「経験」概念がカントには欠けていたように思われる。社会的主体たちの相互行為の経験も、対象化された過程に対する認識と同一なのではない。J・K・ウレマンは次のように言っている。

われわれはまた、もちろん、日常的な英語の意味で empirical であるすべての種類のものを経験する。英語の単語は、カントのテクニカルなドイツ語のタームよりも広い。他のドイツ語のタームがある。それは "Erlebnis" であって、これは同様に "experience" と翻訳されることが出来る。その意味はより広く、英語の "experience" のそれに近い。私はここで読者に「道徳的経験」を、カントにとって潜在的に矛盾語法的な moralische Erfahrung ではなく、moralische Erlebnis あるいは moral awareness として理解するように求める。これをカントは、われわれが見るであろうように、確かにわれわれは持っていると考えている。(17)

さて、ここで、道徳的経験について語られている。重要な点は、私見では、定言命法において、主体－対象間の何らかの関係、認識的あるいは実践的関係の論理ではない論理の次元にカントが立ち入っているということであり、この次元の相違はほんらい経験的－非経験的ないし超経験的の区別は重ならないはずである。生活世界においてわれわれは間主観的関係を生きており、この生活過程の中でわれわれはその間主観的関係を経験する。カントに従って、人々の間の目的自体としての承認関係にあっても、われわれはその関係を経験する。人間たちの相互振る舞いは、ウィトゲンシュタインの言葉では、魂に対する（相互の）振る舞いであり、この振る舞いにおいて、われわれは他者の魂を経験する。それはわれわれの生活経験の内容をなしている。

同じく、われわれは他者を目的自体として経験する。カントにおける最も広い意味での「自然」は（英語の）「経験」（経験的なもの）とおおむね一致するということができるだろうか。私の他者に対する振る舞いでの経験は、私のこのコンピュータに対する振る舞いでの経験とは異なる。痛みの経験。われわれはこれをも経験する。私はポケットにコインを持っている。これは私が行う一つの経験である。しかし、同じ仕方で例えば歯痛を、ポケットの

中に持つように持つのではない。歯痛の経験はそれとは違った経験なのである。(18)

カントは、英知界を、(一つの)自然と呼んでいた。すなわち、英知界は、感性的自然ならぬ超感性的自然であった。つまり、カントでは、ドイツ語の“Erfahrung”よりも広い意味での英語の“experience”の代わりに、「自然」が現れており、それ故、カントの「自然」ないし「自然的なもの」を英語のより広い意味で「経験」ないし「経験的なもの」によって置換することもできるであろう。この場合には、カントが言う「超感性的自然」は「超感性的に経験されるもの」によって置き換えることができるということになるであろう。以上によって私が言うのは、例えば英知界について、なるほどそれがカントでは超感性的自然とされているとしても、あらゆる意味で経験から独立しているものとして受け取る必要ない、ということである。カントの意味での経験(Erfahrung)ではないとしても、理性的存在者たちは、彼らの意志が道徳法則(定言命法)によって規定されるとき、英知界に属するとされるが、彼らはその英知界を「経験」のより広い意味において経験する。つまりは、彼らの英知界の経験は彼らの生活世界内経験であり得るのである。

5　カントにおける理性の歴史としての人間の歴史

理性の歴史

アドルノがいかに強引にカントの実践哲学(道徳哲学)を閉鎖社会としてのシステム社会のうちに閉じこめて解釈しようとしても、理性の歴史を指し示すカントの実践哲学はその閉鎖社会をむしろ破る可能性を内包している。理性のその歴史性は閉鎖社会の閉鎖性と相容れない。もしこの相容れないということを意識から追放しようとするならば、このことは理性の歴史に関するカントの思考を無意識的にせよ意識の外に追放してしまうことになる。このときには、理性の歴史という「この概念は……カント批判者によって看過される」[19][20]。しかし、カントの理性の歴史という概念、換言すれば、理性の歴史というカントの歴史構想は現実の歴史とは成らなかった。現実の歴史はむしろアドルノが語るあの残忍な自然史として展開したのであり、その自然史が現実化してくる。

イルミヤフヨベルは、理性の歴史の概念がカントの思考において有する二つの主要な原理を区別している[21]。

① カントの理性の歴史は、これは、われわれの用語では、それ自身自然であるところの人間的自然の歴史であるが、「世界を再形成する理性の歴史であり、他はそれに対して解明される理性の歴史である。理性の歴史の第一の側面は主に実践的である。それは人間理性がそれ自身を現実世界へとインプリントし、その経験的組織をそれ自身の目標と関心に照らして再形成する過程である。この実践的意味において、理性的歴史は終わりなき過程であり、無限に遠い理想に向かって運動していく」[22]。理性の歴史とは人間たちによる実践的歴史であり、人間理性はそれ自身を現実世界に刻印する。そして現実の歴史と経験的現実を再組織する歴史である[23]。ここで、私が注目したいのは、この世界の再形成は（既存の）世界において実現されるべきとされる最高善が目的自体としての人格の相互関係をその条件としているという点である。人間たちの物件化、この意味で（単なる）手段へと還元されていき、世界福祉の条件が貧困化され解体されていく世界にあっては、最高善という（人間たちの）目標（世界のある状態）はこの世界に真正面から対立するのである。

② 歴史は「人間理性が徐々にその潜在的なパラダイムを解明し、その本質的な概念、原理と関心を整合的な体

系の内部で分節化する過程である。理性の歴史のこの側面は原理的に有限である。それは科学革命において頂点に達する。これはいろいろな理論的学科（論理学、数学、物理学と結局は哲学それ自身）を妥当な科学のレベルへと上昇させ、こうして実際、それらの歴史を廃棄し、それらに最終的で不変の形式を与える」[24]。

人間理性はそれ自身を展開するが、それが最終的で普遍の形式に導くのだとすれば、そこでこの第二の意味での歴史は停止し、後は同じ理性の体系が永遠に存続することになる。『啓蒙の弁証法』の著者たち（ホルクハイマーとアドルノ）は、カントの啓蒙哲学を主にこの第二の局面から理解する。彼らによれば、啓蒙とは「悟性が自分なりの一貫性にしたがって個々の認識を体系へと纏め上げることに他ならず、「思考とは……統一ある科学的秩序をつくり出すこと」、「諸原理に基づいて事実認識を導き出すことである」[25]。人間理性の体系が展開されなければならないのは、彼らの見るところでは、理性による（絶対的な）自然支配のためであった。しかし、私は本書では、第一の局面に関心を持っている。この意味での理性の歴史にあっては、徐々に世界の形式を変換することが主題化される。最高善の形成は人間の歴史的道徳的な目的となるのである[26]。

カントには普遍史の構想がある。すなわち、カントにあって（人間）理性は歴史化され、理性は歴史において自らを実現するとされる。この理性の歴史は同時に世界の再形成の過程、理性による世界（自然）の再形成の過程でもある。カントには、歴史の目的論があり、理性の生成史は最高善、つまり、道徳と幸福、さらには道徳と自然との綜合に向かっていくとともに、（政治の領域において）世界市民的状態に導いていく。

カントによると、人間たちは理性的な世界市民の如くに、合意された計画に従って、全体として行動するわけではないから、何らかの計画に沿った歴史は不可能であるように見え、人間の歴史は愚行や子供じみた虚栄心や、幼稚な悪意や破壊欲求からなっていると見えてしまうのであるが、しかし、人類全体としては人間の根源的歴史が継続的に発展しているのが認識されうる。人間の自然素質というものがあり、この自然素質というものが開花し、発展し続けており、人類を全体として考察すれば、自由の規則正しい発展が見られ、自然の一定の計画に沿った歴史がそこに見出されるのであって、これがカントの普遍史の構想であるが、この普遍史の構想は同時にまた啓蒙の歴史、啓蒙が実現されていく歴史でもある。この歴史にあっては、自然の意図が働いている。自然の意図というのは、いわば（神の）摂理を意味し、それが導きの糸となっているのである。カントは人間たちの矛盾した諸活動の中に自然の意図を発見しようとする。(27)

ここで、カントは、人類の歴史を全体として考察する人（哲学者）の、人間の歴史全体に対して採る観察者の立場（ないし観点）と個々の実践者（生活世界で生を営む諸個人）の立場（ないし観点）を区別している。個々の実践者には複雑で不規則に見えるものも、人類の歴史全体を考察する観察者には、自由の、そして人間の根源的素質の規則正しい発展が見出される。人間の意志が自由に活動しているのを全体として観察すると、歴史には自由の規則正しい歩みを発見することができるのであり、個々の人間のみならず、国民全体も、まだ知られていない自然の意図を導きの糸として歩み続けている。人間は理性的な世界存在のように申し合わせた計画に従って全体として行動することはないから、人間については計画に沿った歴史は不可能と見え、そこには愚行、虚栄心等しかないように見え、すると、全体としての人間及びその活動について、理性的な固有の意図を前提することはできず、それで、この矛盾した活動の中に自然の意図を発見できないのかどうか、自然の意図に基づいて自然の特定の計画に沿った歴史が可能であるかどうか、哲学者にとって試みること、これが哲学者にとっての唯一の方法になる。

それ故、観察者と個々の実践者との観点は一致するわけではなく、両者の間にはズレがある。カントにおいて、このズレ（不一致）を架橋するのが、自然の意図、換言すれば、自然の狡知であり、この点は、ヘーゲル哲学において、自由の発展としての世界史と諸個人の行為を媒介するのが世界精神の所行、即ち理性の狡知であるのと同様である。私は、このズレを架橋するもの、媒介するものをあくまで人間行為に論定する。それは人間行為の非志向能作である。自然の意図が語られるとき、全自然の創造者が想定されているのであるが、その意図が表現しているのは、ある種のメカニズムである。それは個々の実践者がその行為において、ある世界の状態を意図することなく産出してしまうということを惹起する。以下に立ち入るように、このメカニズムは実際には全自然の創造者を想定することなく論定可能であるが、カントはそれを「自然の意図」として、従って「自然」を主語にした自然の目的論として展開している。

自然素質

カントによれば、被造物の自然素質は、いつか完全にかつ目的にかなって展開されるように定められている。他のあらゆる被造物の自然素質がそうであるように、一被造物たる人間の自然素質もまたいつか完全に展開されるよう定められている。ここで、（人間の）「自然素質」と言われる場合の「自然」とは何を意味するのか。最終的には、「自然の意図」について語られる場合のその自然が念頭に置かれているのであろうが、人間は自然存在、自然界に存在する自然存在であり、そうした自然存在がそれを持つものとして生まれたそうした自然存在の素質である。カントによれば、人間は理性的な被造物として特殊な自然存在であって、人間理性とはこの自然素質の発展である。カントは、「世界市民的見地における普遍史のための理念」では、「人間にあっては、彼の理性の使用を目ざしている自然素質は個体においてではなく類においてのみ完全に発展するものである」[28]と述べている。厳密には、人間には理性使用を目ざしているそうした自然素質がある、ということになろう。実践理性もまたそうである。ここで注意したいのは、例えば道徳法則はカントにあって超感性的（従って、超経験的）とされるのであるが、超感性的ということは非自然的ということと同じことではない、ということである。カントにあっては、幸福や外的自然、有機的自然が自然であるように、実践理性も、従って道徳法則も、（「自然」の最も広い意味で）自然に他ならない。英知界と感性界についてみれば、感性界が自然であり、英知界が非自然というようになっているのではなかった。カントにとっていずれも自然である。道徳法則は感性的自然とは区別される超感性的自然の法則であった。（なお、アドルノは「カントは、彼の体系の枠組みによって妨げられているものを、すてばちになって求めざるをえない。そのさい彼にとって好都合であったのは、物理的ならびに心理的自然の因果的自動機構に対抗して理性が介入し、新たな結合を創りあげることができるということである。道徳哲学を完成する段になるとカントは恥を忍んで、純粋実践理性にまで世俗化された英知的な領域を［経験的領域・自然とは］絶対的に異なるものとしてはもはや考えないようになってしまう。カントの根本テーゼ相互の抽象的な関係からすれば、これは驚くべきことではあるのだが、しかしながら、理性からの影響が確認できるのであってみれば、それは何ら奇跡ではない」（ND, 285/350）と言っていた。アドルノのこの議論は、カントが（はじめには）英知的領域を自然とは絶対的に異なるものと考えていたということを前提としてのみ成り立つ。理性が自然であるということは、理性がもっぱら「自己保存の目的のために分化した心理的力として自然である」（ND, 285/350）ということを意味しているわけではない。）

熟練、技能に関しても同様である。人間の自然素質、ここに人間という自然存在者と他の自然存在者との違いが語られている。というのは、人間は唯一理性的な被造物とされ、それゆえ、人間はその点で特異な自然存在であるからである。特異な自然存在者であるということは、自然存在者であるとともに、他の自然存在者から区別されるその特異性を有するということである。このことを「連続性」と「非連続性」という概念を用いて記述することもできよう。すなわち、それ自身自然的存在者である人間は自然存在者であるという点で、他の自然存在者と連続性を有するとともに、特異であるという点で、非連続性を有するということである。カントによれば、人間は地上で理性を有する唯一の被造物である。(29) この理性を有するということは非連続性の契機を表している。けれども、理性はそれ自身自然的存在者の理性である故、理性がまた自然(自然的なもの)でなければならない。ところで、この理性と人間たる被造物の自然素質との関係についてみれば、理性=自然素質というより、自然素質とは理性の使用を目指すということであり、それ故、人間の自然素質が展開するということは、人間がその理性をますます使用するようになるということである。カントの表現からいささか離れるが、人間は自然的存在者としてその自然素質を持つのであって、それが人間の自然であり、この点に人間と自然との連続性と非連続性の統一が表現されている。人間には、他の被造物と同じように、自然本能が備わっているが、理性というのは、自らの規則と意図を自然本能を越えて、自然本能より以上に拡張していく能力である。けれども、このことは、その能力が非自然となるということを意味していない。

ところでカントの言い方では、自然が人間にそうした自然素質を与えたのである。この言い方では、「自然」が主語になっており、この場合の「自然」とは、カントの場合、世界、自然の創造者を意味しているのであろう。後に見る「自然の意図」における「自然」も同様である。カントの普遍史の構想にあっては、そうした自然が、つまり目的と意図を持って作動するいわば主体が想定されているのである。自然素質はまた自然の萌芽とも言われるが、人類における自然の萌芽は、カントの歴史の構想にあっては、自然の意図と合致して展開していく。(30)

自然の意図

自然は人間に何を欲したのか。本能から自由に、自らの理性によって獲得した以外の幸福や完全性には預からないこと、このことを自然は人間に欲したのである。自然は何も不必要なことは行わない。自然の諸目的を実現するための手段を無駄にし、用いたりはしない。自然は人間に理性と理性に基づく意志の自由を与えたのである。

カントによると、この点に自然の意図がはっきりと告知されている。すなわち、人間はすべてを自分自身で作り上げるべきなのである。自然はまるで次のように欲したかのようだとカントは言っている。人間が粗野な状態から抜け出して、熟練能力を持ち、思惟様式も完全性に至り、可能な限り幸福に至るように努力したならば、その功績はもっぱら自分ひとりのものである、ということである。あたかも自然は健康で幸せである以上に、人間の理性的な自己尊重を目指したかのようである。自然が欲したことは、あるいは自然にとって重要であったことは、人々が健康で幸せに生活を送ることではなくて、生きるに値し、健康で幸せな生活にふさわしくなるように努力することだ、ということである。一人ひとりは死ぬが、類は不死であって、そうした類において、そしてそうした類としてのみ、人間は自分の素質を完全に展開させることができる。この自然の意図の内には、生きるに値し、健康で幸せな生活にふさわしくなるように努力することが含まれていることに注意しよう。これを言い換えれば、カントの場合自然の目的ないし意図には、幸福な生活に値するようになることに向かって人間が努力すること、つまり人類の道徳的完成が含まれているということである。(31)

カントの用語ではないが、人間とは人間的自然であり、そうしたものとして、人間にはその自然素質が備わっている。この自然素質の完全な展開、これこそが自然が欲したことであり、それ故、自然の目的である。ところで、この完全な状態とは一つには最高善であり、一つには世界市民的状態である。

自然の狡知

社会における自然素質の敵対関係。これが自然が用いる手段である。つまり、自然のあらゆる素質の発展を実現するための手段である。この関係は最終的に社会の合法則的秩序の原因となる限りにおいて、人間の非社交的社交性のことである。

先にも言及されたが、カントの言い方では、「自然」は主語として登場し、従っていわば主体であり、この主体が敵対関係をその目的を実現するための手段として用いると語られている。これが自然の狡知である。だが、ここで注意すべきなのは、自然の狡知のある種のメカニズムとしての働きである。それは人間たちの意図せざる作用でもある。カントでは、いわば初めから歴史の目的が、つまり最高善と世界市民的状態が措定されているのであり、自然の狡知はその駆動力になっている。すなわち、ここには歴史の目的論がある。

自然素質の敵対関係とは非社交的社交性のことである。人間には、カントによると、次のような素質がある。[32] すなわち、社会をつくろうとする傾向性と一人でいたいという性癖。自分で思い通りにしたい非社交的性質。人の自分に対する抵抗。これが功名心、支配欲、所有欲に駆り立てられ、一つの地位を獲得するまでに人間を仕向けるものである。この時に粗野な状態から、社会的状態への本当の第一歩が生じる。そして本能が、あらゆる本能が少しずつ伸ばされる。絶えざる啓蒙によって思惟様式の構築が始まる。この思惟様式というのは、自然素質を明敏な実践的原理へと変えるものである。これが社会を道徳的全体に変えるものだ。カントは次のように言っている。

このことを可能にする自然の動機、すなわち非社交性と汎通的抵抗との源泉、これらから非常に多くの害悪が発現するけれども、これらはまたあらためて諸力の新しい緊張を促し、したがって自然素質のより多くの発

展を鼓舞する動機。(33)

ここでカントが自然が用いる手段として言及しているのは、人間の非社交的社交性である。これが自然の狡知である。これはヘーゲルにおいては理性の狡知としてさらに展開されているが、そこに働いているのは、人間諸個人が彼らの自己目的的な行為において意図せずに彼らの意図にはなかったものを生み出してしまうというある種のメカニズムである。(34) このメカニズムがカントでは目的論的思考枠組みの内部で自然の目的として現れている。この目的論的思考枠組みを取り去れば、そのメカニズムがそれとして取り出されることができよう。それは諸個人が己の目的を追求しながら、かれらが意図しなかった事態を生み出してしまう、ということである。(35) ともあれ、カントにおいて、社会における敵対性、これは非社交的社交性のことであり、自然はこれを己の目的のための手段として使用するわけである。それから生じる社会における敵対が人間の自然素質を更に発展させる機縁となる。

市民的体制の実現

人類最大の問題がある。それは自然が解決を迫っているものであって、それは市民的体制の実現である。かの自然素質の発展は人類として達成される。自然は、人類がこの自然の最高の目的を自分で定めたあらゆる目的とともに独立で達成することを欲している。完全に法にかなった市民的体制、これは人類にとって自然の最高の課題である。非社交性が人類に自己訓練を課し、自然の萌芽を完全に発展させるのである。この理念のために要求されるのは、①実現可能な体制の正確な把握。②多くの出来事を通じて訓練される豊かな経験、③この体制を引き受ける心構えのできた善意志であるが、これら三者が同時に生じるのは非常に困難である。

完全な市民的一体性を達成するという課題は、合法則的な対外的な国家関係によって左右される。市民的体制とは公共体のことである。非社交性は、人間をして一つの公共体の規律に従属せざるをえなくさせるのであるが、この非社交性が再び原因となる。そこで、自然は再度人間の非協調性を敵対関係の中に平和と安全状態を探し出す手段として用いた。最終的には、人間たちは多くの荒廃、国家の転覆を経て、諸国家を国際同盟を結ぶ方向に向かう。これは乱暴な自由を放棄して、合法則的体系の中に安寧を求める決断を人間たちにさせる。

われわれはさて、国家形成が偶然上手くゆくのを期待すべきなのか、それとも「自然はこの場合でも規則正しい経過をたどり、われわれ人類を動物性の最低段階から人類性の最高段階に到るまで、しかも自然が人間から無理取りしたものではあるけれども自然自身の技巧を使って導き、こうして一見したところこの粗野な無秩序のうちに全く規則正しく人類のかの根源的素質を開展するという考え方を採用すべきであるか？」[36]それともさらに、人類には不和が自然に備わっており、この不和が文化化された状態と文化上の進歩を野蛮な破壊によって再び無にするのか。

ここでカントは啓蒙の逆転ということを念頭に置いているのではない。カントがここで念頭に置いている可能性は、不和によって再び啓蒙が台なしにされるということであって、啓蒙がその進行において逆転する、あるいはその——私見では——硬化した形態へと自己転化するということではない。[37]カントによれば、以上の三つは、自然配置には、部分的には合目的性があっても、全体としては無目的だと前提する方が理性にかなっているかどうかという問題に収斂する。カントの議論は次のようなものである。未開人の野蛮状態はある役割を果たした。それは、無目的状態によって人類が巻き込まれ災禍を通して、市民的体制に入らざるをえなくしたのであって、この市民的体制において自然素質のあらゆる萌芽が発展させられるのである。また、国家間の抗争が、人類をして力を均衡に保つ法を探し求めるようにさせる。かくてまた、国家の公的安全保障が存在する世界市民的状態を導入させざるをえなくするのである。カントによれば、この国家間の結合が人間本性が歩む最後の歩みである。この体制においてその自然素質の萌芽が発展させられる。国家間の結合は人間の自然（本性）が歩む最後の歩みである。

自然史としての人間の歴史

人類の歴史全体は、国家活動の体制を完全に実現し、この内部ですべての素質が人類において安全に展開しうる。さらに、対外的にも、これを完全に実現するのが自然の隠された計画であった。目下市民的状態が侵害されるのならば、あらゆる事業、特に商業においてその不利益が感じられるであろう。また、外国と関わりを持つ国力が衰退していくことになるだろう。しかし、市民的自由は次第に進展していくのである。一人ひとりの行動の制限は撤回されていく。その後、宗教の一般的自由が与えられるようになる。かくて、啓蒙は次第に姿を現す。カントによれば、ある感情がすでにある人々の間で生じ始めている。世界全体の維持が大切だと考えている人々の間においてである。この感情によって、普遍的な世界市民的状態が、いつの日か実現されると期待しうる。それは自然の最高の意図なのである。

ところで、世界市民的状態も、最高善も畢竟人間の自然素質の展開であるから、世界市民的見地における普遍史は同時にその全体が（アドルノの言う意味においてではないが）自然の歴史としての自然史としても捉えられうることになる。換言すれば、カントの言う歴史はそれ自身同時に人間的自然の歴史という意味で、自然の人間的歴史に他ならない。

カントにおいて、理性は歴史化された。すなわち、人間の自然素質のうちに胚胎された自然の萌芽は、人間が神ならぬ有限な理性的存在者であるが故に、始めから完成されたものとしてあることはできず、その生成と発展の歴史を持たなくてはならない。この歴史は目的論的であり、歴史はその隠された目的の実現と解される。その目的の主体は「自然の意図」と言われる場合のその「自然」であり、自然は人類に対してある目的、あるいは計画を有する。その際、この歴史において、理性はその十全な自己理解に達する。市民的体制と世界市民的状態の形成は、このように自然の隠された目的の実現とされた。そして、この市民的体制と世界市民的状態においてはじめて、人間の自然素質の十分な発展が、従って人間の文化とさらには道徳の発展が期待されうる。カントにおいて、歴史の完成されたる目的は二つの次元から成っている。第一は道徳的共同体の形成であって、この共同体は相互に目的自体として承認しあう理性的存在者たちの、この仕方で自由な主体たちの圏である。そうした理性的存在者たちの圏（英知界）は感性界との綜合において最高善の実現を追求する。他の次元は政治的次元である。「それは永遠平和を保障する自由な市民的憲法、理性的私法と世界連邦を含んでおり、そしてそれは財産の権利と使用、発達したテクノロジー的文明を前提としている。（そうしたものとして、それは同様に普遍的な幸福あるいは福祉に寄与するものと仮定される）」(38)。理性、この場合には実践理性は、己を自然に刻印して、世界を道徳的世界に変換しなければならない。

しかし、それにしても、人類の歴史に自然の目的ないし自然の意図を措定することは極めて独断的な企てではないだろうか。自然の計画のこうした独断的措定、あるいは歴史の目的論の独断的な措定は、まさしくそれが独断的であるが故に、カントの批判哲学と本質的に折り合わないのではないだろうか。ある一つの解釈によれば(39)、歴史の目的論のこの独断的性格は、『判断力批判』にいたって、目的論が、規定的判断力のではなく、反省的判断力の（主観的な）原理とされることによって、抜き去られることになる。ここで語られているのは、自然の狡知という いわば独断的な目的論的仮定（自然の意図、自然の目的を設定すること）の独断性が、『判断力批判』においては、自然の狡知が反省的判断力の事柄とされて除去され、カントの批判哲学の要求、批判的理性の要求と調和的なものにされた、ということである。確かに、このようにすれば、目的論が反省的判断力の主観的原理とされて、その客観的実在性が否定されることになり、かくして、歴史の目的論のかの独断的性格は消えてしまうことになろう。けれども、かの独断的性格を回避する別のやり方があるように思われる。それは歴史の目的論そのものを廃棄してしまうことである。私は、自然の狡知という原理のメタ方法論的身分の変換（この場合には、目的論的枠組みそれ自体は保持される）というより、目的論的枠組みそれ自身を除去して、カントの歴史構想を再構成する方向に進んでみたい。念のために付言するが、ここで私が目的論的枠組みを除去すると言うとき、それは歴史の目的論を否定するということを意味している。自然はいわゆる機械論的自然観では把握できない様々な傾向や性格を示すが、こうした傾向や性格を解明する際に目的論を採用するということを私は否定していない(40)。

もしカントの思考から歴史の目的論を除去してしまうなら、それはカントの思考を大きく書き換えてしまうことになるであろうが、私としては、以下この方向を追求してみたいと考えている。しかしそのためにまず、いくらかカントの『判断力批判』に立ち入り、その目的論的体系を押さえておかなくてはならない。

付言すれば、カントの「自然の狡知」の概念は、これがその内部に置かれている目的論的枠組みを除去したからと言って、それと同時に消滅し、無に帰するというわけではない。この概念は何かを捉えているのである。

注

（1）　I. Kant, "Mutmasslicher Anfang der Menschengeschichte", I. *Kant Schriften zur Anthropologie, Geschichtsphilosophie, Politik und Pädagogik 1*, Suhrkamp, 1977. S. 91.（I・カント「人間歴史の憶測的起源」、『カント全集第一三巻』小倉志祥訳、未

來社、一九八八年、一一四頁。）

（2）『判断力批判』では、自然の最終目的として文化が登場するが、文化は人間社会においてのみ、存立しうるものである。

（3）Cf. Yirmiyahu Yovel, *Kant and the Philosophy of History*, Prinston Uni. Press, 1980, p. 7.

（4）というのは、人間及び人間社会は自余の自然へと還元されることはできないからである。

（5）ハンナ・アレント『人間の条件』志水速雄訳、筑摩書房、一九七三年、四一五頁。

（6）Cf. H. Putnam, *Reason, Truth and Huistory*, Cambridge Uni Press, 1981, p. 106.

（7）アレント、前掲書、四一六頁。

（8）同上、四一七頁。

（9）同上、四二二頁。

（10）同上、四二二―三頁。

（11）同上、四二六頁。

（12）同上、四三〇頁。

（13）Jennifer K. Uleman, *An Introduction to Kant's Moral Philosophy*, Cambridge, 2010, P. 79.

（14）Jennifer K. Uleman, *op. cit.*, p. 93.

（15）L. Wittgenstein, *Philosophische Untersuchungen*, 201.

（16）Vgl. K. O. Apel, "Szientistik, Hermeneutik, Ideologiekritik", *Hermeneutik und Ideologiekritik*, Suhrkamp, 1971, S. 21.

（17）Jennifer K. Uleman, *op. cit.*, p. 94.

（18）Cf. M. R. M. Ter Hark, "The Development of Wittgenstein's View about the Other Minds Problem", *Wittgenstein in Florida*, Kluwer Academic Publishers, 1991.

(19) Yirmiyahu Yovel, *op. cit.*, p. 4.

(20) 新自由主義的グローバリゼーションがその閉鎖社会をそれ自身の仕方で突破した。そして新自由主義及び新自由主義的グローバリゼーションがもたらした世界に対してそれを批判しそれに抵抗しつつ別の世界の探求が運動として生じている。現状の世界に対して別の世界を探求する運動にはカントの思考要素の多くが流入しうる。こうした展開の可能性はアドルノのカント読解では抑圧されてしまっている。

(21) この意味での歴史を私はアドルノが語る自然史とは違った意味で自然史として捉えることになる。もとより、アドルノが語る自然史はアドルノの時代で停止したわけではなかった。それは新自由主義的グローバリゼーションとともに新たな展開を見せた。

(22) Yirmiyahu Yovel, *op. cit.*, p. 6.

(23) これは、別の言葉で言えば、人間たちの生活世界を再形成する歴史である。

(24) Yirmiyahu Yovel, *op. cit.*, p. 6.

(25) M. Horkheimer/Th. W. Adorno, *Dialektik der Aufklärung*, Fischer Verlag, 1969, S. 88.（M・ホルクハイマー・テオドール・W・アドルノ『啓蒙の弁証法』徳永恂訳、岩波書店、一九九〇年、一二七頁。）

(26) 私はこのカントの歴史を自然の人間的歴史として再構成する。この再構成にあっては、カントの目的論的枠組みは除去されなければならない。もとより、目的論的枠組みを廃棄したからといって、人間たちが彼等の目的を追求するということが否定されるわけではない。

(27) われわれはこの普遍史を同時に自然史として捉えるのである。というのは、それは自然の歴史でもあるから。

(28) I. Kant, "Idee zu einer allgemeinen Geschichte in weltbürgerlicher Absicht", *I. Kant Schriften zur Anthropologie, Geschichtsphilosophie, Politik und Pädagogik 1*, Suhrkamp, 1977, S. 35. I.（カント「世界市民的意図における普遍史のための

理念」、『カント全集』第一三巻、小倉志祥訳、一九八八年、未來社、一七頁。）

（29）Vgl. I. Kant, "Idee zu einer allgemeinen Geschichte in weltbürgerlicher Absicht", S. 35.（I・カント「世界市民的意図における普遍史のための理念」、前掲訳、一七頁。）

（30）現代の人であれば、そうした目的論の主語としての、あるいは主体としての自然を想定することはもはやないであろう。そうした根源的創造者の想定を除去してみるならば、自然が人間にそうした自然素質を与えたということは、人間はそうした自然素質を有するものとして、自然進化（宇宙進化）の中でこの地上に誕生したというより以上のことは意味しなくなる。

（31）この点は、カントの啓蒙の歴史が道徳性の完成を目的として含んでいるということを示している。

（32）してみれば、その素質もまた、自然素質なのである。

（33）I. Kant, "Idee zu einer allgemeinen Geschichte in weltbürgerlicher Absicht", S. 39（I・カント「世界市民的意図における普遍史のための理念」、前掲訳、二一頁。）

（34）それを私は「非志向能作」と呼んだ。

（35）カントが非社交的社交性という概念で語っていた自然の狡知の背後には、更にもっと別のものが隠されていたのであるが、この点については後に立ち入る。

（36）I. Kant, "Idee zu einer allgemeinen Geschichte in weltbürgerlicher Absicht", S. 43.（I・カント「世界市民的意図における普遍史のための理念」、前掲訳、二六—七頁。）

（37）ところが、一九世紀にもなると、自然の狡知は理性の狡知（ヘーゲル）として、一層の内容を受け取る。

（38）Yirmiyahu Yovel, *op. cit.*, p. 139.

（39）Yirmiyahu Yovel, *op. cit.*, chap. IV.

（40）この点の研究については、佐藤康邦『カント『判断力批判』と現代』岩波書店、二〇〇五年参照。

第六章　目的論的枠組みとその抜き去り

1　感性的なものと超感性的なものの綜合

カントにおいて、感性的なものとしての自然の領域と超感性的なものとしての自由の領域が区別される。けれども、超感性的なものは、感性的なものとしての自然とは別種の自然であった。超感性的なものは感性的なものに影響を及ぼすべきなのであり、自然が超感性的なものによって、道徳的諸原理によって刻印されなくてはならないが、この場合超感性的なものとは実践理性の諸原理、道徳的諸原理のことである。自由概念は、自分の法則によって課せられた目的を感性界において実現すべきである。ここに言われる実現とは、別言すれば、最高善の現実化に他ならず、それはまた道徳と自然の綜合あるいは英知界と感性界との綜合でもある。先に、「自然の狡知」に関して、カントには歴史の目的論があるということが見られたが、道徳と自然との綜合は、『判断力批判』において、目的論的枠組みのうちに置かれるのである。

この綜合のためには、諸目的、すなわち自由の諸法則に従って自然のうちで実現されるべき諸目的の可能性が自然の形式の合法則性と少なくとも合致しているとされなければならない。以上を悟性の立法と理性の立法という点から見るならば、次のようになる。すなわち、自然概念は悟性の立法に基づいており、自由の概念は、それは実践的指令のための根拠を含んでいるのであるが、理性の立法に基づいている。それぞれは自らに固有な立法を有する。両者は相互に異質な立法であるが、しかし、カントにおいて両者は単に相互に異質なものとして並存しているのではなく、両者を媒介することが課題となる。両者を媒介するものは、悟性と理性との間にある中間項であって、これが（反省的）判断力である。従って、悟性と理性（実践理性）は判断力によって媒介される。ここで、媒介されるということは結合されるということである。カントは次のように推測する理由があると言う。すなわち、判断力は自らに固有な立法ではないとしても、法則を探求するための固有の原理を、主観的な原理をアプリオリに自らのうちに含む、ということである。立法するとは法則を与えるということであるが、認識能力にとっては悟性のみが立法的であり、欲求能力にとっては理性のみがアプリオリに立法的である。欲求能力と認識能力の間には、快、不快の感情がある。判断力は悟性から理性の移行を可能にし、自然諸概念の領域から自由概念の領域への移行を引き起こす。判断力には、それが自らに固有な立法を行わないにもかかわらず、法則を探求するための固有の原理をアプリオリに自分のうちに含んでいる。要するに、カントは判断力もそれだけでアプリオリな原理を含む、と言いたいのである。

さて、もし自由の概念が自らの法則によって課せられた目的を自然において実現すべきとすれば、そうした目的の実現可能性は自然の形式の合目的性と合致していなければならない。けれども、カントの考えでは、その目的の実現可能性のためには、それだけではまだ十分ではない。そのためには、感性的なものとしての自然と、自由概念が実践的に含む超感性的なものとの統一の根拠が自然の根底に存していなくてはならない。

2　反省的判断力が含むアプリオリな原理

『判断力批判』では、自然は反省的判断力の諸原理によって判定されるとされ、その諸原理によって自然全体が目的論的に考察される。自然のうちには、多種多様な自然の諸形式が存在するが、それらは特殊なものであり、そうした特殊なものを普遍的なものに包摂するためには経験的法則が必要である。特殊なものを包摂する経験的諸法則は、いわゆる機械論的な自然（ニュートン的な意味での自然）には還元されることのできないものであり、この包摂にあたって、反省的判断力が働く。それ故、反省的判断力はその包摂のためにある原理を必要とする。この原理は、経験的諸原理の統一を基礎づけるものであるから、それ自身は経験的でない。ところで、ここで原理というのは、自然はある統一に従って考察されなければならない、ということであり、その統一とは合目的性である。すなわち、自然の多様性における自然の合目的性である。こうした「自然の合目的性」の概念は、ある特殊なアプリオリな概念であって、カントの考えでは、これは自然を反省するためにだけ用いられ、それは反省的判断力のうちにその起源を持っている。自然の多様性における合目的性、この合目的性を判定するのが判断力である。換言すれば、反省的判断力はそれ自身の概念、すなわち合目的性という概念を用いて、特殊である多様な自然の諸形式を合目的性という概念のもとで自然を判定するのである。この反省的判断力のアプリオリな概念は主観的であって、それはその対象を判定するために使用されるとされ、このように主観的なものであるとされるのであるから、カントは反省的判断力によって合目的として判定されるものの客観的実在性を否定する。規定的判断力は対象を規定するが、反省的判断力は対象を判定するだけで、規定することはない。かくて、カントでは、規定的判断力と反省的判断力との区別は主観的と客観的の区別と重なっている。つまり、カントは規定的判断力と反省的判断力の間に前者は客観的、後者は主観的という仕方で切れ目を入れており、しかもこの区別は固定されている。

規定的判断力にあっては、判断のための普遍的基準があらかじめ存在しており、判断にあっては、特殊が普遍的基準に包摂される。このとき、特殊が普遍的基準によって規定されるわけである。(1) これに対して、判断するに際して、普遍的基準が欠如している場合、特殊から普遍的基準が何らかの仕方で生みだされなくてはならない。こうした判断を遂行する能力が反省的判断力である。反省的判断力の場合、カントはその判断基準を反省的判断力にアプリオリに属しているものとして主観化する。合目的性という概念はかくて、カントにあっては、反省的判断力の主観的概念である。(2) これがカントの構想である。かのこの合目的性は、それ自身としては、アプリオリな原理であり、そうしたものとして判断力に含まれる。

ところで、経験的認識の対象には種的に異なった諸自然がある。それらはさらに無限に多様な仕方で原因であることができるのである。カントは次のように言っている。

以上の諸理由から、判断力は、自分自身の使用のために、次のことをアプリオリな原理として想定しなければならないのであって、それは、特殊な（経験的な）自然諸法則において、人間の洞察にとっては偶然的なものも、それ自体可能な経験のために、そうした諸法則の多数の結合における統一を……含んでいるであろう、ということである（KU, 92/上49）。

多種多様な自然の諸形式において見られる（結合における）法則的統一は、悟性の必然的な意図に適合してはいるけれども、悟性によって規定され尽くすことはなく、換言すれば自然の普遍的法則によって規定されることはなく、それ自体としては偶然的であるが、その法則的統一は自然の合目的性として表象される。だから、ここで働いているのは反省的判断力である。それ自身としては偶然的だとしても、それは法則的統一をなしており、合法則的統一をなしているものとして判定される。反省的判断力は、自然のそうした諸法則に関して、合目的性の原理に従って思考しなければならないとされる。こうした合目的性の判定はカントの枠組みでは、認識というのは悟性の活動であるが故に、認識ではない。ともあれ、カントが『反省的判断力』においてまず扱うのは、（自然の）合目的性である。

自然の合目的性というこの（超越論的）概念は自然概念でも自由概念でもなく、判断力にとっての主観的な原理ないし格率である。「われわれはこの合目的性を前提しなければ、経験的諸法則に従う自然のいかなる秩序も持たないであろう」（KU, 95/上52）。悟性と同じく判断力もまた自然の可能性に対するアプリオリな原理を持っているが、判断力は自らに自然を反省するある法則を措定する。この法則は、自然の経験的諸法則に関する種別化の法則と呼ばれる。

［ここで］人が欲しているのは、自然が自然の普遍的諸法則に従ってどのように整えられていようと、あくまでもかの［合目的性という］原理とそれに基づいている諸格率とに従って自然の経験的諸法則を追究しなければならない、ということ（KU, 96/上53）

である。それ自身としては偶然的として認識される(3)ある結合における法則的統一は自然の合目的性であったが、判断力はこうした自然を反省しなければならない。判断力は、例えば、自然の種別化の法則を自然の合目的性という原理に基づいて想定する。

ここでは、なるほど反省的判断力の事柄とされているにせよ、いわゆるニュートン的あるいは機械論的自然から自然概念は拡大されている。それは普遍的な悟性概念では理解することのできないものであり、それゆえ、経験概念も本来拡大されている。カントは、経験的なあの多様な法則的自然と悟性がアプリオリに法則を与える諸現象の総括としての自然の間に境界線を引き、前者をもっぱら反省的判断力の作用圏に入れている。

カントの考えでは、哲学の区分という点からすれば、哲学は実践哲学と理論哲学だけを含み、概念という点からすれば、自由概念と自然概念だけを含む。ここには厳密な二分法があって、道徳的＝実践的な諸指令は意志の規定根拠を自然から全く排除するするのであり、理論哲学と実践哲学の区分は、それらが感性的原理に基づくか超感性的原理に基づくかによる。反省的判断力はこのような厳密な二分法をいわば緩めるのである。

悟性は特殊な自然法則に従う経験の体系を与えることはできない。経験的諸法則の体系には統一があるが、この統一の原理は反省的判断力の原理であって、この原理が自然の合目的性という原理であった。自然の多様な諸形式を包摂する法則とは経験的法則であるが、これは多様を統一する原理に基づいて必然的とされ、この統一を根拠づける原理は経験的ではなく、それは超越論的原理であり、超越論的原理とは諸事物がそのもとでわれわれの認識一般の客観となることができる原理である。「自然の合目的性」というのは反省的判断力の超越論的原理であり、かくて自然は合目的性という反省的判断力の原理から判定されることになる。換言すれば、自然は「自然の合目的性」という反省的判断力の主観的原理から見られるのである。

3　目　的

自然目的（有機的存在者）

自然目的というのは、ある種の自然産物であって、諸部分が互いにそれらの形式の原因と結果であることによって一つの全体に結合されるものである。この場合、全体の理念は、事物を判定する人にとって認識根拠となる。諸部分はその形式についても結合についても相互的に産出し合い、このようにして諸部分は一つの全体性を産出する。この全体性の概念はある原理に従ったこの全体の原因である。従って、諸作用原因の結合は諸目的原因による結果である。「このような産物は、有機化され、自分自身を有機化する存在者として、自然目的と名づけられることができる」（KU, 322/下44）。

そうした自然産物、即ち、自然目的は自らを有機化する自然存在である。ここで、カントが念頭に置いているのは、有機的自然である。有機的存在者は自分のうちに形成する力を持ち、物質を有機化する力、自分を増殖させ形成する力を持つ。自然は自分で自分を有機化するのである。内的な自然完全性、これは有機的存在者が所有するようなものである。

自然目的にあっては、諸部分は全体の為に存在するのであり、してみれば、この場合目的概念を使用できることになる。諸部分は全体のために存在するのであるから、全体が目的であることになろう。諸部分は他の部分を相互的に産出する。このときここに自然産物は有機化されており、また己自身を有機化する存在者であって、それは自然目的と呼ばれた。（自然目的は有機的存在者であって、「自然の意図」、「自然の計画」という意味での自然の目的のことではない。）有機的存在者は、欠損した部分を自分で補充し、はじめに作られた諸部分の欠損を残りの部分に当てて埋め合わせることができるし、不調になったとき自分で己を修繕する。また有機的存在者は自己の内に自己を形成する力を持っている。それは自分を増殖させながら形成する力を持つ。自然は、自分で自分を有機化する。それ故にそれは自己を有機化するのである。自然の有機的組織は、われわれが知っている何らかの原因性と類比的なものを持たない。

以上のように、自然諸目的というのは有機化された存在者であるが、ここでカントは更に、こうした有機的存在者の存在は「自然の目的」という概念に客観的実在性を与える、あるいはまた有機的存在者の存在は自然の目的論的概念に客観的実在性を与えると言う。このことが意味しているのは、自然全体が目的論的に考えられなくてはならないということである。すなわち、自然諸目的の秩序は自然の単なる機構とは異なる事物の秩序であるが、この場合、カントはそのような秩序の根拠が考えられなければならない、とする。この根拠とは、諸目的に従って作動する世界原因のことである。カントはこうした世界原因が想定されなければならないと言うのである。

自然の相対的合目的性

砂地が拡大するとしてみよう。トーヒという被造物にとっては、砂地は最も繁茂しやすい土地であるが故に、それはトーヒにとって有用であり、それ故トーヒという被造物にとって砂地という自然事物は手段として有効である。砂層の太古の堆積はトーヒの森林のための自然の目的であったのか。(4) それ、つまり砂層の堆積を生みだすことは自然の目的であったのか。もし森林を産み出すことが自然の目的であったとすれば、砂地を産み出すことも自然の目的でなければならなかったであろう。そして、自然は砂地を産み出すが、そうした産出された砂地は森林のための手段であったであろう。けれども、砂地が産み出されたということは、実は何ら自然の目的ではない。それは産み出された。そして森林の誕生は砂地の存在を条件としていたのであり、この条件のもとで森林が産み出された。これは何ら目的－手段概念で捉えられるものではない。ある種の諸条件の下であるものが誕生した。それだけである。これを森林の生成を目的とし、砂地をそのための手段とすることはできない。ここに述べられたのは、相対的合目的性であるが、カントによれば、この相対的合目的性は客観的合目的性ではない。この場合、合目的的というのは、単にある事物が他の事物にとって有効であるというにすぎず、それ故、相対的合目的性は（絶対的な）目的論的判断の資格を与えない。

最高善とその可能性

自由の概念は自然の理論的認識に関しては何も規定しないいし、また自然概念は自由への実践的認識に関しては何も規定しない。それ故、一方の領域から他方の領域へと橋をかけることはその限りにおいて不可能である。けれども、カントによれば、このこと――橋をかけること――は、自由概念から発して、自然に及ぶ帰結に関しては可能である。これがどういうことかと言えば、それは自由による原因性の結果が世界のうちで生起すべきである、ということである。自由概念に従う結果は究極目的なのであって、この究極目的は現存すべきなのであり、この究極的可能性の条件は、自然（人間としての主観）のうちに前提されている。（反省的）判断力は自然諸概念と自由概念の間の媒介概念を与えるのであるが、この媒介概念は自然の合目的性である。自然の合目的性という概念によって、究極目的の可能性が認識されるのであり、この究極目的は現実的となることができる。この究極目的は何であるか。二つの意味があるが、その一つ（他は人間であるが）は世界における最高善、世界のある状態としての最高善である。

悟性は現象の背後にある自然の超感性的基体（ein übersinnliche Substrat）を通告するにしても、完全に無規定のままにするが、反省的判断力は、この自然の超感性的基体を知的能力によって規定する可能性を与えるとカントは言う（Vgl. KU, 108/上77）。つまり、自然の超感性的基体が想定されており、判断力は、この超感性的基体に知的能力によってそれを規定する能力を（われわれに）与える。判断力が何故そうしたことをするのかと言えば、それは、（カントによれば）自然概念の領域から自由への移行を可能にせんがためである。つまり、反省的判断力によって、自然の超感性的基体が想定され、（悟性はそれを無規定に残したが）それが規定されれば、このことを媒介にして、自由の領域への移行が可能になるというのである。このことが意味しているのは、自然の超感性的基体が自由（道徳）と自然との綜合の可能性を与えるということである。

カントによれば、悟性は感官の対象としての自然に対して立法するところの理論的認識のための（人間）能力であり、理性は自由及び自由に固有な原因性に関してアプリオリに立法的な能力であった。(5) 自由概念の領域と自然概念の領域とは相互に全く分離されているが、それにもかかわらず、自由による原因性の結果は自由の形式的法則に適合して世界の内で現存すべきである。

世界原因

自然目的とはその諸部分が相互に目的及び手段として産出し合う自然産物、すなわち有機的存在者であった。しかし、ある自然産物が自然目的であるということは、それだけではまだ自然の目的と言うことはできない。この場合、ある自然目的が自然の目的であるということは、それを産み出すことが自然の目的であったということである。

例えば、地球の表面のあり方、形態、これは植物界や動物界の成立と維持に必要である。けれども、こうした形態は、諸目的に従った原因性を想定しなければならないようなものではない。ある事物をその内的形式のゆえに自然目的と判定することは、この事物の現存を自然の目的と見なすこととは全く別のことである。この後者の場合には、われわれは自然の究極目的の認識を必要とする。それ故、自然の究極目的との関係において、そしてこの関係においてのみ、自然目的はそれを生み出すこと、その現存が自然の目的であると言われることができる。

かの世界原因、これはその上悟性的な世界原因とされるのであるが、この悟性的な世界原因は目的を持って作動するが故に、それが産出する自然はある目的を持つことになる。

カントでは、この世界原因は、それが悟性的であるとされるために、意図的に作動する原因（性）である。自然目的は自然のメカニズムの原因性とは別種の原因性に従って判定されなければならないとされた。そのためには「自然目的」という概念は、自然における事物の可能性の根拠を含まなければならない。また、自然そのものがある自然、すなわち経験的には認識できない自然、つまり超感性的なものと関係する可能性の根拠も含んでいなければならない。

ここで、カントは興味あることを言っている。ある自然、これが自然における事物の可能性の根拠と言われているものであろうが、そしてカントはそうした事物の可能性の根拠は反省的判断力の事柄だと言いたいのだろうが、経験的には認識できない自然と関係する可能性の根拠は非経験的、超感性的なものだと言われており、そして、この超感性的なものはまた自然であると言われている。これは自然なのである。自然における事物の可能性の根拠は、これは超感性的なものであるが、超自然的なものなのではなく、自然である。

この超感性的なもの、すなわち、かの悟性的な世界原因は意図を有するとされる。だから、カントでは、意図の概念が自然の根底におかれているわけである。とはいえ、カントでは、このことは、反省的判断力の主観的な事柄にすぎない。カントは次の二つのことを区別している。すなわち、①ある種の諸産物は、全自然でさえも、意図に従って働くように規定された原因によってのみ可能である。②われわれの認識能力の特有な性状からすれば、ある諸事物とその産出に関しては、私は意図に従って作用する原因を思い浮かべる以外には私は判断することはできない。カントは②を主張するのであり、意図的に、意図に従って作用する原因を考えざるを得ないというのは、（反省的）判断力の格率の主観的原則に他ならない。しかし、カントによれば、それが判断力の主観的原則であるとしても、この原則はわれわれにとって本質的に必然的でもある。というのは、「それらの産物を有機的諸事物とする思想すらも、意図を持った産出という思想をそれに結びつけることがなければ、不可能だからである」（KU, 350/下106–7）。かくて、カントはそう考えざるを得ないこととして、ある意図をもって作用するある悟性的な世界原因を、それ自身自然である超感性的な、全自然の根底に置かれる悟性的存在者を想定するのである。カントは言っている。

> われわれは合目的性を、つまり多くの自然諸事物の内的可能性についてのわれわれの認識すらもがそれを根拠としなければならない合目的性を、われわれがそれらの諸事物ならびにそうじて世界をある悟性的な原因の（神なるものの）産物として表象することによる以外には決して考えたり把握することができない（KU, 352/下109）。

ただ次のことだけが確実であって、それは、それでも少なくともわれわれがわれわれ自身の本性によって洞察することが許されるものに従って（われわれの理性の諸条件と制限とに従って）判断しなければならないとすると、われわれはかの自然諸目的の可能性の根底に、ある悟性的存在者以外のなにものもまったく置くことができない、ということである。このことだけが、われわれの反省的判断力の格律に、したがって主観的ではあるが人類にどうしても付きまとっている根拠に、適合した事柄なのである（KU, 353/下110）。

この世界原因である悟性は人間の悟性ではなく、それとは区別されるある可能的悟性であるが、自然諸産物はこの可能的悟性によって意図的に、すなわちその悟性の目的として産出されたものと見なされる。この可能的悟性は目的の表象を持つところの特殊な原因であるが、しかし、そうした原因が現実に存在するということが主張されているわけではない。

私はこの目的論的枠組みを反省的判断力の統制原理としてさえ、否定し、それを廃棄するように試みるであろう。この場合に、自然目的としての有機体のカントの概念は保持されるであろうが、「自然の目的」という概念は廃棄されるであろう。

カントは、「世界市民的見地における普遍史の理念」で、「自然の狡知」によって自然の意図、自然の目的というものを設定したが、これは独断的措定であるとイルミヤフヨベルは語った。確かに、目的論の措定のこの独断性は、目的論的想定が反省的判断力の主観的事柄とされることによって取り除かれる。しかし、私は、先に述べたように、自然に関する目的論という思考それ自体を否定する。カントの思考からこの目的論的枠組みを抜き去れば、「自然の意図」あるいは「自然の目的」という概念も抜き去られることになる。

自然の最終目的

人間は一切の有機的存在者と同様自然目的として存在するが、しかしそれだけではなく、自然の最終目的（der letzte Zwecke）であって、反省的判断力は人間をこのように判定する。要するに、人間は自然の目的であり、しかも最終目的である。人間というこの目的との関係で残りの一切の自然事物が諸目的の体系をなす。人間は諸目的の体系の最終項として、自然の最終目的である。人間が自然の最終目的であるということは、更に、人間はその肩書きの上で自然の主人であるということを意味している。けれども、カントによれば、それ自身自然目的であり自然存在者である人間は厳密に言えば自然の最終目的ではない。自然は人間に対して他の動物に対してと同じくその破壊作用において容赦することはないからである。つまり、自然の破壊作用という点で、人間と他の動物とは異なるところはないからである。それ故、この意味で人間は単に諸目的の連鎖のうちの一つの項にすぎない。むしろ、自然の最終目的とは人間のうちに（自然の）目的として実現されるべきものである。では、人間のうちに実現されるべき目的とは何であろうか。カントによれば、それは幸福であるか人間が自ら立てる目的に対する有能性及び熟練の開花のいずれかであるが、幸福は自然の最終目的であることはできない。それというのは、幸福は人間の状態についての単なる理念にすぎず、人間のこの状態を人間はいろいろに考えるので、自然はこの動揺する概念と合致するために一定の普遍的で確固とした法則を受け入れることはできないからである。所有や享楽、これはどこかで停止することはないから、幸福は人間によっては決して到達されることはできないものである。

カントでは、自然は目的論的思考枠組みのうちで考えられており、こうして、自然はそのために自然が現存するところの目的を持たなくてはならないと考えられている。自然はその最終目的を有するのであるが、自然的存在者としての人間、もっぱらこのように見られた人間は、自然の最終目的ではなかった。カントの考えでは、人間のうちに実現されるべき（自然の）目的とは、そして、これは自然の最終目的ということになるが、人間が自ら立てる目的に対する有能性及び熟練の開花である。人間は自然の支配者として自ら立てた目的のために人間以外の自然を手段として用いるのであり、その際に熟練が開花するのである。

これは要するに文化であり、そして文化は人間社会においてのみ成り立つ。ここに社会が現出する。この文化の発達ないし進歩は、カントは言っているが、人間たちの間の不平等を媒介しなければ起こらないであろう。文化（の進歩）は自然の最終目的であり、この最終目的はあの超感性的な世界原因、自然の根底に置かれる根源的な悟性的存在者の目的とされるのであるが、この目的の実現は人間たちの間の不平等を媒介にする。カントの叙述にあっては、文化の進歩のうちで、二つの階級が現れる。両方の階級に辛苦が等しく生じる。下層階級の側では、上層階級の側からの暴力によって辛苦が生じ、これに対して上層階級の側では、満足することのない貪欲さによって辛苦が生じる。両方に辛苦が生じるという状態は悲惨であるが、しかしこの悲惨は同時に輝かしい悲惨でもある。というのは、この悲惨は人類の自然素質の発展と結びついており、自然素質と言われているものの発達、自然そのもの（最終）目的はそれによって達成されるからである。こうして、まずは文化が自然の最終目的とされるものである。もしわれわれがカントの思考からその目的論的枠組みを除去するなら、（人間の）文化には自然の最終目的ではない別の意味づけがなされることになろう。

さらに、カントは究極目的（der Endzweck）について語っている。道徳的存在者としての人間が究極目的である。究極目的はただ、人間相互の関係としてのある種の体制、すなわち、互いに抗争する自由の侵害に対して法を普遍的に管理する市民的社会という合法則的権力が対置される体制という形式的条件においてのみ達成される。この体制のもとで人間の自然素質は最大限発達が可能である。この形式的条件こそが（法を普遍的に管理するものとしての）市民的社会に他ならない。それが条件だというのは、その条件の下で、人間の自然素質が最大限発達可能となるという意味である。更に、そのためには、世界市民的全体が要求されるのであるが、この世界市民的全体を形成する上で人間たちに助力するのが再び自然の狡知である。戦争を行うのは諸国家である。戦争についてカントはそれは人間にあっては意図なき試みであるが、しかしそれはおそらくは意図的な試みであると言う。この意図的な試みは諸国家間の自由と合法則性を準備する。戦争が「意図的な試み」と言われる場合、その意図とは誰の意図であるか。それは人間の意図ではないが故に、あの悟性的な世界原因としての、自然の根底にある存在者の意図であるほかはないであろう。文化の発達は自然の最終目的であり、市民的社会と世界市民的状態の形成はさらに自然の究極目的の形式的条件である。これらの目的は世界原因であるかの悟性的存在者の目的であり、自然の狡知は市民的社会と世界市民的状態の形成に際して人間たちに助力するのである。社会における人間当時者たちの間の抗争が、彼らの意図にはないことだが、そしてそれはあの悟性的な世界原因の意図であるが、文化の発達と市民的社会の形成、更に進んでは世界連邦の形成にまで導いていく。人間当事者たちの相互敵対と抗争は、彼らの意図に反して、文化の発達ばかりではなく、相互敵対と抗争の自己止揚をもたらすのである。ここにカントの歴史構想がある。

カントによれば、市民的社会は道徳の写しとなっていなければならない。(6)

カントはわれわれは自然の目的を看過すべきではないと言い、それはわれわれの傾向性からその粗野さや凶暴性を奪い去り、人間性の発達をもたらすことであると言う。要するに、自然の最終目的とは文化のことであり、それ故にまた、「自然の目的」とは先に言及された自然の最終目的を意味するのであろう。カントによれば、この自然の（最終）目的はより高次の目的に対する感受性を準備する。それをカントは創造の究極目的と呼ぶ。してみれば、自然の最終目的は未だそれだけでは十分ではない。それがまだ十分ではないというのは、理性的存在者の目的の規定や選択における意志の自由を促進するためには十分ではないという意味においてである。換言すれば、自然のかの目的（最終目的）はそれだけでは未だ道徳的存在者としての人間には達しないのである。自由の促進のためには、さらに規律の開花（訓練）が欲求の専制から意志を解放することが必要である。そして、この点は創造の究極目的という概念に関係している。創造の究極目的の下で、創造の究極目的に自然の最終目的が統合される。

創造の究極目的

究極目的とは、ある目的であって、その上他の如何なる目的もその可能性の条件としないものである。

カントは、次のように言っている。常識にとっても免れることのできない判断があり、それは諸事物と世界そのものの現存を熟考するに際してなされる判断であって、それは多様な被造物のすべて、その数多くの体系の全体さえ、もし人間が存在しないならば、何のためにも存在しないであろう、という判断である、と。もし人間が存在しないなら、全被造物は無駄で、究極目的を欠いているであろう。人間は一方で自然存在であり、そうした存在として、自然の目的秩序の最終項、従ってこの意味で最終目的であるが、他方で同時に、人間は創造の究極目的として存在するのであり、カントによると、自然事物はこうした究極目的であることは決してできない。理性的存在者として人間だけが創造の究極目的であることができる。人間が創造の究極目的であるのは、人間が道徳的存在者である限りにおいてである。このように、カントは自然の最終目的と創造の究極目的を区別する。

人間の現存の価値とは人間がもっぱら自分自身で与えることができる価値であり、善意志こそがそれである。すなわち、人間の現存は善意志によって絶対的価値を持つことができるのであり、人間は道徳的存在者としてのみ、創造の究極目的であることができるのである。してみると、人間が創造の究極目的であるというのは、道徳的な意味においてである。人間は善意志において絶対的価値を持っており、人間が究極的目的であるのは、以上の絶対的価値を持つという点においてである。ともかく、カントによると、人間は創造の究極目的として前提されなければならない。

かくて、人間は自然的存在者であり、従って自然の機構に服する感性的存在者であるが、同時に創造の究極的目的として、従って道徳的存在者として超感性的存在者である。従ってここに感性的なものと超感性的なものの綜合が存していることになる。この綜合はカントの場合に、「自由の概念は、その法則によって課せられた目的を、感性的世界のなかで実現しなくてはならない」(7)という仕方で行われる。

人間は創造の究極目的であると言われた。さて次に創造の最終目的が言及されている。われわれが世界のうちに目的の配置を見出し、条件づけられる諸目的を無条件的で最上の目的、究極目的に従属させるとする、するとその場合に問題となるのは自然の現存の目的である。これは創造の最終目的である。これは、つまり創造の最終目的とはこの最終目的の下でのみ究極目的が生じることができる最上の条件である。人間は道徳的存在者として創造の目的である。

単なる自然的存在者としてみれば、人間は自然のメカニズムの内に含まれており、それ故、そうしたものとしては、人間は自然の単に一項であるにすぎず、それ故、人間はこの意味では自然の最終目的であることはできなかった。この場合には、カントによれば、有機的諸存在者は諸目的としての一つの体系をなすこともないのである。単なる自然的存在者としての人間は全自然のうちに含まれるであろうが、この場合にはわれわれは全自然のうちに創造の究極目的を見出すことはできないであろうし、自然の最終目的も見出すことはできないであろう、とカントは語る。この場合には自然は目的論的体系をなすこともない。カントによれば、自然の最終目的が設定されて始めて、全自然は目的論的体系をなす。全自然が目的論的体系をなすとすれば、人間は自然の最終目的でなければならない。ところがあるものが自然の最終目的であるためには、そのあるものは単なる自然的存在者であることはできず、単なる自然的存在者を超えたものでなければならない。自然のその最終目的が文化だったのである。しかし、この文化はいっそう高次の目的に対する感受性を育てると言われた。つまり、カントの思考にあっては、自然の最終目的の論定にあっては、既に究極目的が予想されている。つまり、文化だけでことは終わらないし、また終わってはならないのである。この予想のもとで自然の最終目的（文化）が論定されている。すなわち、カントでは、創造の究極目的が設定されて始めて、この究極目的への感受性を育てるものとしての自然の最終目的が論定されるのであり、かくて創造の究極目的の下で、全自然が目的論的体系をなすと見なされることになる。道徳的存在者としての人間こそが創造の究極目的であるが、それは人間が道徳的存在者として無条件的立法を行うからであり、そして創造の究極目的、すなわち、道徳的主体としての人間に全自然が従属するとされる。

4　自然と道徳との統一としての最高善

自然は現存する。目的論的思考にあっては、この自然はその現存の目的を持たなければならない。すなわち、自然がそのために存在する目的が存在しなければならない。これが創造の最終目的であったが、この最終目的のもとで究極目的が生じる。人間は道徳的存在者として創造の究極目的であり、他に最高善がまた究極目的である。最高善は自然と道徳との綜合であるが、自然は結局その綜合にとって合目的的である。

最高善にはいくつかの場合があった。①個人的意識の対象の統一としての最高善。この場合、徳と幸福とが綜合されて、一人の人格に対して最高善が措定される。道徳的な構成部分は徳であり、幸福は自然である。②道徳と普遍的な福祉の体系としての最高善。これは世界における理性的存在者たちの最大の幸福と道徳の綜合としての最高善（世界福祉）である。(8)

全自然の創造者の要請

最高善は自然と道徳との綜合、統一である。この可能性のために、カントでは、全自然の創造者が必要とされる。この根源的な存在者は自然に対して立法的と考えられなければならないだけではなく、道徳的な国の立法的な元首と見なされなければならない。というのは、この根源的存在者は全自然をこの最高目的に適合させることができるのであるが、道徳的法則の下で最高善を可能にするものであり、世界の最上の原因の原因性の諸条件を形成するからである。このようにして、道徳的目的論は、自然的目的論の欠陥を補完して初めて神学を基礎づける。

カントによれば、道徳諸法則の下にある理性的存在者の現存だけが世界が現存する上での究極的な目的と考えられることができる。道徳法則はアプリオリにわれわれに対してある究極目的を規定するが、この究極目的とは、この場合、世界の最高善であり、この最高善は自由によって可能である。道徳法則の下で究極目的を設定することができる主観的条件は幸福であるが、この幸福というのは、道徳法則と合致するという客観的条件の下での幸福である。①主観的条件は幸福である。②しかし、その幸福は道徳性の法則と一致するという客観的条件の下にある。その際、これら二つの要求は単に自然諸原因によって結合していると表象すること、その上究極目的の理念に適合していると表象することは不可能である。（つまり、目的の実践的必然性という観念は、そうした目的の実現の自然的可能性という理論的概念と一致しない。）それ故、われわれは、道徳法則に適合して究極目的を定めるには、ある道徳的世界原因を想定しなければならないのである。このことは道徳的な世界原因が現実に存在すると主張することではない。これは想定であって、認識ではない。それは反省的判断力の統制原理なのである。これは人間と自然の根底に存する超感性的基体の想定に基づく。

信仰

どのような証明にも要求されることは、その証明が信じ込ませるのではなく、確信させる、ということである。(だから、確信は単なる主観的確信、根拠なき確信のことではない。)あるいは確信に効果を及ぼす、ということである。それは証明根拠が客観的＝妥当的認識の論理的根拠である、ということである。

自然を超えて求められるべき存在者の概念。これにはわれわれに可能などのような直感も対応しない。この概念はわれわれにとっては単に蓋然的にとどまり、それ故この存在者の認識は決して生じない。また、超感性的存在者という概念は、諸物の本性の普遍的原理に包摂されることはできない。それというのも、この普遍的諸原理は自然にのみ妥当するからである。

単に経験的な証明根拠は超感性的なものに導くことはないし、証明根拠における欠陥は何によっても補足されることはできない。神性としての根源的存在者の現存在、あるいは不死の精神としての魂の現存に対しては、証明は理論的意図においては人間にとって可能ではない。カントによると、非感性的なものは感性界の最終根拠を含んでいるのではあるが、この非感性的なものについては如何なる認識も可能ではないのである。

実践理性の使用に関連してはアプリオリに考えられなければならないが、理性の理論的使用に対しては　超越的であるような諸対象は信仰の事柄である。最高善は、これは自由によって実現されるべきであり、そうした事柄であるが、この目的をできるだけうまく実現するためにこの概念を使用することは実践理性によって命じられているのであり、それ故、可能であると想定されなければならない。この命じられた結果は、神の現存在及び魂の不死とともに、信仰の事柄である。それらは認識の客観ではない。

神と不死も同じく理念である。これはわれわれがあるような究極目的を思い浮かべることができるような唯一の条件である。それらは純粋な実践的意図で真と見なすことであり、つまりそれは道徳的信仰である。それはすべての人倫的法則の最上原理の要請なのである。

カントによると、ある道徳的世界創始者という概念だけがわれわれに究極目的を告示する。われわれは自ら道徳法則が究極的目的としてわれわれに課するものに適合する限りにおいて、自らをこの究極目的に属すると見なすことができる。それは信仰の事柄だ。信仰というのは、カントによれば、理論的認識には達しないものを真と見なすさいの理性の道徳的な考え方に他ならない。最高の道徳的究極的目的はわれわれに対して拘束性を有しているが、この究極目的の可能性の条件として必然的に前提されるべきものを信仰は真と見なすのである。信仰というのは、ある意図の達成に対する信頼である。

この意図を促進することは義務である。しかし、この意図の遂行可能性はわれわれには洞察できないものだ。それでも、信仰は、カントによると、理性の実践的使用に関して、理性の意図にとって十分に根拠づけられている。単に理論的な道によっては、神と不死とを証明することはできない。というのは、その道によっては、超感性的なものについてどのような認識も可能ではないからである。これに対して、道徳的な道においては、根底にある自由（超感性的なもの）は、他の超感性的なもの、すなわち①道徳的な究極目的とその遂行可能性の諸条件を認識するための素材を与え、②さらに事実としても自分の実在性を諸行為のうちで立証する。

こうした考察は、自然の根源的根拠を認識するためになされるのではなく、それはわれわれの実践的能力のためになされる。要するに、認識関心からここでの考察が行われるのではない。目的が存在論的に設定されているのではないのである。そしてそれはまたは認識の問題ではない。問題なのはわれわれの実践的能力であり、実践的能力の関心からそうした考察が行われる。最高善とは世界のある状態のことであったが、そうした世界を産出する実践理性の関心が問題である。それはどこかにあるわけではない。

5　すべては自然であるか

『判断力批判』におけるカントの思考の中では、文化と社会はどうも収まりの悪い位置にある。自然は『判断力批判』において、たとえそれが反省的判断力の主観的原則から見られるのであれ、自然機構に従う自然に対して有機的存在者が考えられ、この意味では自然は拡大された。すると、今や全自然は有機的存在者を含むものとして表象されよう。自然の最終目的とされた文化はそうした自然のうちにはなく、その外にあることになる。カントが語っていた下層階級や上層階級は、今日のわれわれの言葉で言えば社会的（歴史的）存在であるが、これらの階級は有機的存在者を含むように拡大され自然のうちには存在しないであろう。創造の究極目的としての道徳的存在者も同様である。とすれば、それらはかの先に言及された拡大された自然のうちにはないことになる。では、それはどこに存在するのであろうか。

私は一つの試みとして次にようにカントの議論を再構成的に整理してみよう。それはどこに存在するのか。これが問いであった。その候補は世界であろう。もしこのように考えるのであれば、世界は有機的存在者を含むように拡大された自然の他に文化と従って社会、また道徳的存在者としての理性的存在者を含むことになる。この場合、『基礎づけ』で語られた英知界も感性界も両者の綜合も自然であるが故に、「自然」という語の外延を文化と社会を含むようにさらに拡大するとすれば、文化と社会、また道徳的存在者もまた世界に属することになろう。このようにすると、世界は因果的機構に従う自然、有機的存在者、文化と社会、道徳的主体を含み、それゆえ、拡大された「自然」の外延は「世界」の外延と一致することになるはずである。ところが、このようにしてもうまくゆかない点がある。あの悟性的な世界原因たる根源的存在者は自然である。そしてさらに、道徳的世界創始者は世界の外にあるとされる。この不整合は「道徳的世界創始者」を除去してやれば、消失する。

人間たちの間の敵対、これはカントによれば、文化の進歩の乗り物であった。この文化は自然の最終目的とされたが、それは自然の内部には存在しないとされたのである。では、社会階級とそれらの間の抗争、並びにその辛苦の経験は自然に属していることになるのだろうか。もしそうだとすれば、ここで再び、文化に関してのみならず、社会に関して曖昧性が生じるであろう。社会階級（上層階級と下層階級）並びにその辛苦の経験は自然に属しているのだろうか。カントの議論からすれば、それは自然に属しているとされる他はないであろう。文化は自然の最終目的として、自然そのものではなく、その外にある。では、社会的抗争はどうか。もしこれが自然の外にあるとするなら、つまり文化と同じく自然そのものの外にあるとするなら、社会的敵対が、社会的抗争が文化と同じく自然の最終目的であるということにならないか。（あるいは、自然の最終目的と究極目的は、拡大された意味で自然とすることもできよう。）

人間は独自の自然存在であった。独自なということは、人間は自然存在であると同時に英知的存在でもあるということである。これを言い換えれば、人間は一方で感性界に属しながら、同時に道徳的存在者として英知界に属しているということである。両世界は世界において実現されるべき最高善において統一される。自然とはまず、最高善において道徳と統一されるべきものである。人間自身が一つの自然であったが、その人間の幸福は自然である。更に普遍的因果的法則のもとでの自然もまた自然であり、更に、社会もまた社会として自然である。ところが、カントにあっては、超感性的なものとしての道徳的世界、従って、超感性的能力としての自由も自然である。「自然の意図」といわれる場合の自然も、それはいわば神の摂理を意味するが、これまた自然である。

自然が人間に与えた自然素質はそれが自然素質であるが故に、自然であり、普遍史の展開において、この自然資質が展開し、世界市民的状態へと導いていくとされるが故に、その世界市民的状態がまた自然に他ならない。というのも、それは人間の自然素質の展開であり、実現であるからである。かくてまた、自然と道徳の統一としての、実現されるべき世界の状態としての最高善は、それ自身自然であり、道徳的自然である。

6　意図的な作用原因

カントは自然目的論は悟性的な世界原因の現存在を想定するための十分な証明根拠を与えると言う。この悟性的な世界原因は意図的に作用するとされる。道徳的目的論にあっては、道徳的な世界創始者が現れ、この存在者は、これは最上の産出原因と言われるが、諸目的の表象を持つのであり、その産出の究極目的を持つのである。その究極目的というのが、道徳的存在者としての人間であった。悟性的な世界原因が意図的に作用する悟性的存在者であるとされたように、道徳的な世界創始者も意図的に、従って諸目的の表象を持つことができる存在者である。

ところで、市民的社会（ここでは、市民的社会とは完全に法にかなった市民的体制のことである）と世界市民的状態については、自然の狡知はそれらが形成されていく際に人間に対して助力をする。自然の狡知の主体はこの悟性、それゆえある種の主体である。自然の狡知は文化と市民的社会を人間たちが形成する際のある種の力であるが、それはカントでは悟性的主体として表象されたのである。カントの自然の狡知はヘーゲルにおいて理性の狡知へと展開し、悟性的主体はヘーゲルにおいて世界精神へと展開する。理性の狡知は悟性的主体の活動として行われ、理性の狡知は世界精神の活動として行われる。とりわけカントにおける文化と市民的社会、そしてまた世界連邦の形成は、この悟性的主体が遂行する能作である。

だが、カントの自然の狡知とヘーゲルの理性の狡知との間には違いがある。両者は人間当事者の意図しない事柄を実現させるものであるが、ヘーゲルの「理性の狡知」という概念はカントのそれよりも（適切な用語ではないかもしれないが）より深い次元を捉えている。カントでは、敵対行為においてこの敵対行為が当事者の意図なしに、反転して止揚されるということである。人間行為の非志向能作[9]が、それはいわば大型の主体の事行では決してないのだが、ヘーゲルでは、意識哲学のパラダイムの元で主体の事行として把握されている。

「世界市民的意図における普遍史のための理念」において、「自然の意図」とされている場合の自然は、『判断力批判』では、かの悟性的な世界原因として姿を現す。自然の意図は文化の進歩や市民的社会の形成へと導いていくとされた。けれども、カントの「自然の狡知」はヘーゲルでは「理性の狡知」としていっそう進化した姿で現れる。カントでは、自然の狡知はいわば「善性」を有しており、カントが期待する方向へと人類を導いていくことになっている。そこには、アドルノの言い方をまねれば、若い近代市民階級の期待が投影されている。しかし、自然の狡知がカントが期待した方向へ人類を導いていく保証はどこにあるのだろうか。

ヘーゲルの理性の狡知では、敵対関係が文化の進歩を生みだし、敵対関係が反転して自己を止揚し、市民的社会へと導くというより（これは確かに当事者が意図したことではないが）、人間当事者の行為が意図せざる結果を生みだすというより一般化された姿において現れる。（シーザーの例がそれを表していよう。諸個人の関心、情熱など。これらを持って行われる諸個人の行為は彼らが意図したものを超えた結果をもたらす。）人間たちの行為において、その行為は彼らが意図したのではない結果を生みだすという事態は人間の歴史において見られることであるが、このような人間行為の側面が、ある大型の主体の目的実現行為という形で捉えられたのである。ここに歴史の目的論が現れる。カントでは、その主体は悟性的存在者として、つまり世界原因としての悟性、世界創造の主体という主体化された存在者が現れた。その主体が「自然の狡知」の主体である。そのような主体を除去すれば、そうそれを抜き去ってみれば、無が残るのではなくて、人間行為のある側面が姿を現す。人間行為の非志向能作をそれとしてみれば、それがカントが期待したような「善性」を持つ保証はない。歴史的に見れば、むしろ事態は逆であった。それはカントの期待を裏切る方向へ、カントの歴史構想が無効にされる方向へと人類を追いやったのである。すなわち、カントの意味での自然史（人間の自然素質が発展し、最高善、すなわち諸人格の内なる人間性の目的自体としての相互承認と目的自体としての相互の振る舞いの圏とりわけ普遍的福祉の綜合という意味での最高善が実現されていくとされた歴史。私はこれを自然の人間的歴史の構想と呼んだ。）が無効にされ、それとして実現されることはなかったのである。カントの歴史構想はそれとしては実現されず、むしろ、疑似自然過程となった人間の自然史として実現されたのである。カントの意図からすれば、「自然の狡知」は、自然の人間的歴史を実現する際に、人間に助力するはずだったが、それは実際には逆機能を持ったのだ。

われわれは、この逆機能について論じる前に、カントの理説から目的論的枠組みを除去するであろう。自然の最終目的も創造の究極目的も創造の最終目的（自然の現存の目的）も、カントの理説から目的論的枠組みを除去するならば、消失することになるだろう。もとより、その場合、悟性的な世界原因も世界の道徳的な創造者も消えてなくなる。

また全自然が道徳的主体としての人間を中心にして目的論的体系をなすということもなくなる。[10]

7　目的論的思考枠組みの除去

カントでは、（道徳的存在者としての）人間を中心として、全自然がその人間に従属するという目的論的体系が構想されている。人間は自然の最終目的であるとともに創造の究極目的であったし、また悟性的な、あるいは悟性としての世界原因、また創造的悟性が考えられていた。先に述べたように、私はカントの思考から、目的論的思考枠組みそのものを除去するように試みてみたい。全自然が道徳的存在者としての人間に従属するといった目的論的思考枠組みに属する思考要素を除去するとすると、カントの思考はどのように変換されることになるだろうか。私はそれを以下、いくつかのテーゼの形式で述べてみたい。

テーゼ1　自然の歴史性

カントは「世界市民的見地における普遍史の理念」（一七八四）において被造物の自然素質はすべて、いつか完全かつ目的にかなって解きほどかれるように定められていると語った。ここに言われているのは、人間の自然素質のすべてが、いつか完全に発展し、発達し、目的にかなって発達するように定められているということである。定められている、それは何によって定められているのか。ともあれ、ここは自然素質のすべては完全に、かつその目的にかなって発達するように定められていると語られている。自然の意図はこの自然素質が完全に発達させられることを己の目的としており、これの完全な発達が自然の計画・自然の目的である。「人間の自然素質のすべてがいつか完全に発展し、発達し、目的にかなって発達するように定められている」という言明は既に（自然に関する）目的論を前提としている。この議論からその目的論的な思考要素を除去するとしてみよう。この場合に、すくなくとも、「定められている」という点は排除されることになろう。目的論的思考枠組みを廃棄してみれば、人間の諸自然素質はその都度の社会的歴史的状況に従ってそのあるものは発達し、そのあるものは発達しない、ということになるであろう。人間がその自然素質を持つということは、目的論的枠組みを廃棄してみれば、単に（自然進化の過程で）人間はそうした自然素質を持って誕生したというにすぎなくなる。

またカントは、『判断力批判』の中で、（人間の）文化は自然の最終目的であると語ったが、目的論的枠組みを除去すれば、このことは、人間の文化が自然の最終目的なのではなく、人間は文化を形成すること以外には生存し得ない（生命的）存在者として誕生したということを意味するにすぎないことになる。人間が文化を形成するということ、そしてその文化は何かの存在が抱いた目的の実現であったのではない。(11)

人間は自然素質を持っている。人間は理性の使用に向けられている自然素質を持っている。人間は、カントは言うが、地上で唯一理性を持った被造物である。被造物であるということは、他の被造物と同じく、人間もまた自然存在だということである。人間はまずは自然存在であって、こうした自然存在として、人間は自然素質を持つ。理性的存在者として、人間は理性の使用に向けた自然素質を持っている。

もとより、カントは明示的に語っているわけではないが、カントの思考からその目的論的思考枠組みを除去して再構成してみれば、次のようになろう。

社会と人間の歴史は自然の歴史のうちから、自然の歴史の一環として誕生した。自然のうちから人間及びその歴史が誕生したと語るのは正確ではない。正確には、自然の歴史において言うべきである。それというのは、もし自然が永遠の循環過程であり、この意味で非歴史的であるならば、そうした非歴史的な自然からは人間の歴史は誕生し得ないであろうからである。自然は単に永遠の循環性のうちにあり、歴史的時間性はただ人間の歴史にのみあるというのではない。歴史は自然にまで押し及ぼされなければならない。もし自然を永遠の循環性のうちにあるものとして捉え、発展するものとしての歴史的時間性は人間社会においてのみ見出されると考えるとすれば、ヘーゲルの言葉で言えば、自然から精神が如何にして出現したのかは謎になり、解決不能な問いになる。[12]また、自然の歴史であれ、人間の歴史であれ、それらの歴史が循環性の中に閉じこめられて表象されるということも起こりうる。すなわち、人間の歴史がその歴史過程において、循環性によって囚われ、人間の歴史が循環性の中に閉じこめられてしまうということも起こりうる。このときには、更に人間たちの社会経験のなかで、その循環性が経験され、それが経験の準－先験的な地平として固定されてしまうことも起こりうる。その場合にはまた、社会と歴史を反省する思考も、（それと意識することなく）その循環性を反復することにもなる。もとより、この時、思考は人間の歴史がある種の循環性に落ち込んだことを捉えてもいるのである。ある事態AがBへと変換し、循環性の論理に従ってBがA′へと変換するとしてみよう。循環性の論理が思考の基底に据えられると、なるほどA′がAと全く同じではなく、それとは別の質的規定をもって現れるとしても、循環性の論理の中では、A′はAのそれとは別の質的規定を持った再現（反復）として現れ、それ故何らかの仕方でAと同じ構造を有するものとして現れる。このとき思考は特有の非歴史性としての循環性のなかに閉じこめられることになる。

ヘーゲルによれば、理念は、それ自身の絶対的決意において、己を、直接的な理念としての自然を自分の反映として、自己から解放する。[13] それ故、自然は他在の形式（die Form des Andersseins）における理念に他ならない。[14] この他在における理念は精神において真に自分自身に達する。というのは、精神は自然の真実態であり、対自存在に達した理念であるからである。[15] とはいえ、ヘーゲルは自然から精神が生まれるとは考えなかったし、自然は結局のところ、永遠の循環過程に他ならないが故に、ヘーゲルにあっては、自然から精神が生成するということは否定されるとともに、歴史は真に自然にはなく、精神にのみあるとされることになった。あるものが歴史的であるということ、あるいは歴史を有する、あるいはまたその本性は歴史的であるということは、そのものがその過程的進行において、それまでの自己のあり方を否定して、新たな自己を産出するということである。もし自然が春夏秋冬を絶えず反復するように、永遠の循環過程であるならば、自然のこの非歴史的な循環過程からは、自然とは異なるものとされる人間及びその社会は、ヘーゲルの用語では精神は生まれようがない。この場合、もし自然と精神との統一を論定しようとするなら、両者を同一とするか、あるいは、両者の根底に第三者を要請するか、いずれかの方途しかなくなるであろう。[16] ヘーゲルにとっては、自然は反復を繰り返し、その意味でつまらないものであるが、これに対して精神はその発展的性格によって規定される。

これに対して、もし自然がその過程において、単に循環過程にすぎないのではなく、人間という新たな存在形態を生みだしたということから議論を始めるならば、換言すれば、このことを事実としてこれを出発点として考えるならば、そこから産出された人間あるいは精神は、自然と断絶したものではなく、それ自身自然の一形態であるということが帰結する。自然が単なる、あるいは永遠の循環過程ではなく、それ自身で歴史であり、この意味で歴史性をその本質規定とするならば、自然の歴史の中で自然の一形態としての人間・社会もまたその本質規定としてその歴史性を有することになる。自然がその歴史過程（進化過程）において人間・社会を産出したのだとすれば、自然の歴史は以後人間・社会の歴史という形態で新たな（一つの）歴史を開始する。

しかし、人間社会がその歴史過程の中で反復的循環の論理（神話的力）に囚われてしまうということがあり得る。このとき、社会を反省する思考がその反復の論理を内化し、その反復の論理が思考を規定し支配するということも起こりうる。すると、思考は世界とその歴史的運動のなかに単に（同じものの）反復だけを見出すことになり、人間の歴史は、「日の下に新しきものなし」が表現するように、反復的循環性という特有の非歴史性において現象する。このときには、自然もまた単に（同じものの）反復的循環としてのみ現れ、この反復的循環的自然が自然の自然性として称揚されることにもなる。すると、社会（とその歴史）は春夏秋冬の如く短期的に見られた循環的反復過程として現れ、こうした自然に社会が同化される。すなわち、社会はこの意味で自然化され、人間の歴史はこの意味で自然史として現れるが、これはカントの意味での自然史ではない。しかし、実際には、いわゆる自然は単なる循環過程ではなく、進化という形でその歴史を持っており、この歴史の中で、何ら自然の意図ないし目的ではないという仕方で、すなわち、様々な要因の相互作用の結果として人間及びその社会が産み出された。人間及び社会が自然の歴史のなかでそのようにして産み出された限り、人間及びその社会もまたそれ自身の歴史を有する。

私は以上、「文化は自然の最終目的である」というカントの言明をその目的論的枠組みを除去して書き換えたのである。人間は自然の一形態としてそれ自身自然であり、しかも人間的な自然形態である。その人間の文化はそのような人間が形成するものとして、自然の人間的変容である。

テーゼ2　自然と人間・社会、自然の第一次性

このテーゼ2はテーゼ1のうちに既に含意されているものである。それ故、このテーゼ2はテーゼ1のうちに含意されている内容をそれ自身として定立したものにすぎない。もし自然がそれ自身で歴史であり、したがって自然はそれ自身において自然の歴史であるとすれば、そして自然の歴史のなかで、人間・社会が生みだされたのだとすれば、このことから帰結するのは、自然（と自然の歴史）はその存在のために人間・社会の存在を必要としないということ、逆に、人間社会（ヘーゲルの用語では、精神）及びその歴史はその存在のために自然とその歴史を前提としている、ということである。ヘーゲルは、自然を理念の他在とし、精神を理念がその他在から解放されて自己自身に帰還したものとしており、精神はこの仕方で自然の真実態であるとされた。してみれば、ヘーゲルにあっては、自然はそれが理念の他在であるが故に、精神において自己自身に帰還する理念を前提している。ヘーゲルにおいて、精神が自然の真実態であるということは、自然から精神が生まれたということを意味しているわけではない。（しかし、この場合、人間あるいは精神を自然と同一視する必要は必ずしもない。人間（社会）あるいは精神はその場合には自然の一形態、すなわち自然の歴史の中で産出された自然の一形態であるとともに（連続性）、人間（社会）あるいは精神を自余の自然から区別されるある存在形態を有する（非連続性）と考えることは可能である。すると、自然と精神とは両者の間の連続性と非連続性の統一であると考えられることになろう。これは単に自然と精神との同一性を論定することでも両者の根底に第三者を措定することでもない。）

今日、こうした理念と自然と精神とのヘーゲルによる関係規定はもはや首肯しえるものではない。自然は他在の形式における理念ではないし、自然の真実態が精神であるわけでもない。自然は、精神おいて自分自身に達する理念とは関わりなく、それ自身として存在するのであり、また精神は自然の真実態としてあるのでもない。精神は自

然進化の過程で生誕したが、それは様々な偶然の作用の結果であって、それ故、精神と言われるものは自然の歴史の中で生まれたものとして、それ自身自然の一形態である。理念を捨象してみれば、自然は他在における理念ではなくなり、精神は、自然の真実態として自己自身に到達した理念であるということもなくなる。

ヘーゲルは、今一度繰り返すと、自然は他在の形式における理念に他ならず、(17) この他在における理念は精神において真に自分自身に達する、と言った。ヘーゲルの構想では、自然は単に精神がそれ自身に達するための媒介項であるにすぎない。自然が他在における理念であるが故に、理念は精神において真に自己自身に到達する。それ故、他在における理念が真に自己自らに達したものが精神だった。もし自然が他在における理念であるとすれば、自然はそれ自身として存在するのではなく、それ故理念なしには自然はないことになり、自然はその存在のために理念を必要とすることになる。この場合、自然は非自立的に存在し、その存在において理念に依存することになる。

再度言えば、自然は理念などとは関わりなくそれ自身として存在し、そして自然は永遠の循環過程という「つまらない」過程ではなく、それは歴史的過程である。つまり、自然とは自然の歴史である。ここでのわれわれの前提は人間、従って人間の歴史は自然の歴史の内でその一環として誕生した、ということである。

テーゼ3　自然と人間・社会（精神）の対置の否定

このテーゼもまた既にテーゼ1の中に含まれている。もし自然と人間・社会が相互にその外にあるものとして表象されるならば、自然は人間・社会ではないものとして、人間・社会は自然ではないものとして表象されるであろう。今私は「もし自然と人間・社会が相互にその外にあるものとして表象されるならば」と言ったが、このような対置、自然と人間・社会との対置は、自然と人間・社会がある種の仕方で理解され規定されるとき、惹起される。

例えば、自然が永遠の循環過程であり、歴史はただ人間・社会（精神）にのみ属すると考えられるならば、この考えは、自然は非人間・社会であり、人間・社会は非自然であるというかの両者の対置の考えを生みだすであろう。自然を歴史なきもの、永遠の循環とし、これに対して時間性としての歴史を対置することは妥当ではない。そうではなく、人間及び人間の歴史は自然の歴史の一環として生じたのであり、そしてその歴史がそのようにして生成した限り、人間はそれ自身（人間的）自然であり、人間の歴史は自然の歴史のうちに含められる。というのは、人間とは社会的存在であると同時にまずもって自然存在であるからである。

このように言うとき、私は、歴史と自然とをもっぱら対置して考える思考の仕方を拒否しているのである。もしそのように歴史と自然を対置してしまうなら、次のようなことになろう。①人間は自然に属するのではなく、もっぱら歴史に、従って歴史的時間に属するとされるか、あるいは、②もし、自然に歴史的時間が属さず、永遠の循環過程だとされ、そして、歴史が人間の頽落として把握されるなら、つまり、永遠なる循環としての、そしてまた根源としての自然からの頽落として把握されるなら、人間を再びその根源たる永遠な循環過程としての自然へと回帰させせようとする思考の運動が生じる。しかし、いずれも自然と歴史とを対置している点で変わりはない。

自然と歴史の以上のような対置は今日もはや首肯されることはできない。人間は、従って人間社会は自然の歴史の過程で、様々な諸要素の偶然的絡み合いの中から生まれた。人間の歴史は、自然進化の中で生まれたのであり、それは自然の歴史の一環に他ならない。

テーゼ1はこうした対置の否定を含意している。というのは、人間・社会の歴史は自然の歴史の一環であるということによって、自然の歴史において人間・社会が生みだされ、それ故、人間・社会は自然の一形態であるということによって、更に自然の歴史は人間・社会の歴史をそれ自身の内から生みだすことによってそれ自身の新たな歴史を開始するということによって、かの対置は既に否定されているからである。人間・自然は自然の一形態であり、人間とは人間という規定性を有する自然である。

自然的世界は何もわれわれ人間のためにあるのではない。自然進化の過程で人間はたまたま誕生しただけだし、それ以上ではない。カントの理論もこの点では大いなる誤解であった。人間の文化が自然の最終目的として了解される時、結局人間は自らを自余の自然に対置している。人間が人間的自然であるという、人間と他の自然との非連続性の契機が文化は自然の最終目的であるという形態をとってしまっている。

ここで問題なのは人間の根本的構えである。自然は何も人間のために存在するのではない。しかし人間は自然事物を自分のために使用し、利用する。けれども、人間が自然事物を自分の目的のために使用する、ということは、自然が人間の目的のために存在するということを意味しない。自然は人間のために存在するわけではない。ただ人間は自然産物を自分の目的のために使用するのである。

テーゼ4　人間・社会は自然の目的でもなければ、自然の最終目的でもない

人間・社会が自然の歴史の中で生みだされたそれ自身一つの自然の形態であり、人間という規定性を有する自然存在であるということは、人間・社会を産出すること、あるいは文化と従って社会を産出することが自余の自然の内的な目的であったということを意味しているわけではないし、ましてや悟性的な世界原因の目的であったということを意味するわけでもなくなる。というのは、目的論的思考枠組みの廃棄とともに、そうした悟性的な世界原因も廃棄されるからである。人間・社会の誕生はむしろ、自然の様々な諸要因の偶然的な戯れの結果であった。人間・社会の産出は自然の目的論の枠組み内で考えられることはできない。人間・社会は自然の進化過程という意味での自然の歴史のなかで事実として誕生したが、あらゆる存在者の事実上の誕生が何らかの目的の結果であるわけではない。自然における、自然において誕生した一切の存在者の産出は、確かにそれが自然による産出であるが、それ故事実としての産出であるが、何らかの目的の実現としての産出ではない。それは目的なき産出である。自然のあらゆる存在者の誕生は一定の諸条件の集合の元で生起するが、しかしこれは目的の実現ではなく、それ故、そうした諸条件は目的を実現するさいの手段ではない。(地球という惑星における人間・社会の誕生は、何らかの存在者が抱いた目的の実現ではなく、極めて偶然的な諸要因の相互作用の結果である。しかし、こうして事実的に誕生した人間・社会は何によっても否定できない事実性を、事実性としての重みを持つ。)カントは、『判断力批判』で、自然のうちなる目的ではなく、自然が現存する目的について語ったが、ここで私は、人間・社会は自然の目的なのではない、あるいは自然の内的な目的ではない、と言うとき、カント的な意味で、自然が現存する目的について語っているのではない。ついでに言えば、自然はそれが現存するための目的を有しない。自然はそうした目的なく、それ自身として存在する。

しかし、このことは、自然的世界が何も人間のために存在するわけではない、ということも含意している。人間を生み出すことが自然進化の目的であったわけではないし、人間文化は、自然の最終目的ではないし、創造的悟性もまた廃棄されるのであってみれば、(道徳的存在としての)人間は創造の究極目的でもない。だから、人間が存在しなければ、あらゆる自然産物は無駄であり、単なる荒野である、ということもない。

8　二つの意味での自然史再論

ない。）

カントの意味での自然史（これは地球の球体の変化や動植物の変化などを扱うという意味での自然史のことでは

先に、カントにおける理性の歴史化について語られた。理性はその発展と自己実現の歴史を持つ。ところが、カントにあってすべてが自然であるとすれば、この歴史は人間的自然の歴史として自然の歴史、すなわち、この意味で自然史でもあることになる。人間は歴史において新しい自然を、つまりは人間的自然を創造しなければならない。この自然史は、道徳の次元と政治の次元という二つの次元を含んでいる。その総体が啓蒙の歴史である。

しかしながら、カントの意味での歴史、従って自然史の構想には、現代の人であれば容易に首肯しないであろう諸要素が含まれている。既に人間と自然の連続性と非連続性の統一が語られた。カントにおいて、人間は自然存在であり、しかも同時に特異で独自な自然存在である。この点に人間と自然との連続性と非連続性の統一が表現されていた。カントにあっては、この非連続性は人間文化が他の自然に対して、自然の最終目的であるとともに、道徳的存在としての人間は創造の究極目的であり、他の自然に対する支配者であるという主張と対になっている。けれども、①人間が人間的自然として、人間的という点で、他の自然存在と非連続的であるということは、②人間の自然の最終目的であり、また道徳的存在としての人間は創造の究極目的であって、また自然の支配者であるということと同一であるわけではない。カントでは、①の主張は②の主張と融合してしまっており、①の主張は②の主張という姿で現れている。しかし、①主張と②の主張は分離可能であり、それ故、われわれは①の主張を維持しながら、

②の主張を投棄することができる。

次に、最高善の可能性のために、カントでは、魂の不死が実践理性の要請として要請される。というのは、最高善は世界のある状態を意味するが、それは統制的理念であり、人間は無限にそれに接近できるのみであるが、そのためには魂が無限に存続することが要請される必要があるからである。けれども、人類の啓蒙は理性の公的使用を通して実現していくとされるが、その際、必要なのは、諸世代の連鎖としての人類の存続であり、啓蒙の成果が諸世代を通じて継承され得るとすればよいように、最高善への接近も諸世代を通じて実現されていくとすればよく、人格の無限的存続、すなわち魂の不死の要請は必要ではない。（とはいえ、魂の不死が諸世代を通じる人格の継続を意味するならば、話は別である。）

更に、最高善の実現可能性のために神が要請されるのであるが、この神の要請もまた必要ではないように思われる。神の要請が理論的認識の事柄ではなく、理性的な信仰の事柄であるとしても、こうした理性的な事柄という文脈内において、全自然の創造者としての神（全自然の根底に存する超感性的基体）の要請は必要ないのである。こうした神の存在が要請されたのは、最高善が道徳と自然という全く相互に異なるものの統一であるとされたからであった。カントによれば、道徳法則とその客観に関係づけられるところの、究極目的（最高善）の内にある合目的性の可能性をわれわれは、道徳的な立法者である世界創始者、そして統治者なしには、理解することができないのである。しかしながら、異種的なものとされる道徳と自然は、世界創造者としての神なしにはその統一・綜合が不可能なそうした異種的なものではない。(18) 道徳と自然は確かに異種的なものであるが、しかし、既に見たように、自然が自然であるように、道徳もまたそれ自身自然であり、かくて最高善は道徳的自然である。それ故に両者の結合としての最高善の可能性の条件は両者が自然であるということのうちに既に与えられている。

カントにおいて、人間は自然存在であり、しかも特異な、あるいは独自の自然存在である。これを言い換えるなら、人間とは人間的な自然存在である、ということになる。そして、人間が人間的な自然存在であるというまさにこのことのうちに、すなわち、人間と自然の連続性と非連続性との統一のうちに、人間的自然、あるいは自然的人間のうちに、道徳と自然との統一の可能性が、従って最高善の可能性の最低条件が与えられているのである。

さて、カントの自然史の構想から、以上の問題的な（と私には思われる）諸要素を除去するならば、カントの自然史の構想は、自然の人間的歴史の構想として現れよう。

ただ、先に見たように、カントでは、世界のある状態としての最高善の実現は遠い将来におかれ、人類はそれに無限に接近するとされるのであるが、最高善に関するこうした（カントの）歴史構想について、私はそれを次のように変更したい。人間の歴史において、それぞれの社会は一定の時代を持っている。ここで、時代というのは、社会はその基本的な編成様式を有しているが、その基本的な編成様式が存続している間を意味しており、それ故、時代の変換は社会の基本的な編成様式の変換を意味する。私見では、最高善は、それぞれの時代において、それ故、その社会の基本的な編成様式の中で、時にはその基本的な編成様式に対する批判と抵抗の中で構想され、追求されなければならない。つまり、その具体性の中で追求されなければならない。

人間の自然史

ところが他方、とりわけ近代以降の人間の歴史は、物化された硬化した自然となってしまったものとして、従って歴史はこの意味で自然史として現れ、あるいは死の相貌の眼差しのもとで見られて死んだ自然として、腐朽する自然、この意味で自然史として把握された。ルカーチでは、社会は自然へと硬化したものとして現れ、ベンヤミンでは、自然は衰滅するものとして、それ故、歴史（自然史）として現れた。だから、歴史はわれわれの意味で人間の自然史に他ならなかった。この場合、歴史の自然史としての認識には、人間の歴史が一種の自然過程に硬化してしまったことに対する批判の意識が結びついており、それ故、思考の課題となるのは、人間、従ってまた人間の歴史がいかにしてそうした自然化から脱出するか、であることになる。

かくて以上で二つの主張が行われた。

① 人間の歴史は自然史の中で誕生したものとして、それ自身自然史である。この場合、人間の歴史はそれ自身自然史の一環であるということは積極的に主張されている。

② とりわけ近代以降、人間の歴史は硬化した自然史として実現された。この場合、この主張は批判的スタンスを採っており、自然へと硬化した人間の歴史を変換すること、従って人間が硬化した自然から自らを解放することを目指している。本書はこれら二つの主張の絡み合いと抗争を主題としている。

9　コスモポリタン的歴史と自然の狡知

（完全な法的体制という意味での）市民的社会と世界市民的状態の歴史的形成にあたって、カントはそれは自然の意図ないし自然の計画であるとし、「自然の狡知」について語ったのであった。「自然」は自然の狡知という形態で、市民的社会と世界市民的状態をもたらすように助力するわけである。この歴史構想をコスモポリタン的歴史の構想として特徴づけることもできよう。G・W・ブラウンはカントのコスモポリタン的歴史の構想について語っている。歴史の目的論という思考枠組みからすれば、歴史はコスモポリタン的目的を内在させているということになる。G・W・ブラウンはカントにおけるこのコスモポリタン的目的を次のように特徴づけている。

① カントによれば、自然は人間が彼らが居住したすべての地域で生活することを可能にしたのであり、人間が最も荒涼たる条件に適合することができるように人間を形成した。

② カントによれば、自然は人間を戦争によってすべての方向へと駆り立て、かくて人間は地球の最も荒涼とした地域にさえ、居住することになった。

③ カントによれば、自然はすべての人間をして戦争を回避し、法共同体において生きるために、公的諸関係を発展させるように強制した。

④ カントによれば、自然は戦争をこの市民的目的を達成するための手段として選択した。戦争の諸力は法的関係が拡大され、コスモポリタン的マトリクスが究極的に獲得されるまで、続くであろう。結局、人間はコスモポリタン的目標を達成するように駆り立てられる。商業はグローバルに展開し、人間たちはそのために一方で相互に関係するように強制されるが、他方では、人間たちは破壊的戦争の問題によって連続的に脅かされる。それ故に、彼らは彼らの意志に反してさえ、彼らの間に一致を生みだすように強制されるのである。(21)

この強制は人間理性にとっては他律であろう。しかし、カントが「自然の狡知」について語るとき、それは歴史の実情に見合ってもいるのである。というのは、人間の歴史においては、われわれは歴史の説明において初めから人間理性の自由を前提とし、その自由を通して歴史が発展していくと語ることはできないからである。けれども、自然の狡知によって、人間たちの意図にはないことだが、市民的社会と世界市民的状態が生成してくると、その中で道徳もまた発達するのだが、人間たちは彼らの理性が自由であることに気が付き、以後理性の自由（自律）において、それこそ革命を通してではなく、言論を通して歴史を形成していくであろう。

このことを表現するのがカントの「啓蒙」の概念である。啓蒙とは、カントにとって、「人間がみずからに責めのある未熟状態から脱出することである」[22]。未熟状態とは他者の指導なしに自分の悟性を使用する能力のないことである。この未熟性は、自分の責任であるが、これは未熟性はすべての場合に自己責任であるということを意味しているのではなくて、能力のないことが悟性の欠如にあるのではなく自ら悟性を使用する決意と勇気が欠如している場合に、自分の責任であるということを意味している。[23] そしてカントによれば、公衆が自らを啓蒙することは、公衆に自由が許されていれば、ほとんど不可避的なのである。こうして、啓蒙は公衆の理性の公的使用において実現されるのであり、それ故、カントの啓蒙はハーバーマスが主題化した（近代の）市民的公共性に対応している。市民的公共性は討議の次元であるが、カント哲学には、こうした討議あるいはコミュニケーションの次元が組み込まれている。[24] しかし、ハーバーマスが論じたことだが、この市民的公共性は構造転換を起こし、内的に変質していくのである。[25]

注

（1）これはアドルノが個に対する概念の同一化作用について語る場合にあたる。

（2）判断力に関して、カントと違った考え方をすることも可能であると思われる。それは、規定的判断力と反省的判断力を相互の関係性に置いてみることである。すなわち、反省的判断力の行使において（特殊から）生みだされた普遍的基準が何らかの仕方でその妥当性が証明されるなら、その普遍的基準は続いて規定的判断において普遍的基準として使用されることができるであろうし、規定的判断力の際に前提される普遍的基準が妥当ではないことが判明したならば、われわれはあらためて反省的判断力を行使して新たな普遍的基準を生みださなければならないであろう。このように考えると、規定的判断において用いられる普遍的基準は客観的、反省的判断に用いられる普遍的基準は主観的という固定的区別は廃棄されることになろう。

（3）ただ、ここで、注意しなくてはならないのは、偶然的ということは、単に悟性認識にとって偶然的であるというにすぎないということである。

（4）「自然目的」と「自然の目的」は区別される。自然目的とは有機的存在者のことであった。自然の目的とは自然がそのために現存する目的であって、これは目的論的思考枠組み内で考えられている。

（5）カントはこれを究極目的としている。

（6）これはヘーゲルの意味での市民社会ではない。ヘーゲルの意味での市民社会はむしろカントでは感性界に（暗黙のうちに）含まれている。

（7）ジル・ドゥルーズ『カントの批判哲学』中島盛夫訳、法政大学出版局、一九八四年、一一六頁。そしてこの綜合は最高善を意味する。

（8）イルミヤフヨベルはさらに次の意味での最高善を挙げている。③人間は新しい社会的及びエコロジー的体系を作り出さなければならない。これは人間による感覚的世界の再形成である。これは道徳と社会的及びエコロジー的体系との綜合としての最高善である。Cf. Yirmiyahu Yovel, *Kant and the Philosophy of History*, Princeton Uni. Press, 1980, p. 31.

（9）拙書『ハーバーマス理論の変換——批判理論のパラダイム的基礎』、梓出版社、二〇一〇年、第二章参照。

（10）ここから、私は自然の人間的歴史の概念を展開する。これはカントの歴史構想から目的論的枠組みを抜き去って再構成されたカントの歴史構想である。しかし、ここにはそれが逆転してしまう不吉な芽が組み込まれていた。

（11）目的は、人間社会においてのみ、個人の、あるいは諸個人の目的としてのみ存在しうる。

（12）単に循環するものとしての自然の表象は、ダーウィンの進化論によって打破されていた。

（13）Vgl. G. W. F. Hegel, *Enzyklopädie der philosophischen Wissenschaften I*, Werke in zwanzig Bänden 8, 1970, Suhrkamp, S. 393.

（14）Vgl. G. W. F. Hegel, *Enzyklopädie der philosophischen Wissenschaften II*, Werke in zwanzig Bänden 9, 1970, Suhrkamp, S. 24.

（15）Vgl. G. W. F. Hegel, *Enzyklopädie der philosophischen Wissenschaften III*, Werke in zwanzig Bänden 10, 1970, Suhrkamp, S. 17.

（16）ヘーゲルでは、自然の最高の形態たる有機体も、循環を突破しえずに、再び循環過程の論理内に閉じこめられる。

（17）精神はこの他在の形式から自己へと帰還する。精神はヘーゲルによると自然の真実態である。しかし、このことは、精神の自己運動の中に自然が位置づけられているということであって、自然の歴史の中で精神が誕生したということを意味していない。

（18）既に見たように、アドルノはそれを絶対的に異質のものとして理解してしまったのだが。

（19）これを社会編成の「パラダイム」と言ってもよいであろう。

（20）ハーバーマスの社会の進化理論では、この具体性が欠けてしまうように思われる。この点に対する批判について、ポスト構造主義の立場からのハーバーマスの進化理論への批判については、cf. David Couzens Hoy and Thomas McCarthy, *Critical Theory*, Blackwell, 1994, Part II, 5.

（21）Cf. Garrett Wallace Brown, "Kant's Cosmopolitanism", *The Cosmopolitanism Reader* eds., Garrett Browan and David Held, Polity Press, 2010.

（22）I. Kant, "Beantwortung der Frage: was ist Aufklärung?" I. Kant, *Schriften zur Anthropologie, Geschitsphilosophie, Politik und*

Pädagogik 1, Suhrkamp, 1977, S. 53.（I・カント「啓蒙とは何か？　この問いへの答え」、『カント全集』第一三巻、小倉訳、理想社、一九八八年、三九頁）。

（23） Cf. Oliver R. Scholz, “Kants Aufklärungsprogramm: Rekonstruktion und Verteidigung”, *Kant und die Zukunft der europäischen Aufklärung*, heraus. von Heiner F. Klemme, Walter de Gruyter, 2009, S. 33.

（24） この討議の次元については本書では立ち入る余裕がなかった。さしあたって、次の論文を参照。Onora O’Neill（1989）, “The Public Use of Reason”, *Immamuel Kant*, ed., Arthur Ripstein, ASHGATE, 2008.

（25） ハーバーマスが論じた市民的公共性の構造転換はアドルノの意味での自然史が現出してくる過程でもある。

第七章　自然の人間的歴史と人間の自然史

1　カント——不吉な前兆とその現実化・自然の狡知

カントの歴史の構想には、人間を自然の最終目的（人間の文化）かつ究極目的（道徳的存在としての人間）とする考えが組み込まれていた。しかし、目的論的枠組みを排除してみれば、単に次のことが残るにすぎない。すなわち、人間の誕生は様々な諸要因の偶然的配置の結果であろうし、また自然は人間のために存在するのでもない。人間は自然進化の過程で誕生した自然であるとともに、人間という自然である、ということである。自然そのものの歴史は人間の歴史の前史である。アドルノが述べたように、人間は自らを自然の一部として認識するとき、人間は自然を超越しているが、人間は自然に内在する超越としての自然であり、これが人間的自然の意味である。すなわち、人間は自然に関して内在する超越、超越する内在である。

カントの普遍史の構想には自然の意図、あるいは自然の摂理という考えが含まれていた。これは自然の計画であり、自然の意図である。カントの自然史（普遍史）の構想から問題的と思われる要素（歴史の目的論）を除去してみれば、そこにはまずは自然の人間的歴史の構想が現れるであろう。すなわち、この場合、人間の歴史は自然の人間的な歴史である。カントの自然史の構想には「自然の意図」の概念が組み込まれており、この「自然の意図」の概念には、「自然の狡知」の概念が組み込まれている。カントの歴史構想から目的論的枠組みを除去すれば、「自然の狡知」という概念も除去されてしまうと思われるかもしれない。しかし、実はそうではない。「自然の狡知」の概念は、目的論的枠組みを除去するとともに消失してしまうのではないある内容を含意している。ここでは、この「自然の狡知」がカントの自然史、従って啓蒙の歴史の中で有する意味について検討したい。

カントにおいて、歴史とは理性の歴史であり、それは人間の自然素質が展開し発展することであり、そのようにして世界を理性的に再形成する過程であった。それ故、歴史は理性的に再形成された世界というその目的を内包している。その目的には二つの次元があった。一つは、道徳的次元であり、その目的は世界における最高善の実現であり、他は、政治的次元であって、（完全に法にかなった体制としての）市民的体制及び国際法、世界市民的体制の設立である。とりわけ後者において自然の狡知が、あるいは自然の隠された計画・摂理が働く。この自然の狡知は、本来は人類がその善意志からなすべきであった事柄を、それがなされなかったが故に、実現するように人間に、人類に助力するのである。その際、自然の摂理が利用するのが人間の非社交的社交性とその結果生じる人間たちの間の不和であり、これがためにむしろ人類は（ヘーゲルの意味ではなく、カントの意味での）市民的社会と国際法、世界市民的体制の形成へ導かれていく。この摂理の働きによって、道徳的な意味においても、人類は絶えずよりよい方向に向かって前進できるようになる。傾向性は悪の源であるが、そうした傾向性が互いに対立するのであり、これによってむしろ理性の自由な活動が可能になる。それで理性は傾向性を制圧し、結局は自滅する悪の代わりに、善を支配者として立てることになる。

国家市民的体制の創設の場合も同様である。人間たちは彼らの企てが互いに異なる方向を向いているために、自分たちの自由な意図に基づいて一つの全体へとまとめることは困難である。それ故、ここに万人の万人に対する闘争が生じるが、これは彼らを困窮の状態に陥れる。それ故、最終的に、人間たちはそれを克服する手段として、公法に服し、そしてこれは理性が指図する強制であるが、国家市民的体制を導入せざるを得ず、さらに諸国家は戦争を前にして市民的体制の導入に踏み切らざるを得ず、諸国家は共同して取り決められた一つの国際法に従う連邦という法的状態に移行せざるを得ないのである。

ここには、ある種の合目的性がある。つまり、自然の狡知というのは、①人間の不和を通して、そして②人間の意に反しても、宥和を生じさせようとする合目的性である。しかし、この合目的性には、われわれに知られていない原因があり、その強制によるものであって、それは運命と呼ばれよう。あるいはまた、それは摂理と呼ばれてよい。それは「世界経過における自然のその合目的性を考慮すれば、人類の客観的な究極目的を目ざし、この世界経過を予定するより高次の原因の深いところにある叡智としては摂理と呼ばれるもの[1]」である。だから、この合目的性にあっては、人びとを、彼らの意図のうちにはないことであるが、あるいは彼らの意図に反してある方向に向かって無理矢理行かせるということが存している[2]。

カントの普遍史の構想では、あらかじめ人間の内にその自然素質が据え付けられており、この自然素質が展開し発展するように、自然の狡知が助力するのである。この助力によって自然素質が展開し、発達したならば、今度は人類はその自由な意志によって歴史を進展させていくことができるであろう。

自然の狡知は、既に述べたが、ヘーゲル哲学において、理性の狡知へと展開する。ここで、理性というのは、（カントの）純粋理性でも実践理性でもなく、実体であり、無限の力であり、自分で自分に内容を与えるものであり、自分で自分の活動のための存在を生み出すものである。こうした理性は歴史においては、歴史における神としての世界精神として現れる。この理性は世界史の中で己を実現するに至る。歴史に見られる諸民族と諸国家、様々な諸個人が被る苦悩と膨大な犠牲は、世界精神が歴史の中で己の目的を実現する手段に他ならない。ここに登場するのが、理性の狡知である。個人は自己の特殊な欲望や関心や衝動をもって、情熱をもってある事柄を追求する。情熱なしにはいったい何事もなされなかったのである。ところが、諸個人が彼らの行為によって産出するものは彼らが直接に意欲したものとは違っている。彼らは彼らの意欲と意図の内にはないものを彼らの行為によって実現する。彼らは世界精神の関心事であるより高いもの、より高い原理を実現するのである。このように、ヘーゲル（の歴史哲学）にあっては、世界精神は諸個人を働かせ、行為させ、このことによって己の目的を実現する。ところが、諸個人、あるいは民族は彼らの目的を追求しながら、実現する目的のことなど知りはしないのである。

カントの「自然の狡知」では、自然がその目的のために使用する手段は、人間たちの間の非社交的社交性、すなわち敵対関係であった。この敵対関係を自然は己の意図を実現するための手段として使用する。この敵対関係は、人間たちの意図にはないことだが、その反転として、市民的社会あるいは世界市民的状態をもたらす。結果は市民的社会あるいは世界市民的状態である。これに対してヘーゲルの「理性の狡知」では、世界精神が己の目的を実現するために用いる手段は諸個人と民族のそれぞれ目的を持った行為であり、しかもその結果は、（カントの意味での）市民的社会（市民たちの法的関係、これは「各人の自由が他者の自由と共存しうるためにこの自由の限界の極めて精密なる規定と保証を具えている社会」[3]と合法則的な外的国家関係[4]という限定された）事柄に尽きるのではなく、より一般化されており、それはこれから生まれ出ようとしている時代としての一定の時代の要求と趨勢である。だが、カントの「自然の狡知」にしてもヘーゲルの「理性の狡知」にしても、人間たちの意図のうちにはない実現されるところのものはカントとヘーゲルにとって肯定的である。すなわち、いずれの狡知も彼らがもたらしたいと考えているもの、望んでいるものをもたらすという（肯定的）役割を持たせられている。しかし、少し先走って言えば、その保証はない。いずれの狡知にあっても、それらは当事主体たちの意図には無かったものを世界にもたらすが、しかしそのもたらされるものは、例えばカントが望んだもの、カントが意図したものとされていた。けれども、「自然の狡知」が、あるいはそのいっそう発展した形態である「理性の狡知」がカントが自然の意図という形態で意図したものとは逆のものを、彼が意図したものを解体し無効にするものを産み出さないという保証はあるのだろうか。「自然の目的」として、あらかじめ市民的社会と合法的な外的国家関係が設定され、自然の狡知によって、人類は意図せずにその理性の目的を実現するように導かれていくというのだが、もし、先に述べたように、目的論的枠組みを除去するならば、そのようなことは言えなくなろう。とはいえ、「自然の狡知」は人類を駆動するあるメカニズムを含意しており、カントの思考から目的論的枠組みを除去しても、このメカニズムは除去されはしないであろう。このメカニズムがカントが自然の目的として設定したのとはまさに逆の事態に導いていくことはないということの保証はないのである。

さて、ヘーゲルにあっては、神は世界精神として、人間とその歴史を超越している超越者としての神ではない。それは歴史に内在し、歴史を駆動する力になっている。後に、マルクスは、この世界精神の現実の姿が資本と世界市場であることを明らかにした。ウェーバーが研究したカルヴィニズムの神は人間を超越した神である。神は人間に対して絶対的に超越しているのである。ところで、カルヴィニズムの宗教的世界像が生み出すキリスト教禁欲、即ち禁欲的な職業倫理が世俗化されて、資本主義の精神を生み出すや、カルヴィニズムの神自身が世俗化されることになろう。世俗化された神とは、すなわち資本に他ならない。産業革命が進展するや、カントの自然の狡知は理性の狡知へと展開し、更にこの理性、ヘーゲルの世界精神は、アドルノは、ヘーゲルの世界精神を自然史のイデオロギーと呼んだが、資本としてその姿を現す。(5) 資本は諸個人を労働させながら、己の目的を、即ち己の増殖を実現する。カントにはあずかり知らぬことであったろうが、カントが語った自然の狡知は今や資本の狡知としてその姿を現す。資本の運動の中で、巨大な生産装置が出現し、ウェーバーが語った「鉄の檻」が出現する。このように資本の狡知にまで展開した自然の狡知は、カントが意図しなかった方向へ人間たちを（無理矢理に）連れていく。アドルノとホルクハイマーの『啓蒙の弁証法』が語っていたことであるが、自然は質を失って数学的多様体として現れ、自然は（人間による）支配の客体に変じ、これとともに自然は労働素材の巨大な容器に変換される。理性は、官僚制的に合理化された組織の維持に仕える道具的理性に、そしてシステム化された社会の維持に仕える機能的理性に変質するのである。

カントが語った「自然の狡知」も、そのいっそう深化した形態にあっては、カントが念頭に置いていた理性、実践理性、あるいはまた啓蒙的理性をカントが意図しなかった方向へと変質させる可能性を持つものであるが、この可能性は現実のものとなったのである。

ここで、カントの「自然の狡知」概念からその目的論的思考枠組みを除去してみるとき、後に無が残るのではない。カントの『判断力批判』では、その目的論的思考枠組み内で、悟性的な世界原因ないし創造的悟性が想定されていた。こうした悟性は、主体としてその目的の表象を持つものであった。目的の主体としての悟性を捨象しても、「自然の狡知」概念が含意しているすべてが同時に捨象されてしまうのではなかった。というのも、それは意図せざる産出という人間行為のあるメカニズムを含意しているからである。むしろ、このメカニズムが目的論的思考枠組みの内部で、ある主体（自然、世界原因としての悟性、あるいは創造的悟性）の目的活動として捉えられてしまっているのである。

「自然の狡知」概念から「自然の意図」ないし「自然の計画」という含意を除去してみれば、この場合、自然の摂理は次のように言い換えられることになる。すなわち、人間たちは、彼らの内に備え付けられている自然素質、非社交的社交性を通して、意図せずに世界のある状態を生みだしていく、ということである。けれども、もし人間たちが彼らの行為によって彼らの意図にはない世界の状態を生みだしてしまうのだとすれば、彼らを彼らの意図にはなかった方向に導いていくとすれば、それはカントが意図し、構想したのとは別の方向へと人間たちを導いていくという可能性もあるはずである。自然素質の内に据えられた理性の萌芽が展開するというより、その理性の変質（理性の道具的理性、あるいは機能主義的理性への変質）へと無理矢理理性を導いていく、という可能性もまたあるはずである。カントが「自然の狡知」の概念によって、人間たちは、道徳の発展の条件となる市民的社会と世界市民的状態に導かれていくと語ることができたのは、彼がはじめから自然の意図の中にそうした目的を組み込んでいたからであった。しかし、この自然の目的論を廃棄するとなれば、非社交的社交性を介する人間たちの行為がカントが構想した方向へと導いていくと語る保証はないことになる。むしろ、事態は逆であった。商品交易と社会的労働の活動圏という意味で市民社会が進展するとともに、理性は巨大な経済機構の維持と再生産の機能を有する機能主義的理性へと変質する。それは啓蒙のいっそうの進展に導くどころか、啓蒙の変質へと導いた。かくて、カントが構想した自然の人間的歴史は人間の自然史として実現する。換言すれば、自然の人間的歴史の構想は、人間の歴史がアドルノの意味で自然化して、人間の自然史として実現される。カントが構想した啓蒙、啓蒙の歴史は、ホルクハイマーとアドルノが語った意味での啓蒙、啓蒙の歴史として実現され、カントが構想した自然史はアドルノが語った自然史として、つまり人間の自然史として実現された。私見では、残念なことに、アドルノはそのようにして変質した理性をカントの啓蒙的理性と同一視してしまったのである。もしこの誤った同一視が解かれるなら、むしろ、そのように変質した理性に対して、カントの啓蒙的理性の諸要素が鋭く対立し、そうした変質した理性を鋭く批判することになるはずである。

ともあれ、カントの「自然の狡知」はこうして、カントの意味での自然史がアドルノの意味での自然史へと反転してしまうことの不吉な予兆であったのである。

2　意識哲学の成果

ホネットの議論　意識哲学のパラダイム

ホネットの議論を見てみよう。この際、われわれの関心であるのは、ヘーゲルがある地点で意識哲学のパラダイムに転換したというホネットの主張にある。

近代にいたって、政治的経済的事象がそれまでの有徳な行為の規範的秩序から解放されて理解されるようになる。このときに、政治的経済的事象は自然とされた。自然とはこの場合戦略的な相互行為の空間であって、そこでは各主体は自己保存をはかって永続的に闘争しているのである。これはホッブズにおいて自然状態として捉えられた。規範的秩序に対して、それは自然として現れるのである。その法則は自然科学的法則とのアナロジーで理解された。人間的自然は永続的な闘争状態であることになる。この場合の自然とは人間の本性の意味であり、この意味で人間的自然である。主体間の自己保存を巡る闘争、これを静止状態にもたらすことが政治の最高目的になり、ホッブズは自由主義的な社会契約の内容を独裁的権力の犠牲にする。

ヘーゲルは近代の社会哲学の基本的前提に異論を唱える。この基本的前提は原子論である。すなわち、個々ばらばらな個体の孤立した行為が前提されており、それが人間的自然とされたのである。ホネットの語るところでは、フランクフルト時代までヘーゲルの思考を規定していたのは、カントの道徳論個体主義的傾向であり、これが疑視されることになる。(6) この文脈で、ホネットは次のように言っている。「とくに、カントとフィヒテに代表される理論の場合には、人間の本性のあらゆる経験的な性向や欲求から純化される理性の遂行がもたらした結果が人倫的な行為一般なのだとしか見なされない点で、原子論的な前提が反映されている」(7)。(このようなカント理解はアドルノにまで達している。) むしろ、ヘーゲルは公共生活における間主観性に意義を認めるようになる。人間が社会化するための自然的基盤は互いに孤立した主体であることはできないし、かの自然状態から、つまり原子論的状態から人間たちの間の人倫的統合状態は発展することはできない。これは原子論的なものと解された自然状態、人間の一般的状態の意味での人間的自然が原子論的観点を廃棄することによって書き換えられることを結果する。

近代の社会哲学の根本的前提である原子論は廃棄されなければならず、そのためには新しい根本概念が必要である。最初の一歩は主体相互の社会的連関に組み込まれているカテゴリーによって原子論的根本概念を変換することである。主体が共同で活動する枠組みである人倫的結合が主題化されなければならない。今や社会化の自然的基盤は人間たちの共同生活という形式となる。人間的自然の概念は意味変容を遂げて人倫的自然となり、自然的人倫というのは間主観的な義務が現存していることである。次の一歩は、自然的人倫＝社会的共同体の初発状態がどのように社会的相互行為へと拡大していくかのその過程を展開することである。人間精神の歴史は自然的人倫のなかに含まれているものがコンフリクトに満ちた過程において変化していく過程となる。けれども、ヘーゲルは、ホネットによると、この過程を展開する適切な手段を持ってはいなかった。それで、この手段はフィヒテの承認論の新たな解釈によってもたらされた。すなわち、ヘーゲルはコミュニケーションを媒介にした生活様式である人間的人倫を相互承認として捉え、かくて相互承認の関係が社会的人倫として定立される。しかし、社会は内的緊張を備えているのだから、承認を求めての闘争が生じてくる。すなわち、社会の諸成員に関して、彼らの特殊な同一性がいつも完全に承認されているわけではないから、ここに承認を求めての闘争が生じる。コンフリクト、闘争が相互承認の諸形態の内的発展のダイナミズムを与えるわけである。(8) 社会関係が確立されてゆく過程は自然からの解放の過程であり、かつ個体性の拡大の過程であるが、その際に確立される人格的同一性はいくつかの次元においてある。第一は、主体同士の愛し合い、感情面でも相互に必要とし合う存在者であることの相互承認が行われる両親と子供との間の関係であり、第二は財産所有者たちが契約を通して相互関係を結ぶ交換関係であって、この関係において各人は正当な所有権の所有者として相互に承認し合う。ここにコンフリクトが現れ、生死を賭けた闘争が現れる。主体たちは自己の生命を危険にさらす覚悟を表明する。侵害を受けたものは侵害者に対して抵抗する。この抵抗がつまりは闘争になる。第三に、こうした闘争を介して自由な市民たちの共同体である倫理的により成熟した承認関係が発展する。家族は自然的人倫であり、第二の交換関係も自然的人倫として人倫の自然的形態である。これに対して、第三のものは絶対的人倫と呼ばれ、以上の自然的人倫から絶対的人倫への移行は一つの修養過程として描かれるが、このことによって絶対的人倫が自然的であることをやめるわけではない。

絶対的人倫にあっては、相互の直感というカテゴリーが現れるが、この直感というのは、ある個体が他のすべての個体において自己自身を直感するということであり、これは感情にまで広げられた承認のモデルである。ホネットはこれをコミュニケーションの規範とする。人間個体は家族の承認関係では具体的な欲求をなし、法の形式的関係にあっては抽象的な法人格であり、国家の共同的な承認関係においては主体的な普遍である。ところが、これら三つの承認関係はいずれも自然的人倫であり、自然的人倫の諸形態である。だから、人倫とは自然の形態に他ならない。この点、ヘーゲルは人倫というものを自然秩序の存在論的枠組みが中心となる表象世界から導出している。それゆえ、この点はカントにおいて英知界も感性界も、従って目的の国も最高善も自然秩序であるとされていることに対応しているのである。人倫の三形式は人間的自然、自然としての人間の諸形態である。それ故に、ここでのヘーゲルの自然概念はいわゆる外的自然と人間的自然を包括している。

ところが、ホネットによると、一八〇三から〇四年の『精神哲学』では、自然概念が変容してくる。自然概念はもはや包括的な概念ではなくなる。すなわち、全体としての現実性の機制ではなくなり、人間以前的な物理的世界に限定されてくる。「同時に、自然概念を限定するとともに、『精神』のカテゴリーないしは『意識』のカテゴリーが、人間の社会的な生活世界が自然的な現実性にたいして区別される構造原理を正確に特徴づける(9)」ものになる。私にとって興味ある点はこの点である。ここで生じているのは、精神が自然の一形態として捉えられる代わりに、自然は精神（ないし意識）と分離され、精神は非自然として、自然は非精神として現れてくるということである。アドルノはまさしくこうした精神と自然との二元論をもってカントの理説を理解したのである。精神と自然の二元論のもとで、精神（カントの場合には、実践理性）が自然支配の原理とされれば、そこに生じるのは人間の歴史がそれ自身自然化されるという人間の自然史である。

なるほど、人倫の体系はヘーゲルにあってなおもアリストテレス的な自然神学に囚われてはいるけれども、ここに意識哲学のパラダイムが立ち現れてくるわけである。これはアリストテレス的な自然神学から意識哲学への転換であり、それゆえこの移行はアリストテレス的な自然神学の克服という意味を持つ。一八〇三から〇四年の草稿断片はそうしたパラダイムシフトの中間段階にすぎないが、しかし今や事柄を扱う仕方が変化してくる。以前には、分析の対象はアリストテレス的な自然神学のおかげで、規範的内容に満ちたコミュニケーションであったのに、それ故再構成的分析の対象はコミュニケーション的行為の根本構造であったのに、今や再構成的分析の対象は個々人の意識の自己媒介となり、さらに個体とその環境との対決となる。(10) すると、主体間のコンフリクトは個人にとっての個体的修養過程の媒介であるにすぎなくなる。ヘーゲルは間主観主義の放棄という代償を払って意識哲学へと転換する。この場合、ヘーゲルは国家共同体の形成行程をも精神の修養過程として理解しなくてはならない。意識(精神)は言語、道具、家族、財産といった媒体を通して、自らを個別性と普遍性の統一として理解し、全体としての自分自身との関係に到達する。

こうして、イエーナ実在哲学では、意識哲学が全体の記述の構成理論となる。このとき、精神は他者とのコミュニケーション関係には置かれず、もっぱらそれ自身としてみられ、それは自分自身でありながら、同時に己にとって他者であることができる能力とされる。つまり、精神は自らをあらゆる出来事において外化し、この外化から自己自身へと帰還する運動となる。すなわち、精神の運動は精神の自己運動となる。この運動を繰り返すことによって精神は一歩一歩自己を実現してゆくのであり、この運動は精神の自己展開の過程となる。それ故、今や記述されるのは精神の自己修養の過程であり、精神は自己の外化と外化から自己への帰還の運動を通して自己の絶対知に至るということになる。イエーナ講義『精神哲学』では、承認を巡る闘争は人倫的共同体を発展させる原動力とされていたが、この構想が精神の段階的な自己発展の論理のために看過されてしまうのである。

ホネットによれば、イエーナ実在哲学においては、精神の自己運動過程が記述される。精神は社会的現実の客観性へと自己を外化し、精神はそうした外化から自己へと帰還するという運動を遂行するのだから、完成された法的現実という媒体への精神の外化から精神の自己への帰還が国家の修養過程となり、それが人倫の国家体制となる。

ここで言われていることは、国家がそれ自身精神としての運動を遂行するということである。国家は己を社会成員の相互関係へと外化し、このことによって社会成員の相互行為を自分自身の対象の契機にする。この対象の契機から国家の自己への帰還が社会生活のすべての要素が国家という包括的なものへと変化してゆく過程となる。すなわち、国家はその成員の相互行為へと己を外化し、この外化から己へと帰還する。これが国家の修養過程であり、この精神（国家）の修養過程が人倫の国家体制を形成する。人倫というものは、間主観的関係であり、この関係において社会的成員たちは相互にかけがえのない存在であることを承認し合うのであるが、ヘーゲルは精神を精神の外化と外化から自己への帰還の運動として捉えるために、以上のような人倫の概念が消えてしまう。すると、この場合、国家の創設は間主観的なコンフリクトに満ちた過程としてではなく、カリスマ権力者による世界権力として描かれ、国家の公民はもっぱら国家との関係において現れ、規定される。「公民の自己意識は、人倫的な全体の理念が客観的に表現される部分そのものにたいして向けられる孤独な主体の反省的な関係において形成される」(11)。人倫は法的にかつモノローグ的に自己を形成する精神の形象となったのである。ホネットは次のように述べている。

人間の同一性についての間主観的な概念も、さまざまな承認の媒体の区別、それにともなってしだいに段階わけされていく承認関係という区分も、また道徳的な闘争がはたす歴史的・生産的な役割という着想はなおさらのこと、ヘーゲルの政治哲学においてふたたび体系的な機能を引き受けることはないのである(12)。

それ故に、『精神現象学』では、承認をめぐる闘争は自己意識の修養という機能をもつにいたり、闘争は、元来それは主体と主体との間の闘争であるのに、労働における実践的自己確証の経験と結びつけられてしまう。精神の自己修養過程はその外化と外化から自己への帰還という自己運動であるために、基本的には精神は己に対する他者を持たず、この意味で孤独である他はない。かくしてヘーゲルはモノローグ的な意識哲学へと転換した。一般的に言うなら、この場合意識哲学の概念戦略ないしパラダイムというのは、何らかの主体とその客体への自己外化、そしてこの外化からの自己への帰還を基本概念とする。それ故、この主体はいつもモノローグ的な自己関係の中を運動することになる。

これに対して、ホネットはモノローグ的な意識哲学の枠組みを廃棄して、人間主体たちの間主観的次元に立ち戻り、この次元において承認をめぐる闘争を再び措定しようとするが、しかしホネットによれば、愛、法と理念というヘーゲルの三つの承認形式は単に概念的構成物であって、それを経験的現実に押し入れたにすぎない。意識哲学に転換する以前に、ヘーゲルはアリストテレス的自然神学に頼ってその経験的現実を見ていたが、その現実をホネットは経験的アプローチを採るミードの社会心理学をもって理論化しようとする。というのは、ミードの社会心理学は人間主体の経験の同一性は間主観的な承認に基づくという思想を自然主義の前提のもとで展開するからである。こうして、アリストテレス的な自然神学は、ホネットにおいてミードの社会心理学によって、それが与える自然主義によって置換されることになる。心的なものに接近しようとする際に、ミードは主体の道具的行為からではなく、自らの態度が他者に影響を与える領域、相互行為・社会的行動の領域を出発点とする。この相互行為の中で、ある主体が自分の行為の意味を知るのは、その行為表現が相互行為パートナーに対して引き起こしたのと同じ反応を自らのうちに引き起こすことができる場合である。ある主体の行為は他者に対してあることを意味するが、主体はこの意味を自分の中に呼び起こすのであり、こうした媒介を通して、主体は自己像を獲得し、自らの同一性を意識する。それ故に、主体が同一性を獲得するのは、その主体が他の主体と関係することを通してのみである。このようにして、意識哲学的パラダイムは突破される。主体の自己同一性を以上のような他者との関係性に先立って立ててしまうことはまだ意識哲学のパラダイムに束縛されていることを意味する。

ある主体のある行為はその他者に対してあることを意味するが、その主体はその意味を自分の中に呼び起こす。この能力は進化論的に説明される。すなわち、それは人間のコミュニケーション形態の発生に他ならない。(13) ホネットは、かの経験的現実をアリストテレスの自然神学ではなく、ミードの社会心理学をもって概念化しようとした。道徳的闘争は相互行為という人間たちの間主観的次元に措定される。

意識哲学の成果

自然の人間的歴史と人間の自然史については次のように言われなければならない。すなわち、自然の人間的歴史と人間の自然史を同一視することはできない、と。もし両者を同一化するならば、一方では、人間の自然史が自然の人間的歴史として描かれてしまい、他方では、自然の人間的歴史が視野から消えて、歴史はもっぱら人間の自然史としてのみ捉えられる。近代以降の歴史は、私見では自然の人間的歴史が人間の自然史として実現された過程だったのであるが、先の同一視の元では、人間の自然史のうちでのその変換の運動、すなわち自然の人間的歴史を産出する運動は消えてしまうであろう。自然の人間的歴史の構想が疑似自然過程としての人間の自然史として実現されると、そうした人間の自然史の内部で、それを自然の人間的歴史へと変換する運動が生じうるし、ここに人間の自然史と自然の人間的歴史との間に抗争が生じ得よう。

私はカントの啓蒙哲学には、自然の人間的歴史の構想があると言った。しかし、この自然の人間的歴史の構想はそれとしては実現されず、人間の自然史として実現されてしまう。アドルノは、カントの理説を人間の自然史に同化して理解したのである。さて、ではしかし、自然の人間的歴史は何故人間の自然史として実現されてしまうのだろうか。私は、意識哲学のパラダイムを廃棄して、人間たちの相互行為、彼らの間主観的な相互行為を出発点とするホネットは、その反転の論理ないし要因を捉えることができないと考える。というのは、意識哲学のパラダイムはそれとは知られない形でそうした論理を捉えていたからであり、ホネットは、ハーバーマスもそうであるが、意識哲学の廃棄とともに、その反転の論理をも視野の外に放逐してしまうからである。意識哲学のパラダイムは、確かにそれが超克されるべき概念戦略であったとしても、しかし、この意識哲学のパラダイムは、カントでは、世界原因たる悟性、あるいは創造的悟性の能作という形で、つまり、目的論的思考枠組みの中で、[14] ヘーゲルでは、歴史における神としての世界精神の事行という形で、人間たちの諸行為が彼らには意図されなかった事柄、事態を産出してしまうという人間行為のあるメカニズムが捉えてもいたのであった。この場合、意識哲学のパラダイムを棄却することによって、それ故、ホネットが言うように、その代わりに人間たちの間主観的な相互行為を出発点に据えたとしても、このメカニズムを同時に棄却することになるということはないのである。というのは、こうしたメカニズムは、本当は、人間たちの（社会的・歴史的な）相互行為の次元において初めて作動し、孤独なモノローグ的主体の行為においては作動することはないからである。この点をヘーゲルの「理性の狡知」に即して今一度論じてみたい。

ホネットによれば、ヘーゲルは人倫の領域を間主観性から浄化する。このとき、精神は間主観性の領域から取り外されるために、他の精神を持つことはできず、それ故に絶対的に孤独になる。精神は社会的現実の客観性へと自らを外化し、その外化から己自身へと帰還するのであって、これが精神の修養過程であった。自己の修養過程を展開する精神は、ヘーゲルの『歴史哲学』では、世界史において己を展開する世界精神として現れる。ヘーゲルの

「理性の狡知」に関して言えば、この理性の狡知を遂行するのは、マクロ的主体である世界精神であり、この世界精神が諸個人と民族の行為を、己の目的を実現する手段とする。世界精神はそのようにして自己を展開しながら、自己を実現することによって自己に帰還する。これはつまりはそれ自身孤独な主体である他はない世界精神の反省的な関係に他ならない。ヘーゲルにおいて、歴史哲学とは歴史の思惟的考察である。哲学が提供する唯一の思想とは、理性が世界を支配するということ、世界史においてすべては理性的に行われてきた、ということである。理性とは実体であるとともに無限の力である。それは自然的生命と精神的生命の素材、無限の素材であるとともに無限の形相、つまりその内容を動かすものである。理性は実体である。理性が実体であるということは、それはすべての現実の存在と存立の根拠である、ということである。要するに、理性は無限の力である。理性は無力なものではない。その根拠を理性が当為として立てる、といったものではない。また、理性は無限の内容であると言われるが、それは理性が自分自身に自分の素材を与えるということである。理性は自分で自分自身の活動に素材を与え、自らを糧にする。自分自身がそれ自身の加工のための素材である。理性は自分の前提であり、究極的な目的であり、またその究極目的の実現である。理性は世界史の中で、その目的を自然界、精神界の形象の中に実現する。この理念が自らを世界史の中に啓示する。この理念とは世界精神のことであって、世界史は世界精神の理性的で必然的な行程である。

ヘーゲルによれば、理性の規定がどんなものかという問題は、世界史の究極目的は何であるかという問題と一致する。ではその究極目的とは何であり、その実現とはどのようになされるのか。世界史の実体をなすものは精神とその発展過程である。ヘーゲルによれば、自然を独自のエレメントに立つ領域というべきではなく、精神と関係する範囲でのみ見ればよいのである。精神は世界史の主役である。

精神の本性の抽象的規定を述べれば、それは次のようになる。精神はそれとは正反対のもの、物質との比較によって認識される。物質の実体は重力であり、精神の実体は自由である。精神のすべての属性は自由によってある。すべては自由の手段である。すべてはこの自由を求める。精神は自分自身の中にある。精神は自分自身のもとにある。これこそ自由である。精神が自分のもとにあること、これが自己意識である。すなわち、自分自身についての意識である。精神は自己自らを知るものである。それは自分を生みだし、自分を本来の自分とするところの活動性である。かくて世界精神とは精神が本来持っているものの知識を自分自身で獲得していく過程に他ならない。精神の最初の足跡には全歴史が潜在的に含まれている。ヘーゲルによれば、世界史とは自由の意識の進歩を意味し、われわれはこの進歩をその必然性において認識しなければならない。世界精神はその目的を持ち、この目的のためにあらゆる犠牲が捧げられる。

理念の実現のための手段について。自由そのものはさしあたって内的概念であるが、手段は外的なものである。人間の行動は欲望、情熱、興味、性格、才能から起こる。これが主役を演じる。利己心の満足、特殊な関心の目的は強力なものだ。それらは法や道徳が加える制限を眼中に置かない。これは人間に身近なものである。諸々の民族の幸福、国家の知恵、個人の徳がすべて犠牲に供される。この膨大な犠牲はいったい何のためか。いかなる究極目的のためにそれは捧げられたのか。

内的なものが現実的となるためには、第二の契機が加わらなければならない。それは実現である。それは意志、人間の活動である。即自的なものはこの活動によって実現される。現実化の働きは人間の欲望、衝動、傾向を介して起こり、主観はその活動と仕事によって自分自身を満足させる。あることに関与している個人は同時に自分をも満足させるのでなければならない。そうでなければ、何事も起こらず、何事も遂行されない。人間はまたさらに、あることのために活動する場合、それが自分には気に入っていることを要求し、それが善いもの、正しいもの、有用なものだという意見を持っている。それぞれの活動によって協力する人々の関心なしには何事も成就しえなかった。個人の欲望と力を目的に集中させる情熱なしには、いったいいかなることもなされえなかった。情熱というのは、個々の利害、特殊な目的、利己的意図から生じる人間の活動のことである。そうしたものとして情熱は一般的行為の推進力である。世界史は個々の集団のように、ある意識的な目的に基づいては起こらない。無数の意欲、関心、活動性、これは世界精神が自らの目的を達成し、実現するための道具であり、手段である。個人と民族の生命はそれ自身の目的を追求する。その満足を求めながら、より以上のものの手段となっている。彼らはこのより高いものを知らず、無意識的にそれを実現する。

ここでヘーゲルは次のように言っている。

世界史の中では人間の行為の結果として生ずるものは、それが目指し、求めたもの、それが直接に意識し、また意欲したものとは全く違ったものだ、ということである。人間はそれぞれ自分の関心を追求するが、そこから出て来るものは、その関心以上のものである。もっともこの結果も元来その関心の中に内在していたものであるが、ただ人間の意識と意図の中には現れてはいなかったものである。(15)

直接的な行為の中には行為者の意志と意識の中に含まれているよりも以上のものがあり得る。(16)

世界史を見れば、すでに承認されている義務、法律、権利と様々な可能性の間に衝突が生じる。現存の組織に対立し、現存の組織の根底を破壊するもの、同時に正しいもの、必然的と思われるものが歴史の内に登場してくる。これはこれまで民族－国家存立の基盤であった普遍とは異なる普遍である。この普遍をその目的の中に宿しているもの、これが世界史的個人である。例えばカエサルがそうであって、彼はその時代の必然的要求を満たし、実現したのだった。これらの個人は彼らの行為の目的の内に実現される理念の意識を持っていたのではない。けれどもヘーゲルによれば、彼は彼の時代の要求と時代の趨勢に関する洞察を持っていた。この要求と趨勢こそがその時代の真理である。それは世界の胎内にうごめいているこれから来ようとする時代である。彼らは世界精神の事業の担当者であって、その目的が成就されたとき、彼らは凋落する。

それで、普遍的なものは特殊的な特定の関心及びその否定の結果として生じる。特殊なものは互いに闘争して、その一方は没落してゆくけれども、このような対立と闘争に巻き込まれるのは普遍的理念なのではない、とヘーゲルは言う。この理念、つまりは世界精神が個人の情熱を勝手に働かせながら、己を実現する。損害を被るのは理性ではない。これをヘーゲルは「理性の狡知」と呼ぶ。個人は犠牲にされ、捨てられる。

さて、世界精神の手段として用いられるのは個人であるが、その手段として用いられるものは自然的な事物ではなく、諸個人である。人間は理性目的を充たすのであって、この意味で自己目的である。他の生物は、ヘーゲルは言うが、人間の生命に従属するのであり、それは人間のために手段として用いられ、消費される。これに対して人間はやはり自己目的であって、道徳、人倫、信仰は手段のカテゴリーからは除外されなければならない。人間が目的であるのは、人間の中にある神的なもののゆえにである。真実の善、普遍的な理性は己自身を実現する力である。この理性が表象されたものが神である。神が世界を統治する。そしてその統治の内容である神の計画と遂行が世界史に他ならない。

ヘーゲルは自然界の変化について次のように述べている。すなわち、それはなるほど多種多様であるが、それは循環にすぎず、その循環の絶えざる反復にすぎない。「日の下に新しいものなし」である。だからヘーゲルは自然の様々な姿態変化は退屈であると言う。新しきものはただ精神界でのみ出現する。精神界ではものを実際変化しうる能力、よりよいものへの変化の可能性が存在し、発展の可能性が存在する。発展によってヘーゲルは次のようなことを考えている。すなわち、根底に内的規定があって、それが現実になる、ということである。こうした規定を持つもの、これこそが精神である。精神の規定の実現過程は意志と意識によって媒介されている。

以上私は世界精神に関するヘーゲルの議論を見てきた。世界精神は、諸個人を彼らの欲求、情熱を働かせながら、世界史における自らの計画を実現するのであり、それ故彼らの行為は世界精神が己の計画を、その目的を実現するための手段に他ならないが、その際、そのようにして実現されるものは、諸個人の意識や意志のうちにはなかったものである。これが理性の狡知であった。諸個人は彼らの情熱をもって彼ら自身の特殊な目的を追求するが、その行為によって産み出されるものは彼らの意志や意識の内にはない、彼らの直接的な目的より以上のものである。もしわれわれがこうしたヘーゲルの議論から世界精神という歴史におけるいわば神を、それ故にまたその神の計画、目的を除去してみるならば、そこに現れるのは、諸個人が自らの目的を追求する行為において、彼らは同時に彼らが意図もせず、目的ともしなかった事柄を産出してしまう、という事態である。私はこのような人間行為がそれが意図したものとは別のもの、それが意図しなかったものを産出してしまう、という人間行為のあり方を人間行為の非志向能作と呼ぶ（これは歴史的に形成された一定の社会関係において生起する。）それは人間行為が有する意図せざる産出である。この非志向能作は私見ではマルクスの『資本論』においても、マルクスが明示的に述べてはいないとしても、重要な役割を果たしている。逆に言えば、そのような人間行為の非志向能作が、哲学の思考枠組みのもとで、それ故世界精神の世界計画という形で、目的－手段という思考図式の内に吸収されて捉えられたのである。私は「理性の狡知」という概念の内に含まれ表現されているそうした人間行為の非志向能作の概念を意識哲学の成果と呼ぶ。というのは、この非志向能作が意識哲学のパラダイムのもとで、大型の主体たる世界精神の所行として捉えられていたからである。

意識哲学のパラダイムを廃棄すると同時に、非志向能作の結果が、すなわち、人間たちの諸行為の意図せざる結果がいつも肯定的積極的で受け入れるべきものだという考えも怪しくなる。ヘーゲルが言う世界史的個人がその行為によって実現するものは、ヘーゲルにおいては、彼の時代の要求と趨勢であり、この要求と趨勢こそがその時代の真理であって、それはまた世界の胎内にうごめいているこれから来ようとする時代であった。諸個人の行為が意図せずに産出するものは、世界精神の目的の実現過程という目的論的枠組みの内部では、来るべき時代として、真理として、必然的なものとして、それ故積極的・肯定的なものとして受け取られる。けれども、歴史の目的論を廃棄してみれば、人間諸行為が意図せざる仕方で産出するものは必ずしもある時代の真理として、必然的なもの、積極的で肯定的で受け入れるべきものとしてあるとは限らない。それは批判と抵抗の対象でもあり得るのである。

ヘーゲルの世界精神は意識哲学のもとで近代世界の転倒したあり方を表現している。人間の生活世界が手段的世界となる。それは何のためなのか。世界精神が己の計画を世界史において実現するためである。人間の生活世界がすべて犠牲に供される。それは何のためか。世界精神が己の計画を世界史において実現するためである。同じく、人間の生活世界はすべて資本の生活史となる。人間の歴史が一種硬化した自然となり、この意味で自然史となるということはまさしくこの転倒を表現しているのである。この転倒は人間たちが無意識的にさえ、資本の蓄積衝動に駆動されるということである。アドルノによれば、（ヘーゲルの）世界精神は自然史のイデオロギーである。転倒した世界は一つの疑似自然となり、アドルノのとらえ方では、人間たちの意志と意識から自立化して運動する一種自然過程へと凝固する。[17] アドルノはマルクスの『政治経済学要綱』から、「さて、この運動全体が社会的過程として現れようと、この運動の個々の諸契機が個々人の意識された意志と特殊な目的から出発しようと、その過程全体は自然発生的な客観的連関として現れる」を引用しているが（ND, S. 349/432）、ここに表現されているものこそ、（人間の）自然史に他ならない。[18] 社会の自然史的な運動法則は、確かにイデオロギーではあるが、しかし単純に引きはがされることができるものではない。というのは、それは社会に内在しているからである。[19]

ホネットは以上に見た意識哲学のパラダイムの成果を意識哲学を廃棄することで同時に視野の外に放逐してしまった。ホネットは、意識哲学のパラダイムを棄却して、人間の相互行為という基盤に回帰し、それをミードの社会心理学に依拠して概念化する。意識哲学では、間主観的な相互行為の次元は消失してしまうが、意識哲学の思考枠組みを突破し、間主観的な相互行為の次元に帰還することによって、例えば、主体は一般化された他者の行為規範を身につけるということを主題にすることができる。このとき、主体は社会的に受け入れられる共同社会の成員となるのであり、このことによって自らの同一性を獲得する。ホネットによれば、このような間主観的関係に「承認」概念を適用することができる。

間主観的なコミュニケーション的相互行為の領域は、私の言い方では、人間的自然の領域であり、自然の人間的形態であるが、それ故に、この自然の人間的形態の歴史は自然の人間的歴史となるが、それだけでは、自然の人間的形態が（アドルノの意味での）自然史として現実化するという事態を主題化することができない。[20]

3 『否定弁証法』における自然史と全体性

アドルノが語る自然史は、それを私は人間の自然史と呼んだが、フォーディズムに基づく、それ故、フォーディズム時代のシステム社会の相貌を有している。人間の自然史は新自由主義的グローバリゼーションとともに新たな展開を遂げるが、アドルノが語る自然史は当然のことであるがフォーディズム時代までに限定されている。

システムと全体性

アドルノによれば、ヘーゲルは全体的かつ絶対的なものをはじめから措定している。それが精神である。アドルノがここでヘーゲルに言及するのは、全体性の概念との関係においてであり、アドルノは全体性概念について論じる際にまずヘーゲルを手がかりとする。

どんな「上から」の哲学によっても、その中にしみついたどんな意図によっても操舵されない、「細部に沈潜せよ」という哲学的要求（die philosophische Forderung, ins Detail sich zu versinken）は、すでにヘーゲルの一側面であった。ただヘーゲルの場合、その実現は同語反復（Tautologie）に陥った。すなわち彼の細部への沈潜の仕方は、まるで約束したように、全体的かつ絶対的なものとして初めから措定されていた、あの精神を明るみに出すものだった（ND, 298/368）。[21]

アドルノによれば、ヘーゲルの全体的なものは同語反復となる。というのは、細部への沈潜はこの全体的なもの、絶対的なものによってあらかじめ規定されているからである。ここでの人間の経験とは、現象を圧する全体的なものの優位である。先に、階級社会からシステム社会への移行について言及されたが、アドルノが語る全体性はまさしくシステム（システム社会）ないし閉鎖社会の相貌を呈している。（ルーマンの）システム論からすれば、細部といわれるものはつまりはシステムを構成する諸要素たる人間行為となろうし、この要素はあらかじめシステムによって（つまり全体的なものによって）規定されているのである。全体的なものが同語反復であるのは、システムはそれを構成する諸要素の運動を介して常に己を同一的なものとして再生産するからである。全体性においては、あらゆるものが媒介されている。この世に媒介されていないもの、直接的なものは存在しない。同じく、システムとは巨大な内閉であって、このシステムにあっては、その諸要素は相互に媒介され、そのことによってまたシステムによって媒介されている。見られるように、システム論が語るシステムはアドルノにおいては全体性として現れている。アドルノが語る全体性は、ルーマンのシステム論における「オートポイエシス」の概念に相当している。全体性は、アドルノの言葉では、同語反復として、われわれの言い方では、反復的循環として現れる。アドルノにあっては、啓蒙の前進過程において、社会はこの全体性となるのであるが、全体性の同語反復的性格、すなわち、（同じものの）反復的循環性の論理は、人間の歴史に投影され、かくて歴史は、それは自然史となるが、歴史自身が同語反復的なものとして、換言すれば、反復的循環の相において現れ、かくて、この歴史はヘーゲルの意味での発展が捨象されたという意味で非歴史性という性格を持って現れる。それ故に、アドルノにおいて人間歴史における過去と現在の出来事・事柄は同じ非歴史的な時間的空間のうちに一緒におかれるという傾向が生みだされる。かくて、カントの実践哲学も、アドルノがカントの実践哲学の歴史的地盤に言及しようとしているにもかかわらず、実際にはその歴史的地盤から取り外されて、主に（アドルノとホルクハイマーの意味での）啓蒙の前進過程のうちで生成した全体性たるシステム（閉鎖）社会の内におかれて解釈されてしまうことになる。

機能的連関としての全体性

全体性においては、統一性の網はますます緊密になり、この統一性がすべての個人を捉えてしまう。全体性は合理的体系であり、機能的連関をなしている。それは機能的全体性であって、この機能的全体性は個人の自己保存を口実にして、個人を飲み込んでしまうのである。機能的全体は普遍者、あるいは普遍性の規定性とも呼ばれている。今日では普遍性の規定性はそれ自身が否定的であり、統一はますます悪しきものになる。勝者だけがこうした統一を称賛する。特殊者はこのような普遍者の機能へ還元され、このとき特殊者は機能的全体の機能を果たすものとして普遍者に同一化されるが、この事態が意味するのは実は特殊者の死に他ならない。だから、この全体たる普遍者とその歴史は死の相貌において現れるのである。ベンヤミンに見出されるのはそうした死の、廃墟の眼差しであった。同一化されない特殊者の希望、これはその同一化において、同一化されざるもの、しかし実現されなかった、それ故に忘却された希望である(22)。普遍史、即ちこの普遍者の歴史は、アドルノによれば、支配の統一性である。支配の統一性というのは、自然支配、人間支配、人間の内的本性に至る支配であり、それ故、支配の連関、そうしたものとしての全体的統一である。してみれば、機能的全体性は普遍者であり、この普遍者の歴史は支配の統一性である。

自己保存の原理

自己を実現する普遍者の暴力。これは個々人自身の本質と同一ではなく、その反対のものである。個々人の心理の奥底においてさえ、個人は普遍的なものの強制下で反応している。人間は、アドルノによると、自己保存という動機によって予言者が自己主張するのを助ける、つまりそうした行動や態度をとるように強制される。ここで自己保存とは個体の自己保存であるが、全体は個体の自己保存という原理を通して機能する。個体はもっぱら自分のことを考えて行動するわけであるが、しかしそれは全体の機能連関のうちに既に組み込まれており、このことによって個人は客観性を洞察できないようにされてしまう。

自己保存はすべての生物体の自然法則であり、そしてこれは同一性の同語反復である。同一性の同語反復が意味するのは、既に存在するものが存在すべきものだ、ということである。理性は整合的な自己保存のために、自分を目的に祭り上げる。

それ故に、かの普遍者、全体的な機能連関は、諸個人にとって生の基盤でもある。というのは、機能的全体性の内部でのみ、その中でそれに割り当てられた機能を果たすことによってのみ諸個人は己の生を維持することができるからである。諸個人はもっぱら自分のことを考えて行動するのであったが、このことを通して、諸個人の生の基盤である全体がまた再生産される。普遍者は生命の保存を再現する。しかし、それは同時に生を脅かしもするのである。

全体性と個人

交換社会の原理は個々の契約当事者の個別化を通してのみ、実現された。個体化の原理が社会の原理、普遍者だったのである。そしてその場合、個人は個体化の形式を必要とする全体的機能連関のうちで、普遍者の単なる執行機関に格下げされてしまっている。

アドルノは言うが、個人は今日、ヘーゲルの時代に比べて、まったくとるに足らないものになってしまった。かつては、抵抗があって、それに対して情熱が燃え上がった。けれども、今日では個人を統合する社会組織がこうした抵抗がなくなるようにしている。個人は大勢に順応するものとなり、心の中まで監督される。けれども、交換現象が続く限りは、社会的生産過程は個体化の原理、私的な自由裁量の余地を残してもいる。

すると、個人に残されているものは何であるのか。それは次のようなものになる。すなわち、偽りの統一性のために自分を犠牲にする気にはなれない精神、この精神の機能は、機能しないものという機能である。普遍者の代理人になろうとしてもなれない機能である。この点に、つまり個別化されたものの中に潜む潜在能力を、ヘーゲルは嗅ぎつけていた。アドルノによれば、思惟する意識を通じて普遍的なものに預かるのであるどころか、盲目的となった、盲目的に自己を押し通す権力となった普遍者は、この真理を覆い隠そうとしているのだ。

生産諸力

アドルノは、生産諸力について次のように言っている。世界精神の重圧がますます強くなっている。現在、人々は、とアドルノは言うのだが、生産諸力の解放とともに、個人の幸福よりも実体的な幸福がやってくると思いたがっている。しかしである。生産諸力の解放は自然を支配する精神の所為であって、それは自然に対する暴力的支配と類縁性を持っている。生産力の概念には本質的に自然支配が住みついており、生産力の概念はそれを除去することはできないのだ。

生産力の解放は、その基底にある人間同士の関係から切り離されると、それはただちに物神化される。アドルノによれば、「こうした歴史の局面においては、個別的なものの全体である世界精神が、いま自分が足元に踏みにじっている当のものに移り行くということも起こり得るだろう。思い違いでなければ、これこそ現代の症候である。これに反して、そこに生きる人々が生産諸力の発達を必要とした時代、あるいは少なくとも眼に見えてこの力に脅かされることのなかった時代には、『世界精神と力を合わせて働いている』という感情が立ち勝ったのも当然である」(ND, 302/372) が、今や世界精神が個人を踏みにじるものになる。これが現在の状況なのだ。

全体性の自立的な運動

全体性、普遍者(つまりはシステム社会)は、機能連関としての全体性、自己保存の原理、全体性と個人、生産諸力、法に関してこれまでに述べられたすべてのことを包み込みつつ運動する。全体性の運動はいわば自動的になる。この運動は諸個人にとって強制的な客観性として経験される。ヘーゲルは世界精神について語ったが、世界精神とは実は自動的に運動する全体的主体にほかならない。そこでは客観的なものの優位(全体社会は客観的なものとして捉えられている。)、全体の支配、見通しがたさ、全体的な機能連関という諸契機が相互に絡み合っている。ヘーゲルの世界精神とは、実のところ、この全体の運動であり、そこでは、社会の運動法則が支配するが、この運動法則は主体である諸個人を捨象してきたのである。かくて、全体、普遍者は(諸個人に対して)自立的に運動する。そして、以上のごとき、普遍者の、全体性の運動がまさしく自然史として把握されるのである。人間の歴史は以上の意味で自然化されて、一種の自然史になる。私はこの意味での自然史を、自然の人間的歴史との対立において、人間の自然史と呼んだ。カントの歴史構想においては、最高善が歴史的に実現されるべきものとされ、歴史は人間の自然素質の発展でもあった。それは人間的自然（カントでは、理性的自然）の発展である。ところが、自然から自立化した精神は、それ自身が一種の自然へと反転する。

自然史

アドルノによれば、歴史的生の客観性は自然史の客観性である。この客観性は個々の主観の頭越しに実現される普遍者と関係がある。歴史的な生は自然史となってしまっている、換言すれば、歴史的な生は硬化した自然となってしまっている。社会の運動法則は一種の自然法則として現象するが、それは現在支配的な生産関係の下では、この法則が不可避だ、という性格を持つからである。社会の運動法則が一種の自然法則として現れるのは、この法則にイデオロギーが内在しているからであり、それは神秘化の結果である。資本比率の不断の累進的増加を危うくするものはすべて排除される、ということは一つの法則であるが、この法則が自然法則として現れるのである。それが自然法則として現れるのは神秘化の結果である、ということは、それが社会的な仮象であるということである。それが運動全体、その過程の全体、これは自然発生的な客観的連関として現れ（マルクス）、不変な自然所与性として実体化されるということである。それはイデオロギーである。しかし、自然法則性は実在的でもある。

人間が自らの歴史を自然から区別し、自らを非自然として了解すればするほど、人間の歴史は自然から遠ざかる。（同様に、自然は人間の歴史から遠ざかる。）その際、人間はますます非自然として、自然は非人間として了解される。精神は自然から自立化し、社会は自然から自立化するが、アドルノによれば、人間と社会はそれ自身を自然化してしまうのであり、人間と社会は一種自然化された過程に囚われてしまうのである。このとき、自然がまさしくこの囚われの身を示す比喩となる（Vgl. ND, 351/434）。こうしたことから明らかになるのは、あの世界精神は自然史のイデオロギーに他ならない、ということである。

4　アドルノの「自然史」概念の時代的背景

オートポイエシス的システム

以上で私は、アドルノの「自然史」概念を見てみた。そこから浮かび上がるのは、アドルノの「自然史」概念の時代史的背景である。アドルノが「全体性」概念によって捉えていたのは、システム社会と言われるそのシステムであり、そしてそこでは、反復の力が支配しているのであって、この反復の力は神話的力と呼ばれた。この反復の力が働くのは、とりわけ戦時体制と第二次世界大戦後の世界、つまり戦後世界である。この世界では、階級妥協が成立することによって、階級闘争は歴史を推進させる弁証法としての力を喪失し（このことはこの弁証法が完全に消滅したということを意味するわけではなく、社会の表面上からは見えなくなるということを意味するが）、それは賃金の上昇を巡る労資の交渉によって置換される。こうして、労働者の労働、賃金交渉と消費は、資本主義の資本蓄積にとっての機能を果たすものになる。諸個人の様々な行為が資本蓄積のための機能を果たすものになり、社会の全体がそのような機能の連関をなすものになる。すなわち、社会は機能的連関の全体性になるのである。社会は階級社会からシステム社会へと移行した。このシステム社会においては、例えば労資の対立という二項対立も、真実の二項対立ではなく、対立している二つの項のいずれも、実のところはシステム全体の再生産の機能を果たしているという表象が生みだされ、更に、システムに抵抗し、システムを批判すると主張する理性に対しても、その理性は実はシステムの再生産に寄与しているのだという理性批判の言説が生みだされることになる。

アドルノが語った（全体性）における同語反復は、ルーマンのシステム論では、「オートポイエシス」概念によって捉えられた。オートポイエシス（ないしはシステムの自己準拠）について、ルーマンは次のように語っている。

あるシステムを自己準拠システムとして言い表すことができるのは、そのシステムが成り立たせている諸要素をしかるべき機能を果たしている統一体としてそのシステム自体で構成しており、と同時に、こうした諸要素の間のすべての諸関係が、こうしたシステムによる要素の自己構成を手がかりとして作り上げられており、したがって、こうした方法により、そのシステムは自らの自己構成を継続的に再生産している場合である。この意味で、自己準拠システムのオペレーションは、不可避的に自己接触によって行われており、こうしたシステムには、環境接触のための形式として自己接触以外の形式はない。[23]

自己準拠システムないしオートポイエシス的システムは、こうしたシステムはそれが自己準拠システムであるということによって閉鎖システムでもあるのだが、自己を自己によって構成するのであり、この事態は、アドルノの言葉では同語反復である。あるいはそれは（神話的力としての）反復の力である。このような反復の力、ベンヤミンが神話的暴力と呼んだその反復の力を打破すること、その神話的力を打破する神の力が、あるいはゲーニウスが出現することは、ベンヤミンが希求するところであったし、アドルノはその反復の力（同一性の支配）によって抑圧されている個へと思考の眼を向けようとしたのであった。

アドルノは、アドルノの意味での自然史（これは人間の自然史に相当する）の概念をカント解釈の際に前提とし、それをカントの哲学のうちに読み込んだ。ところが、カントの哲学には私見では自然の人間的歴史の構想が含まれていた[24]。それ故、先に言及されたズレとは、人間の自然史と自然の人間的歴史の間のズレに他ならない。自然の人間的歴史に関するカントのいわば夢（＝構想）は破れたのであり、それは人間の自然史として実現されてしまったのである。

歴史の非歴史化

『啓蒙の弁証法』において、アドルノとホルクハイマーは、以上のようなシステムないし閉鎖社会の自己反復的性格を人間の歴史に投影した。それ故、人間の歴史は一つの反復的循環過程として描かれ、歴史は特有の非歴史性において見られることになった。すなわち、神話はそれ自身既に啓蒙であったが、啓蒙はその前進過程において神話を反復し、つまりは神話を再生産するとされるのである。かくて、アドルノにとって、啓蒙はその前進過程において全体性を産出するが、歴史過程は、春夏秋冬のごとく、短期的に見られた反復的循環過程としての自然史（人間の自然史）として現象するのである。こうして、アドルノが言う「自然史」概念の現実的歴史的基盤は、戦時体制及び戦後に形成された、フォーディズムに基づく社会の構造である。かくして、アドルノにあっては、歴史は特有の非歴史的な相貌のもとで現れてくる。

5　自然史の新たな展開

しかし、（人間の）自然史、この意味での自然史的過程は、アドルノの時代で停止しはしなかった。それは新自由主義的グローバリゼーションの時代に一層の展開を見た。アドルノは、今日では、別の世界がやってくる可能性は破綻したのであり、それは今ではともかく破局を回避する可能性があるかどうかに収縮してしまっている、と述べていた（Vgl. ND, 317/391）。アドルノのこの言明は第二次世界大戦後（西欧で）形成された社会国家の経済危機の回避戦略、あるいは経済危機への応答戦略に照応している。

けれども、新自由主義の運動は、戦後の社会形態（フォーディズムを基礎とする）を攻撃してそれを解体しようとし、新自由主義的グローバリゼーションはそれまでとは別の世界をもたらしてしまった。別の世界がやってくる可能性は破綻したと述べつつ、アドルノが実のところ希求していたのは自然史を止揚する可能性であったが、新自由主義的グローバリゼーションとともに、アドルノが希求しなかったはずである別の世界、おそらくは思いもよらなかった世界が現出してしまった。戦後世界の中で、資本の利潤率が低下するという事態をもってフォーディズムは危機に陥ったが、このフォーディズムを基礎にしていた戦後社会国家もまた危機に陥った。資本の利潤率の低下に促されて、新自由主義が登場し、戦後国家を解体しようとし、更に新自由主義的グローバリゼーションが発動される。「世界精神」はその歩みを一歩進めたのである。新自由主義の運動はフォード主義的蓄積体制に基づく戦後社会国家で成り立っていた同一性の支配、あの神話的力としての反復を、即ちオートポイエシスを一定程度でも打ち破った。すなわち、反復の力としての神話的力を打ち破ったが、それは神話的力そのものを打破したというのではなく、新たな種類の神話的力の支配をもたらした。その反復は、その一歩ごとに人間世界を分断し、分裂させ、格差と貧困の世界的普遍化をもたらし、このことによってまたその破局の条件を生み出し続ける。富めるものはますます富んでいくが、貧しきものはますます貧しくなるとともに、貧困が普遍化していく。形成されるのは、社会的下層から上層への、家計から大企業への富の移動のシステムである。[25] 公平性を欠いた経済システム、この意味で正義ならざる経済システムは、それがますます多くの人々の所得と消費の可能性を奪うことによって、彼らの生活を破壊するが故に、自己破壊的システムである。規制緩和が叫ばれた。規制緩和とは規制をなくすということである。例えば、金融システムについてみれば、本当は新たなる規制システムが構築されなければならなかったときに、規制がなくされたが故に、それは野放図な運動を開始し、それがためにその運動はその自己崩壊の条件をその運動の一歩ごとに己の内部に蓄積した。この意味でも、新自由主義の運動において構築された金融システムは自己破壊的システムであった。

アドルノが語った世界精神は、戦時体制とフォーディズム時代の社会構造の刻印を帯びている。ところが、この世界精神は、従って自然史はアドルノ以後、新たな歩みを始めたのであって、それ故、今日「自然史」概念を考察するにあたっては、以上に見た自然史の新たな段階を考慮に入れなければならない。例えば、アドルノによれば、全体性の統一はますます欺瞞的となり、そして勝者だけがその統一を称賛するが、しかし、新自由主義的グローバリゼーションにあっては少しく様相が異なってくる。勝者が統一を称賛することに加えて、社会の分裂を当然のことと見なす態度が敗者にではなく勝者に醸成される。

このような新たな事態は、私見では、次のような結果をもたらすはずである。

（a）新自由主義及び新自由主義的グローバリゼーションがフォーディズム時代の社会構造を破壊し、それを突破してきたのだとすれば、それはその時代に成立していたオートポイエシス、すなわち神話的力としての反復の力の支配をある仕方で打ち破り、フォーディズム時代の世界とは別の世界を産出してきた限り、あの反復的循環の人間の歴史への投影は今や解除されなければならない。(26)

（b）システムに反抗する理性は実は既にシステムによって足をすくわれており、その理性はシステム維持の機能を実は果たしているのだという言説、あるいはまた、（先鋭な）二項対立は既に意味を失っているといったひどく物わかりのよい思考姿勢もまた打破されなければならない。というのは、今日、新自由主義と新自由主義的グローバリゼーションが産出してきた世界に対して、それを変換して別の世界を産出しようとする運動が対立しているからである。今日、二項対立的表象は意味を失ったという言説を反復することは、現実の対立を隠蔽するイデオロギー的役割を果たすことになる。今日、根本的対立があらためて主題化されなくてはならない。

（c）ホルクハイマーとアドルノは、全体性に対する批判に関して、「現代ではもちろん、自動的に運動する歴史はそういう思想的な発展の先回りをする」[27]と言った。ここで、歴史は人間諸個人に対して自動的に運動するものとして現れている。今日、歴史に関するこのような表象を新自由主義的グローバリゼーションの起動に対して直接的に適用することはできない。というのは、新自由主義的グローバリゼーションの起動は、歴史の自立的な運動の結果であったのではなく、そこには様々な主体群の同盟があったからである[28]。私見では、新自由主義的グローバリゼーションはアドルノの言う意味での自然史の新たな展開であるが、それは自動的に運動する歴史なのではなかった。新自由主義及び新自由主義的グローバリゼーションは、フォーディズムの危機に由来していた。フォーディズムの時代に、人々の様々な行為の意図せざる結果として資本の利潤率が低下し、かくてフォーディズムは危機に陥ったが、新自由主義並びに新自由主義的グローバリゼーションの発動はそうしたフォーディズムの危機への応答形態であった。それで、自動的に展開するのが自然史であるということはもはやできない。それ故、新自由主義的グローバリゼーションが自然史（人間の自然史）の新たな展開であるとすれば、「自然史（人間の自然史）」の新たな規定が必要である。私はここでは、次のように規定しておく。

① 新自由主義的グローバリゼーションは私見では人間の自然史の新たな展開であるが、それをもはや自動的運動として、すなわちシステムの自動的運動として捉えることはできない。それにはそれを推進した様々な主体群が介在した。アドルノでは、「自然史」概念と「自動的に運動する歴史」は不可分に結びつけられている。この結びつきは解除されなくてはならないであろう。

② 新自由主義的グローバリゼーションが人間の自然史の新たな展開であることは、それとともに現出したわれわれの生活世界の具体的なあり方に即して読み取られなければならない。例えば、新自由主義的グローバリゼーションの進行とともに、人間たちがますます恥知らずにかつ躊躇なく単なる物件として扱われ、世界福祉の条件が貧困化していくという事態に即してである。単なる物件として扱われるということは、いつでも取り替えがきき、使い捨てができる物件として扱われるということである。人間の誕生と死の間の伸張において、諸個人は彼らの生活史を織りなしていくが、この生活史は彼らに固有の意味を有し、それは他にとっては決して代替可能なものではない。このような固有の意味を有する生活史を諸個人が織りなしていく上での困難が生じ、そうした困難とそこに生じる苦悩の経験にはお構いなしに事態が進行していく。[29]

③ 新自由主義的グローバリゼーションが人間の自然史の新たな発展であるのは、それが依然として資本の蓄積衝動に無反省に突き動かされているからである。先に述べたように、新自由主義的グローバリゼーションを推進する主体群が存在する。これらの主体群は資本の蓄積衝動を己の衝動として内化し、ハイデガーの『技術への問い』の言い方をまねれば、資本の蓄積衝動を内化していることを反省することなく、そのこと

を忘却し、忘却していることをも忘却して突き進もうとする。全ては、アドルノが使っていた語を用いれば、世界精神の手段と化する。

自然史（人間の自然史）のこうした新たな展開において、しかし、苦悩の経験からしてそれに抵抗し、批判し、別の世界を産出しようとする（世界大の）運動も生じる。それは、私見では、人間の以上のごとき自然史に対して、それを変換し、自然の人間的歴史を産出しようとする運動である。私はカントの歴史構想を自然の人間的歴史を表現するものとして解釈したが、新自由主義的グローバリゼーションにおいて現出する世界は、ますます多くの人が物件として扱われ、世界福祉の条件が貧困化していくという事態であり、これはカントが語った最高善とはちょうど逆の事態である。ここに、あらためて、カントの歴史構想が現実の力、運動として、人間の自然史に対抗するに至るように思われる。カントの最高善の理念からすれば、如何なる社会システムも、目的自体としての人間たちの相互行為の圏がその制約条件となっているのでなくてはならない。これは、新自由主義的グローバリゼーションという人間の自然史の新たな段階において、そのまっただ中で、自然の人間的歴史を産出しようとする運動である。自然の人間的歴史とは、単なる自然でも物件でも、単なる支配の客体でもない人間的自然、つまり自然に関して内在的超越である人間的自然の歴史である。

しかし、私は、このような人間の自然史と自然の人間的歴史の相互の絡みあいと抗争に更に立ち入る前に、ここで、ハーバーマスの論文「カール・レーヴィット――歴史意識からのストア的退却」を見ておきたい。というのは、それは人間世界の疑似自然化としての人間の自然史の変換という問題とある関わりがあるからである。

6 ハーバーマスの論文「カール・レーヴィット――歴史意識からのストア的退却」

ハーバーマスによれば、レーヴィットは、歴史意識から退却して、無始無終の永遠的秩序たる全体、これはコスモスと呼ばれるが、そのコスモスへと回帰することを主張した。私は、歴史から退却して古典古代のコスモスの世界へと立ち戻ろうとするレーヴィットの道を採らないが、私見では、レーヴィットとは別の仕方での、人間の自然への回帰の可能性がある。この点は、ハーバーマスでは十分に展開されていない、人間的自然への回帰の可能性である。[30]（アドルノからすれば、彼の言う自然史において人間自身が疑似自然化するのであった。人間自身が疑似自然化すれば、ここに、人間と自然が同じ自然であるものとして、人間と自然が統一されているように見える。しかし、これは人間と自然との誤った統一である。もとより、人間の自然への回帰と言うとき、この誤った統一が意味されているわけではない。）この点は、単に歴史意識からのストア的退却というだけではつきない問題である。この点を明らかにするために、次に私はレーヴィットに関するハーバーマスの批判的議論を再構成し、ハーバーマスの議論に対するコメントを行う。

レーヴィットは近代から古典的古代へと場面転換を行おうとする。つまり、レーヴィットは近代から古典的古代へと回帰しようとするが、それは次のようにしてである。レーヴィットは永遠回帰というニーチェの教えを、それは「世界が喪失された近代精神の頂点においてギリシャ人の宇宙論的世界観へ立ち帰ろうとする」[31]試みとして解釈する。ここでこの宇宙論的世界とは、自然の剛健な循環過程である。しかし、ニーチェにあっては、その循環過程としての世界全体は、それは観想の中でのみ、つまりは物静かな省察の中でのみ現れることができるのであるが、その世界はまだ落ち着きのない投企、要請にとどまっている。レーヴィットはニーチェの永遠回帰の教えを、ギリシャ人の宇宙論的世界像への回帰として解釈し、ニーチェ自身の意志の形而上学からそれを解き放ち、このことによって歴史意識一般の断崖からの決別を遂げようとする。その際の彼の手続きは、こうである。すなわち、彼は歴史哲学をその神学的前提へと還元し、ついでユダヤ教的キリスト教的伝統全体の背後に遡り、そして、遠い昔に神学的に準備されていた、そして一九世紀に至って無神論的に支配力を得るに至った歴史意識そのものを批判する。レーヴィットは彼の思索の糸口を天然のコスモスの景観の喪失に対するストア派の嘆きに求めている。ストア派は、その天然のコスモスの景観の喪失を嘆いていたのであった。ハーバーマスは述べているが、古典的世界観こそが、レーヴィットがキリスト教以後における再興のために足場にしようとする地盤なのである。その古典的世界観において、コスモスとは始まりも終わりもない永遠なる全体であり、フェシスとは、天然に存在する万象の一にして全なるものである。要するに、レーヴィットは近代の歴史意識を批判しつつ、それを古典的古代からの頽廃の結果として把握し、古典古代のコスモスの永遠な全体である自然観への回帰を遂行しようというのである。世界はあまりに人間的なものへと縮小してしまったのであり、そうした世界においてすべてを保つ生の秩序たるコスモスの姿が歪められる。近代的意識ないしは近代の歴史意識は、ギリシャの宇宙論的思惟からの頽廃である。

ハーバーマスは、このようなレーヴィットの試みを歴史意識からのストア的退却と呼ぶ。レーヴィットは人間を永遠の循環たるコスモス、自然のなかに統合しようとするのである。

しかし、私にはここにはある奇妙な点があるように見える。そのあまりに人間的なものが、人間の歴史過程の中で、むしろ反復的循環の存在様式において現れ、その意味で、反復的自然を体現するようになってしまったという事態にそれは照応している。既に見たように、アドルノの「自然史」概念において、社会は全体性となり、社会のあらゆる要素を包み込むこの全体性は反復的自然の様相を、つまりは（永遠のものとは言わないとしても）反復的循環の相貌の元で立ち現れていた。歴史の進展において、カントの歴史構想が実現されるどころか、逆に歴史は反復的循環の論理に絡め取られるようになり、歴史はアドルノの意味で自然史として現れたのである。それがシステム社会ないし閉鎖社会の生成であって、全体性となった社会は一にして全であるあのフェシスの類似物になる。この全体性の構成論理はルーマンのシステム論で言うところのオートポイエシスであった。

『啓蒙の弁証法』は一つの循環過程の中を運動し、この意味では、歴史自身が反復的自然の姿を身にまとってしまっている。歴史意識はその循環過程の中で既に廃棄されていたのである。それ故、もしレーヴィットの向かおうとする方向性が古典古代の自然であり、あのフェシスであるならば、それはアドルノが語る自然史、つまりはあの全体性の運動と同型であり、それはシステム社会の相貌を意識することなく、永遠の全体という形で、反復しているのではあるまいかという疑念が生じてくることになる。[32] してみれば、人間を永遠の循環たるコスモスとしての自然のなかに統合しようとするまでもなく、人間は（アドルノが言う）自然史において、全体性という形をとったその循環たるコスモスのうちに統合されていたのではあるまいか。アドルノによれば、細部への沈潜は、ヘーゲルの世界精神にあっては、同語反復になる。

レーヴィットのこうした試みに対して、ハーバーマスは人間的自然（本性）の歴史的な変化可能性を主張している。「人間の本性は、ただ、歴史的に形成された人間労働の諸形態、歴史的に獲得され企画された命令・服従などの共同生活的諸規則、歴史的に発見され言語的に確定・促進され或いは棄却・喪失された経験や解釈や処理の様式、したがってまた、特定の社会が特定の時期に自らについてもつイメージ、など、そうしたもののうちにのみ綴られている第二の自然によって、必然的に媒介されているのではなかろうか[33]」。ここで、第二の自然が語られているが、ハーバーマスにとって、歴史とは自然を土台とし、自然的世界のうちで自然を超え出る、人間自身の手になる人間的世界の形成に他ならない。けれども、この歴史は（人間の）自然史だったのであって、そこには偶有性が支配している。しかし、この歴史も変換可能である。「前進する合理化が、物化された自然と社会に対する技術的支配のやみくもの増大から、人間たちの運命が実践的支配に関する彼らの理性的なコミュニケーションにより、自己批判的にふさわしい状態へつれもどされるにつれて、歴史はその偶然性を失っていくであろう」[34]。ここには、①物化された自然及び社会に対する技術的支配力の盲目の成長という観点があり、更にまた②自然史としての歴史についての言及とそれからの脱却についての言及がある。

ここで私は（ハーバーマスに対して）次の問いを提起してみたい。すなわち、人間たちの運命が「人間たちの理性的コミュニケーションによって正道に引き戻される」とき、それは、レーヴィットの試みとは違った仕方で、人間の、従って人間社会とその歴史の自然への回帰となるのではないであろうか。つまり、この問いは、自然成長的で偶有的であり、物化されたものとしての歴史＝自然史の止揚は、それ自身、人間と社会・歴史の自然への回帰となるのではないかという問いである。人間の自然史は自然の人間的歴史へと変換されるのではないかという問いである。ハーバーマスはこの問いを提出していない。私見では、（人間の）歴史と自然との対立・敵対を止揚し、このことを通して自然へと（人間が）回帰する、レーヴィットの道とは別の道の可能性がある。それは新自由主義的グローバリゼーションという人間の自然史の新たな展開に対して、それに抵抗し、批判しつつそれを止揚して、歴史を自然の人間的歴史へと変換する可能性である。

7 自然の人間的歴史と人間の自然史

歴史と自然

人間の歴史は自然の歴史のうちから、自然の歴史の一環として誕生した。自然は単に永遠の循環性のうちにあり、歴史的時間性はただ人間の歴史にのみあるというのではない。歴史は自然にまで押し及ぼされなければならない。ヘーゲルによれば、理念は、それ自身の絶対的決意において、己を、直接的な理念としての自然を自分の反映として、自己から解放するのであり、それ故、自然は他在の形式における理念に他ならなかった。この他在における理念は精神において真に自分自身に達する。というのは、精神は自然の真実態であり、対自存在に達した理念であるからであった。しかし、自然は本当は永遠の循環過程という「つまらない」過程ではなく、それは歴史的過程である。つまり、自然とは自然の歴史である。ここでのわれわれの前提は人間、従って人間の歴史は自然の歴史の内でその一環として誕生した、ということである。その限り、人間はそれ自身（人間的）自然であり、人間の歴史は自然の歴史のうちに含められる。というのは、人間とは社会的存在であると同時にまずもって自然存在であるからである。

人間的生（生命―生活）(35)

人間は人間的自然であるが、人間は地球上の生命共同体の一員であり、また自らの生活を共同で織りなしていく存在であり、それ故に彼らの生活世界を織りなしていく存在である。生活世界の中で彼らは彼ら固有の生活史を織

りなしていく。それ故、「人間的自然」という概念は、より具体的に規定すれば、人間的生（生活‐生命）となる。(36)

全自然、従って全宇宙の進化・発展の過程で、生命的自然が誕生し、生命的自然それ自身が進化する。生命的自然の誕生以前の自然の歴史の過程が生命的自然を生み出したのだとしても、しかし、このことは生命的自然の誕生以前の自然が生命的自然を産出することをそれ自身の内的な目的としていたからではない。生命的自然の誕生はあらかじめ存在する目的なしの誕生であり、それ故無数の偶然性の絡み合いの産物である。生命的自然誕生以前の自然の進化過程が生命誕生の諸条件を生み出したのだとしても、それは自然自体に内在する目的の実現でもなければ、何らかの知性的存在者の計画によったわけでもない。地球上における生命の誕生とその存続・進化も、多くの偶然性によって支えられている。木星や土星といった巨大惑星が現にある位置になかったならば、多くの彗星が地球に衝突したであろう故に、地球上に生命が、たとえそれが誕生し得たのだとしても、存続・進化し得たかどうか、存続し得たとしても、単細胞生物と区別される多細胞生物が、われわれが地球上で現に見る動植物が存在し得たかどうか疑問である。

生命的自然の進化過程において人間的自然が生まれたが、同じく、生命的自然が人間的自然を産出することを己の内在的な目的としていたわけではない。人間的自然の誕生もまた多くの偶然性の絡み合いの産物である。もしも生命的自然の誕生以前の自然が生命的自然を生み出すことをそれ自身の内在的な目的としており、生命的自然が人間的自然を生み出すことをその内在的な目的としていたのだとすれば、生命誕生以前の自然は人間的自然を宇宙の中に産出することをその内在的目的としていたのだということになろうし、すると、人間的自然以外の全自然が人間的自然を産出することをその目的としていたことになろう。こうした場合には、人間的自然の誕生とその存在は、全自然の内で特別な地位にあることになる。何しろ、全自然が人間的自然の産出を目的とし、それを目指していたということになるのだから。もしこのように考えられるならば、人間的自然は全自然・全宇宙の目的として全自然・全宇宙の中心であることになる。けれども、そのようなことはなく、宇宙・自然は人間を中心として構成されているわけではないのである。

もしも、宇宙・自然が人間的自然を中心として構成されているのであれば、これは人間中心主義であることになるが、ここから宇宙・自然は人間的自然のために存在するという考えとはほんの一歩にすぎない。人間が自然の一部だということの発見は、こうした考えを抑制する論理力を有するが、その論理力はそれほど強くはない。というのは、この場合、人間的自然は全自然の目的として生み出され、そうしたものとして、自然の一部だと考えることは可能だからである。けれども、宇宙・自然は人間のために存在するという考えは、首尾一貫すれば、「人間的自然」という概念を破裂させ、人間と自然とを対立させることになる。というのは、宇宙・自然は人間のために存在するという考えは、人間を他の自然に対して特異で特別な存在者とさせ、かくて、人間を全自然の外の存在と考えるように促すからである。この場合、人間は自然ではないものとして、自然は人間ではないものとして規定され、人間と自然は相対することになる。人間身体が自然の一部であることが否定し得ない事実であってみれば、以上の考えは今度は人間の例えば思考と延長という二つの実体への分割を惹起する。しかしながら、人間的自然は全自然の目的ではないし、自然が内在的に人間のために、人間の使用のために存在するわけでもないのである。人間的自然は、そもそも内在的に人間の（使用の）ために存在するというのではない自然を使用しつつその生命過程を営む。

大量生産・大量消費・大量廃棄の社会・経済システムの登場とともに、生命的自然の一部として誕生した人間社会は生命的自然と人間社会という人間的自然を大規模に破壊するに到った。環境問題はその限りあくまで人間にとっての問題であり、人間にとっての課題である。この意味では、自然に対する人間の振る舞いの仕方が問題となる限り、人間が考察の中心に置かれることになるが、このことは決して人間中心主義を意味するわけではない。むしろ、人間と自然との関係に関する人間中心主義の止揚は、人間を考察の中心におく考察のなかで主題化される。ところで、人間を中心に置く考察を遂行するのは、森や川や水牛や鳥たちではなく、これまた人間自身に他ならず、またそれ以外にはあり得ないのであるから、人間を中心に置く考察は人間の自己省察に他ならない。（環境倫理学は人間の自己省察の一部をなすのでなくてはならない）。

自然の歴史という意味での自然史の過程の中で生命的自然が誕生した。生命とは過程であり、生命過程のことであり、生命にとっての根本は生命の自己再生産及び発展的再生産である。あらゆる生命はその環境と物質代謝を行いつつ自己を維持するシステムとして存在し、それ故あらゆる生命は生命体として存在する。物質代謝を通じる自己の再生産が生命の基本であり、生命の本質である。ここで「本質」というのは、現象の背後に存在し、現象として現象するものを言うのではない。ここで「本質」というのは、それを生命体が喪失すれば、生命体が生命であることをやめる、そうした規定のことである。ところがあらゆる生命は生命にとってのその本質的規定を喪失する可能性を必然性として己の内に組み込んでいる。生命的自然の誕生と進化の過程で、生命はその死の可能性を組み込んだのである。それ故に、先に言及した生命の本質（規定）は、それ自身の内にその喪失の可能性を組み込んでいる。ちょうど、太陽が太陽としてその形態を保ち存続できるのは、その内部で絶えざる変化が生起しているが故にであり、しかもその変化自体が太陽の死の条件を産出していくように、あらゆる生命はその生命過程そのものによってその死の条件を生み出していく。これがあらゆる生命の生命過程である。地球上に生命が誕生して以来、多くの生物種が生まれ、また多くの生物種が絶滅した。こうした事態、並びに生物世界の多様性は生命が死の可能性をそれ自らのうちに組み込むことなしにはあり得なかったであろう。

ところで、この生命過程は、ただ単にこの生命過程としてのみ存在するのではない。生命過程は、例えば人間について言えば、それなしには人間生活があり得ない人間的生活の基礎過程である。けれども、人間生活はこうした基礎過程としての生命過程に還元されるわけでない。環境との間で物質代謝を行うことで己を維持する生命は、いつもそれ自身の生活の仕方を持っている。例えば、歌を歌い、絵を描き、詩を朗読し、蛍が生息する田圃を造り出し、それを耕すことなどは、生命体の環境との物質代謝によってのみ把握できるものではなく、それは人間的な生活のあり方である。生活とは生命過程を基礎過程としつつもそれへとは還元されない生活形式・生活様式を有する過程である。この意味では、人間のみならずあらゆる生命体がそれ自身の生活を営む。魚は魚の生活を、熊は熊の生活を、森や樹木はそれ自身の生活を営むのである。生命的自然のあらゆる存在者の生は以上の意味で生命－生活の過程である。ここで、生とは生命－生活のことである。

ところが、人間的自然にあっては、これは人間的な生（生命－生活）のことであるが、生命と生活が矛盾し、敵対してしまうことが起こりうるのであり、現代においで実際にそうなっている。歴史的に形成された人間の社会生活のあり方が、従って人間社会のあり方が（そして人間社会のあり方とは人間の生活形式・生活様式のことであるが）、地球的自然と生命的自然を破壊する。とりわけ、大量生産・大量消費・大量廃棄の社会・経済システムにあっては、社会システムは大量の資源とエネルギーを己のうちに取り込み、大量の廃棄物を放出する。この事態が地球的自然と生命的自然を破壊する。ところが、人間的自然、すなわち人間の生（生命－生活）は、全自然の、従って生命的自然の一部であるから、以上の事態はまずもって人間の生命・生命過程を危険に晒す。すなわち、歴史的に形成された人間生活のあり方が人間の生命・生命過程と矛盾し、それに敵対してしまう。しかるに、第一に、生命過程はそれなしには人間生活があり得ない人間生活の基礎過程であり、第二に、人間の生活は人間の生命（過程）の人間的形態でもあるから、人間の生命過程が危険にさらされるということは、人間の生活過程が危険にさらされるということでもある。これは、歴史的に形成された人間生活のあり方が当の人間生活を破壊するという、人間生活の自己矛盾・自己敵対である。現代にあっては、人間の生（生命－生活）は以上のような自己矛盾的・自己敵対を内包している。

全自然史の一環としての人間の歴史－自然の人間的歴史

自然、宇宙の進化過程の中で生命的自然が誕生し、生命的自然の進化の中で人間的自然が誕生した。その限り、人間の歴史は全自然史の一環であり、それ故、人間の歴史は自然史の延長として、自然史から連続として、それ自身自然史である。すなわち、人間の歴史は自然の人間的歴史である。人間の誕生及びその歴史によって、自然のうちにはそれまでにはなかった自然の存在形態が産出された。人間の生（生命＝生活）は、①人間と人間という関係軸と②人間と自然という関係軸という二つの関係軸から構成されているが、まず人間と自然という関係軸からそれ自身自然存在である人間の生（生命－生活）をみれば、人間がそれ自身一自然存在であってみれば、人間と自然との関係は自然と自然との関係、それ故自然の自己関係である。自然のこの自己関係の中で人間は自然に働きかけ、それを改造することによって、新たな自然の存在形態を生み出す。赤とんぼ、蛍は水田耕作とともにそのうちに組み込まれた生物であると言われる。水田は自然の人間的形態、人間的自然の一形態である。水田は人間の対象的本質、対象的に展開された人間の姿であり、そうしたものとしてそれは一つの生態系をなしており、同時に風土をなしている。風土とは人間の生活世界に組み込まれている、人間の対象的に展開された本質たる空間である。風土は自然の一存在形態であるが、人間的な自然の形態である。人間の生、すなわち生命－生活の活動なしに、自然は、それ故にまた生命的自然は自然のこのような存在形態を生み出すことはなかった。人間を自然の一部と見ることは、人間の（他の）自然物への還元を直ちに意味するわけではない。人間とは人間的自然のことに他ならない。この意味で人間的自然として自然の一部である。風土の中でこそ、人間が生み出した自然もそうではない自然も人間にあることを呼びかけてくる。ここに対話が成立するが、しかしこの対話は言語的コミュニケーションではなく、言語的ではないという意味で無言の呼びかけ及びそれを聞き取ること、あるいはより広くは感受することである。自然全体が人間の生産活動のための単なる素材の巨大な容器へと還元されるならば、そうした呼びかけも消失してしまう。

　自然の人間的歴史とは、それ自身自然の歴史の一環であるとともに、人間の生活とともに進行する人間の歴史でもあり、この人間の歴史のなかで自然はその新たな存在形態を展開する。人間的生の今一つの次元は人間対人間の関係軸である。人間と人間との関係のあり方は、人間的生がそれ自身人間的自然であり、自然の人間的歴史をなす限り、歴史的に形成された自然の形態である。カントは『実践理性批判』のなかで、次のように述べた。

　もっとも一般的な意味での自然とは、法則の下にある諸事物の現存である。……これに反して、この同一の理性的存在者の超感性的自然は、一切の経験的条件から独立な、したがって純粋理性の自律に属する法則に従っているその現存である。そして事物の現存がそれによって認識に依存する法則は実践的であるから、超感性的自然は、われわれがそれを概念化できる限りにおいて、純粋実践理性の自律の下にある自然にほかならない。この自律の法則は、ところで、道徳法則である。それ故、道徳法則は、超感性的自然の法則であり、純粋悟性界の根本法則であって、この純粋悟性界の模写は感性界のうちに、しかも感性界の法則を損なうことなく現存しなければならない（KpV, 156–7/110）。

自律の法則たるカントの道徳法則は、人間と自然との関係を規制するのではなく、人間と人間との関係を規制する法則である。道徳法則は世界で孤立してただ一人で存在すると想定された単独の個人にとっての法則ではない。この道徳法則はカントによれば超感性的自然の法則である、すなわち、道徳法則は感性的自然とは区別される超感性的自然の法則である。しかし、超感性的自然は感性的自然と同じく自然に他ならない。つまり、カントが言う純粋悟性界は感性的自然と区別される自然であり、純粋悟性界は原型的自然（natura archetypa）と呼ばれ、この原型的自然の感性界における模写は模型的自然（natura ectypa）と呼ばれた。原型的自然が自然であるように、模型的自然がまた自然である。カントによれば、こうして道徳法則はわれわれを一つの自然の内に置き移すのである。カントが言う原型的自然であれ模型的自然であれ、われわれの用語で言えば、それらは自然の人間的歴史の内で生み出される自然の、感性的自然のうちにはまだ現存しない自然の展開形態である。

自然の、より特殊的には生命的自然のこの展開形態は、自然事態の内にまどろんでいる創造性の発現形態であるということができるかもしれない。しかし、人間・人類は自然自体の内にまどろんでいる創造性が発現するのを、その創造性を自然自体が発現することを手助けすることだけが問題なのか。私見では、このような思考は、人間の行為・活動性をすべからく自然支配のそれに還元するところから生じてくる。けれども、まずはこうした還元を解くことが肝要である。すなわち、こうである。人間的自然の活動性・創造性がもっぱら自然支配のそれに還元されるという視野のもとで、あくなき自然支配の論理が問題とされ、それが否定されるとき、創造性が今度は自然自体に付与されてくる。

自然の人間的歴史において根本は人間の生（生命－生活）である。浅野慎一氏は、人間の生命－生活の発展的再生産という人間の普遍的要求、その相互主観的に認識・共感しうる人間としての類的本質という根源について語る。(37)ところで、生きるということは生活するということであるが、このことはあらゆる生命的存在について当てはまる。人間の類的本質とはその上生の発展的再生産ということであり、これが人間的自然、従って人間的生の根本要求である。「近代人権思想は、そうした人間の普遍的必要と類的本質の特定の歴史的文脈におけるきわめて疎外された発現形態にすぎない」(38)。ただし、ここで「発現形態」と言っても、それは本質の現象した形態を意味するわけではない。もし本質－現象の思考図式をここで適用すれば、本質の現象したもの＝現象はあらかじめ本質の内に何らかの仕方で書き込まれていたということになろうし、それが極めて疎外された形態であるというのなら、それは本質の少なくとも不十分な現象形態だということになろう。以上の点からすれば、ハーバーマスが『公共性の構造転換』の中で主題化した近代の市民的公共性は、これは歴史的に形成された人間と人間との一関係態であるが、人間的生の根本要求から生まれたとともに、人間的生の歴史的な存在形態であったということになろう。とはいえ、近代の市民的公共性の自己意識は、己が人間的生の要求に発する人間的生の存在形態だという点にまで達していなかった。してみれば、公共性は現代において人間的生の次元にまで遡及し、そこから己自身を了解し直さなければならない。

自然の人間的歴史と人間の自然史

以上簡単に見たのは、自然の人間的歴史であった。自然の人間的歴史とは自然の歴史が人間の誕生とともにそれまでにはなかった新たな存在形態を受け取り、新しい仕方で進化を開始するということである。それ故、自然の人間的歴史とはそれ自身自然史の一環に他ならず、しかも自然史の発展的形態に他ならない。しかるに、これまでの自然の人間的歴史は、この人間的歴史の自然化という形態を取って進行した。これが人間の自然史である。

自然の人間的歴史がそのものとして、その純粋な形で存在したためしはない。文明の記録の中でそれ自身野蛮の記録でないものなどなかった（ベンヤミン）。

人間の自然史とは自然の人間的歴史の単なる自然あるいは疑似自然あるいは物への還元である。これは人間的自然の解体であるが故に、苦悩と痛みの源泉である。(39) 人間の自然史とは、あるいは人間の歴史の自然化とは、人間の歴史が自然の人間的歴史であること、それ故自然史の一環であることを忘却した人間の歴史に他ならない。本来人間の歴史は自然史の一環であるが、人間史は同時に自らが自然史の一環であることを忘却すれば、アドルノが語ったように、それ自身が一種の自然へと硬化する。人間の歴史が自然の歴史の一環であることの記憶を取り戻すことが肝要である。

『啓蒙の弁証法』において、近代人の原像であるオデュッセウスの冒険物語は太古の神話的世界からの人類の離脱、文明世界への離陸の過程を記録している。ところがこの離陸の過程こそが人間の自然史の過程に他ならないわけである。このオデュッセウスと同じように、奴隷貿易に従事したヨーロッパ人たちは、その目的を達するために、（アフリカ大陸に居住する諸部族の間に意図的に不和を造り出すという）策略を用いた。結局のところ、ホルクハイマーとアドルノの『啓蒙の弁証法』は、システム社会の反復的循環の論理の（歴史への）投影のもとで、人間の自然史（残忍な自然史）を描いたのである。つまり、文明化の過程が実は野蛮の過程であることを描いたのである。その際、彼らはあのカントがそうした人間の自然史を批判し、それに対抗する地平に立っていたことを看過した。カントがこのような地平に立っていたからこそ、彼が構想した歴史、人間の歴史は自然の人間的歴史の構想になったのである。

人間の非自然化

ところが、自然の人間的歴史が人間の自然史へと転換するということ、あるいは換言すれば、自然の人間的歴史が人間の自然史として実現するということは、一自然存在であり、生命的自然に属する人間の非自然化を条件としている。自然総体が人間のための支配の客体に変換されれば、人間は自然支配、客体に対する支配を遂行する主体＝主観として構成されることになるが、その際、人間は全自然に相対するものとして非自然化されざるを得ない。自然支配のあくなき前進は人間を、それ自身人間的である自然を自然の外の存在者として、世界を構成する構成的主観性として構成せざるを得ない。近代の啓蒙に含まれていた技術的理性が勝利して他の啓蒙の諸要素を圧倒すれば、啓蒙的理性は道具的理性に、ひいては機能主義的理性に変質してしまうが、このとき、自然支配的理性は自然を自然支配の客体に還元し、同時に主観を構成的主観性として、非自然的存在者として構成せざるを得ない。

人間の歴史の自然化

一九世紀後半ともなれば、科学と技術が結合し、この科学・技術が産業と結びつくことによって、科学・技術と産業による世界の改造が推進される体制が形成される。ホルクハイマーとアドルノの意味での啓蒙のこの前進過程にはそれを推進する啓蒙の推進力学がある。この推進力学については、ここでは立ち入らず、それを所与とするが、アドルノとホルクハイマーの『啓蒙の弁証法』(40)では、それは啓蒙が神話的世界へと再び転落してしまうのではないかという不安、神話的不安である。神話的世界から離陸した人類は再び人類がそこから脱出してきた神話的世界へと転落してしまうという不安のために、絶えず啓蒙を先へ先へと推し進めざるを得ない。このとき、人間はある盲目の力にとらわれている。こうして人間の歴史はある種の自然法則に従う盲目的な一種の自然過程になる。これすなわち、「自然の虜となった自然支配」である。人間の歴史と社会の過程が一種の自然過程に還元され、自然の人間的歴史が逆転した意味で人間的歴史の自然化になる。人間の歴史のこの自然化は、人間自身が構成的主観性として非自然化されることを条件とし、それと相即している。自然史の一環としての自然の人間的歴史は、それ自身において無反省的な過程、この意味で自然過程になる。この自然化、すなわち人間の自然史の中では、社会の歴史的形成体が自明なものとして、疑いを排除されたものとして、変換不能なものとして、この意味でまた自然化される。社会の歴史的形態は自然化されることによって別様ではあり得ないものとして正当化されることになる。社会の歴史的形成体は自然化されることによって歴史性が蒸発し、このことによって社会の自己反省能力が無効にされる。ホルクハイマーとアドルノがこのように描いている過程は、新自由主義的グローバリゼーションとともに新たな一歩を踏み出した。

人間的自然は生命的自然の中で誕生した。人間的自然と他の生命的自然との種差は、人間的自然が意識的な生活活動を行い、意識的な生活を営むという点にあり、この種差が自然の人間的歴史の可能性の条件であるとともに、人間の自然史の可能性の条件でもある。もしこの種差がなかったならば、自然の人間的歴史も人間の自然史もあり得なかったであろう。この種差がなかったならば、産業の発展も近代世界の転倒的存立構造もなかったであろう。

ところが、それ自身自然の虜になった自然支配の神話的な力に支配された前進過程にあっては、人間は自然から独立した、この意味で非自然化された存在になり、自然の管理・制御の主体となって現れるために、人間的自然は自然ではない主体として、つまりは構成的主観性として己を構成することになる。このとき、かの種差は人間と自然との断絶にまで展開している。こうした構成的主観性はヘーゲルでは世界精神としてその姿を現すが、この世界精神は既に人間の自然史の相貌を帯びている。

自然の人間的歴史の人間の自然史としての実現

自然の人間的歴史はとりわけ近代以降、それ以前とは異なる仕方で人間の自然史として実現された。だから、とりわけ近代以降の人間の自然史は自然の人間的歴史の転倒された形態であり、この転倒は近・現代世界の転倒構造と、従って（アドルノとホルクハイマーの『啓蒙の弁証法』の意味での）啓蒙の推進力学と相即している。そしてこの転倒が大規模な地球環境破壊を生み出してきた。けれども、自然の人間的歴史が人間の自然史へと転換され、人間の自然史として実現されてきたのだとしても、従って自然の人間的歴史が忘却されたのだとしても、自然の人間的歴史は抑圧されたものとして絶えず存在し、そして人間の自然史のなかで、まさしく人間の自然史の中でこそその忘却は解かれて、人間の自然史に対して批判と抵抗を試みる。人間の自然史として実現された自然の人間的歴史、あるいは自然の人間的歴史の実現された形態としての人間の自然史は矛盾した過程であり、自己の内に矛盾と敵対を内包した過程である。人間の自然史に対する抵抗と批判は別の世界を産出する運動として現れる。「別の世界は可能だ」はこうした運動の標語である。諸要素の配置たる星座のなかで示される理念はそうした運動の外にあるのではない。星座とそれが示す理念とは別の世界を産出する運動のなかでこそ存在するのである。

自然の人間的歴史は人間の自然史として実現された。それは人間の自然史の中で抑圧され、忘却されたものとして存在しているのであって、人間の自然史とは別のところに、何か本来的歴史として存在しているのでもなければ、人間の自然史がそうした本来的歴史の転落形態だというのでもない。そうした本来的歴史なるものはどこにも存在しない。本来的歴史というものは、「本当の私」なるものが内面性の物神崇拝であるように、一つの物神崇拝、思考が捏造したものに対する物神崇拝に他ならない。それは生の苦境のさなかにあって、思考が陥る思考の病である。

自然の人間的歴史は、人間の自然史として実現され、また、これまでの人間の歴史の内で自然の人間的歴史は人間の自然史の進行によってますます解体され破壊されていくが[41]、この人間の自然史の進行は、一定の歴史的状況下では、その幻想的な突破の試みをも生みだす。内面性の物神崇拝を批判するアドルノの思考はわれわれの現実世界の背後に本来的世界を捏造する思考を解体する効果を持っている。自然の人間的歴史はそうした人間の自然史の中でこそ、構想され、現実の運動となる。それ故、ここに、人間の自然史と自然の人間的歴史の抗争と絡みあいが生じる。

カントの自然史の構想とアドルノの解釈

私はアドルノのカント批判の再論をもって終わりとしたい。

私は以上、「自然史」の二つの意味を区別した。一つは、自然の人間的歴史を意味し、他は人間の自然史を意味する。以上見たように、そして私見では、アドルノは彼の自然史概念をカント読解の際に背景に置き、カントの理説をその自然史に投影している、換言すれば、カントの理説を、今の文脈では、カントの実践哲学を彼の自然史の理説と同化し、こうしてカントの実践哲学はアドルノの語る意味での自然史を表現するものとして現れている。先の「自然史」の二つの意味という点からすれば、アドルノはカントの実践哲学を人間の自然史を表現するものとして理解したのである。

人間の自然史にあっては、人間の歴史がそれ自身において自然過程に硬化したものとして現れる。人間の自然史では、精神は自然から自立化・独立したもの、自然支配の主体として現れ、このとき、精神は一種の自然へと退行する。精神は自然を自らの起源とするが故に、自然から自立化した精神は自己の起源を忘却した精神であるが、こうした自己の起源を忘却した精神は精神でありながら、自己自身を忘却した自然である。精神は自然支配の主体であった。このとき、支配は思考そのものの内に入りこむ。けれども、もし精神が自分自身を宥和されざる自然として認識するならば、われわれは支配の強制的メカニズムを緩和することができるであろう。(42) アドルノは精神が行う反省について語った。この反省の歩みというのは、精神は起源と内容からすれば自然に由来するが、精神が自らが自然の一部であるということに気がつくとき、そのように認識するとき、精神はもはや自然の一部ではないということ、この精神の反省である。自然の中で、精神は自らが自然の一部であることに気づくのであり、自らが自然の一部であることを反省するが、この反省によって精神は単なる自然ではなく、自然を超越する自然である。自然を超越するものは自己の自然に、あるいは自己が自然であることに気が付く(認識する)自然である。精神はこの場合自己の自然に気がつく自然であり、同時に自然を超越する自然である。精神の反省として露わになる以上のような精神と自然との関係は精神と自然との二元論ではない。むしろ、それは自然と精神との宥和を表現しているであろう。

ところが、アドルノによれば、カントは精神の反省を一定の仕方で表現していたのに、そのことに全く気が付かず、精神の如上の反省を推し進めることができない。それはカントが自然支配の精神において自由としての精神を絶対化するからである。アドルノはこのように議論する。精神が内的自然も外的自然からも独立化して自らの理性の普遍性にのみ依拠して行動するならば、それは自然支配の総体性に近づく。この絶対化された自然支配の故に、カントは精神と自然の二元論にとどまらざるを得なかったとアドルノは見なす。ここで、アドルノの思考においては、精神による自然支配と精神の自然からの自立化・独立化、従って精神と自然との二元論とは不可分に結びついている。というのは、精神が自然を支配する主体となるためには、精神は自然から自立化したものとして、それ故にまた非自然として立てられなければならないとされるからである。

これまで見てきたように、アドルノは

①　意識哲学の思考パラダイムのもとで、カントの主観をモナドとして捉え、

②　カントの（そうした主観、つまり理性的存在者の）実践理性をあらゆる素材、従って経験的なもの＝自然的なものから切断された、従って超自然的なものとして捉え、アドルノの言い方では、あらゆる素材に優越するものとして捉え、

③　実践理性をもっぱら自然支配の原理として解釈した。

④　更に、自然支配の総体性は、それが自らが自然であることを忘却した精神であるために、この精神による自然支配の過程は硬化した自然過程に転換する。これは、われわれの用語では、自然過程への硬化した人間の歴史＝人間の自然史であるから、アドルノは、カントのうちに人間の自然史を読み込んだのである。

これらがアドルノのカント読解に際するアドルノのメタ哲学である。私見では、アドルノのカント取り扱いは、基本線においてアドルノのメタ哲学へのカントの理説の強圧的な同化である。けれども、これまで述べてきたように、①〜④はカントの思考に直接に当てはまるものではない。とりわけ、③について言えば、理性的存在者たちの目的自体としての人格の相互承認のなかでの彼らの行為の圏をもっぱら自然支配、あるいは自然支配の総体性とし

て解釈することはできないであろう。もしその強圧的同化を解体するならば、この強圧的同化においては消え失せてしまった事柄、こうした同化にあっては、しっくりこないものが立ち現れてくるであろう。それは人間の自然史ではなく、むしろ、自然の人間的歴史の構想である。カントにおいては、自然が人間に与えた自然素質には理性へと展開する萌芽が含まれている。理性、従って自然としての英知界も、目的の国も最高善も自然として、人間の自然素質の展開であり、カントはこの歴史を普遍史、世界市民的見地から見た普遍史と呼ぶが、それは同時に自然の人間的歴史に他ならない。すなわち、人間の歴史は延長された自然の歴史であり、人間とは人間的自然である。人間が人間的自然であるということは、人間が自然存在であるとともに自然存在を越えているということ、自然存在を越えている自然存在だということである。

ともあれ、私がアドルノのカント読解に抗して（カントの理説を再構成しつつ）取り出したいのは、人間の自然史ではなく、自然の人間的歴史の構想である。自然の人間的歴史を人間の自然史に同化することはできないし、人間の自然史を自然の人間的歴史に同化することはできない。人間の自然史が仮借なき仕方で進行する時代に、自然の人間的歴史の構想は人間の自然史に対する批判として、それの変換の試みとして、すなわち、人間の自然史の自然の人間的歴史への変換の構想として浮上することが可能であると私は考える。

私は先に、自然の人間的歴史を人間の自然史に同化することはできないし、人間の自然史を自然の人間的歴史に同化することはできない、と述べた。もし人間の自然史が進行している時に、それを自然の人間的歴史に同化するならば、それは人間の自然史に理念の衣を着せることによって、人間の自然史を隠蔽することになるだろうし、逆に、自然の人間的歴史を人間の自然史に同化するならば、人間の自然史を自然の人間的歴史に変換する運動は少なくとも十分には主題化することができなくなるであろう。(43)

以上、私は、アドルノのカント読解においてしっくりこないもの、アドルノのカント読解においてそのうちに収まらないもの、むしろ、抑圧されてしまったもの、これを自然の人間的歴史の構想として取り出そうとした。その際、私がとりわけ注目したい点は最高善が歴史的に形成されるという点であった。最高善とはつまりは最上善をその条件とするところの普遍的福祉のこと、従って善のことであり、これはまた彼らの生活のあり方、それ故にまた彼らの生活世界のあり方である。既に述べたが、新自由主義及び新自由主義的グローバリゼーションは、今日、人間の自然史の現代的形態として現れ、そこでは、多くの諸個人が目的自体としてではなく、単なる物件として扱われ、世界福祉の条件が貧困化していくという、カントが語る最高善の解体・破壊が臆面もなく進行している。現状に対して、「別の世界は可能だ」を標語とする世界市民的公共性の運動は、私見では、カントの最高善を、すなわち世界のある状態を現状とは別の世界として産出する運動である。

私はかつて次のように述べた。

アーレントは、人間の自然史の自然の人間的歴史への変換という論点を決して提出しなかったのであるが、自然の人間的歴史の生成は、それは工作人の態度で、つまり製作というしかたで歴史を作ることではなく、また消極的に言えば、自然の人間的歴史とは人間の歴史の疑似自然化・人間の自然史の止揚であり、社会関係と歴史が疑似自然化から解放されることであるが、こうした自然の人間的歴史は、人間の自然史のただ中でのそれに対する批判と抵抗、更に新たな社会の、従ってまた社会と自然との関係の構想、それを存在へともたらす運動なしには生成することはない。(44)

注

（1）I. Kant, "*Zum ewigen Frieden Ein philosophischer Entwurf*", I Kant, *Schriften zur Anthropologie, Geschichtsphilosophie, Politik und Pädagogik 1*, Werkausgabe Band XI. heraus. von Wilhelm Weischedel, Suhrkamp, 1977, S. 217.（I・カント「永遠平和のために」、『カント全集第一三巻』小倉志祥訳、未來社、一九八八年、二四一頁。）

（2）私はこうした事態を人間行為の非志向能作と呼んだ。

（3）I. Kant, "Idee zu einer allgemeinen Geschichte in weltbürgerlicher Absicht", *I. Kant Schriften zur Anthropologie, Geschichtsphilosophie, Politik und Pädagogik 1*, Suhrkamp, 1977, S. 39.（I・カント「世界市民的意図における普遍史のための理念」、『カント全集』第一三巻、小倉志祥訳、一九八八年、理想社、二二頁。）

（4）Ebenda, S. 41.（二五頁。）

（5）産業革命の進展とともに、人間と世界に対して超越的な神は棚上げされる。そうした神は必要ではなくなる。神が消滅したというのではなく、今や神は資本に移り住んだのである。

（6）私は既にカントによる意識哲学のパラダイムの突破の試み及びその不十分性に言及した。不十分だというのは、意識哲学のパラダイムが残存したということである。道徳論の個体主義的傾向と言われる場合、意識哲学の残存の面からカントの道徳論が理解されたということになろう。

（7）Axel Honneth, *Kampf um Anerkennung Zur moralischen Grammatik sozialer Konflikte Mit einen neuen Nachwort*, Suhrkamp, 1992, S. 22.（A・ホネット『承認を巡る闘争　承認をめぐる道徳的文法』山本啓／直江清隆訳、法政大学出版局、二〇〇三年、一四頁。）

（8）ホネットは相互承認の闘争について語る。ついでに言うと、私はホネットの承認論を、従って承認を巡る抗争を人間の自然史と自然の人間的歴史の間の抗争の内に位置づけたい。残念ながら、ホネットにはこうした構想はない。人間の自然史のなかで自然の人間的歴史を産出する運動。ホネットの承認を巡る闘争という枠組みでは、この運動・抗争は十分に現れてこない。抗争は生活世界で生じる。近代世界の転倒は人間たちの生活世界が資本の生活史となるということである。

（9）Axel Honneth, a. a. O., S. 48.（A・ホネット、前掲書、36頁。）

（10）だから、カントの理説からアドルノのカント読解への移行は、ヘーゲルにおけるアリストテレス的な自然神学から意識哲学への移行に対応しているのである。

（11）Axel Honneth, a. a. O., S. 102.（A・ホネット、前掲書、八四頁。）

（12）Ebenda, S. 105.（同上、八七頁。）

（13）ホネットは言及していないのであるが、コミュニケーション的形態のこの発生は、人間的自然、人間としての自然・自然としての人間の生成である。

（14）私見では、カントの実践理性は、むしろ、意識哲学のパラダイムの突破という意味を持つものであるが、「自然の意図」ないし「自然の計画」が歴史の目的論の文脈で語られる時には、結局のところ意識哲学のパラダイムが採用されてしまっている。

（15）G. W. F. Hegel, *Vorlesungen über die Philosophie der Geschichte*, Werke in zwanzig Bänden 12, Suhrkamp, S. 42–3.（ヘーゲル『歴史哲学』上、武市健人訳、岩波書店、一九七二年、九三頁。）

（16）Ebenda, S. 43.（同上、九四頁。）

（17）厳密には、①人間たちが無意識的にさえ、資本の蓄積衝動に駆動されるということと②人間たちの意志と意識から自立化して運動することとは区別されるべきである。この点は、新自由主義におけるシステム社会の変容に対してある含意をもっているが、この点については後に立ち入ろう。

（18）このマルクスの言明は、先に引用した「世界史の中では、人間の行為の結果として生ずるものは、それが目指し、それが直接に意識し、また意欲したものとはまったく違ったものだ、ということである。人間はそれぞれ自分の関心を追求するが、そこから出てくるのは、その関心以上のものである。もっともこの結果も元来その関心のうちに内在していたものであるが、ただ人間の意識と意図の中には現れてこなかったものである」というヘーゲルの言明に対応している。

(19) Vgl. Soung-Suk Nho, *Die Selbstkritik und "Rettung" der Aufklärung*, PETER LANG, 2000, S. 20.

(20) 大きく見ると、階級社会からシステム社会へ、そして新自由主義的グローバリゼーションおける人間の自然史の新たな段階。自動的に運動する歴史という表象。これは私見ではシステム社会において成立した。新自由主義的グローバリゼーションとともに、人間の自然史は新たな展開を見せた。ホネットは労働者の道徳的闘争について語っているが、これを人間の自然史の新たな展開に即して語るべきであろう。私はホネットの議論は、人間の自然史の自然の人間的歴史への変換の運動の文脈の内に位置づけようとしているのである。

(21) 精神が同語反復に囚われると、精神は反復的時間の内を運動することになるであろう。これは、私見では、一九世紀後半から形成されてきたシステム社会の時間性である。

(22) アドルノの自然史の概念にはベンヤミンの面影が入り込んでいる。

(23) N. Luhman, *Soziale System: Grundriss einer allgemeinen Theorie*, Suhrkamp Verlag, 1984, S.59.（N・ルーマン『社会システム論』（上）佐藤勉監訳、恒星社厚生閣、一九九三年、五二頁。）

(24) 後に見るように、自然の人間的歴史に関するカントの構想のうちには、それが人間の自然史へと反転してしまう諸要素もまた含まれていた。

(25) この際、痛みに耐えることが声高に叫ばれるが、痛みに耐える者はその状態に固定されていつまでも痛みに耐えなければならない。

(26) このことは、今日啓蒙の弁証法は、もしそれが書かれるならば、ホルクハイマーとアドルノの『啓蒙の弁証法』とは違った仕方で書かれなければならないということを意味する。
(27) M. Horkheimer/Th. W. Adorno, *Dialektik der Aufklärung*, Fisher Verlag, 1969, S. 2.（『啓蒙の弁証法』徳永恂訳、岩波書店、一九九〇年、xi頁。）
(28) 拙書『ハーバーマス理論の変換——批判理論のパラダイム的基礎』梓出版社、二〇一〇年、五〇一頁参照。
(29) もとより、そこには苦悩の経験故の批判と抵抗、別の世界を生みだそうとする運動も生じ、この意味でも歴史は自動的に運動するのではない。
(30) 人間の自然史にあっては、人間は自然に対して自立化し、自然に対する支配者のごとくに振る舞うがこの場合、人間は自然に対してそのように支配者として立つ（stellen）ようにさせられているのである。
(31) J・ハーバーマス『哲学的・政治的プロフィール（上）』小牧治・村上隆夫訳、未來社、一九八四年、二八〇頁。
(32) 新自由主義的グローバリゼーションはフォーディズム時代に成立していたこの反復的循環の論理をある仕方で突き破ったのだが。
(33) ハーバーマス、前掲書、二九六頁。
(34) 同上、三〇二頁。
(35)「生命－生活」という概念については、浅野慎一『人間的自然と社会環境』、大学教育出版、二〇〇五年参照。
(36) このように言うとき、私はカントの概念系を抜け出している。
(37) 浅野、前掲書、一〇四頁。
(38) 同上、一〇四頁。
(39) 新自由主義もまたこの痛みに注意する。しかし新自由主義は「痛みに耐えよ」というだけで、結局はこれにはお構いなしである。

（40）　これは近代・現代世界の転倒した存立構造である。

（41）　アドルノの「眼には、引き裂かれた世界の彼岸にはいかなる世界も存在しない。希望がもし存在するとするなら、それは引き裂かれた世界の瓦礫そのものの内に保持されているに違いないのだ。崩壊し、引き裂かれたこの世界のみが、救済の舞台たりうるのである」。（R・ヴィガースハウス『アドルノ入門』、平凡社、一九九八年、六一頁。）

（42）　Vgl. M. Horkheimer/Th. W. Adorno, a. a. O., 1969, S. 47.（ホルクハイマー・アドルノ、前掲書、五三頁。）

（43）　アドルノ自身は、カントの自然の人間的歴史の構想を人間の自然史に同化した上で、時に、カントの理説の内に、人間と自然の宥和の理念を読み込んでいる。

（44）　拙稿「アーレント――労働と生命」、『文化科学の現在』（共著）共同文化社、二〇一二年、第三章、八六頁。

あとがき

本書において、私は、精神はそれが自然の一部であることを認識することにおいて自然を超えているというアドルノの議論を手がかりに、「自然の人間的歴史」と「人間の自然史」という概念を取り出した。人間は自然を超える自然として人間的自然であるが、この人間的自然の歴史を私は自然の人間的歴史と呼んだ。これによって私は人間の歴史は自然の歴史の延長であるとともに、それの人間的な歴史、自然の歴史の一層豊かな形態であることを意味している。この場合、人間と自然とが分離し、敵対していないことが想定されている。もとより、文明の記録の中でそれ自身野蛮の記録でないものなどなかった（ベンヤミン）ように、そうした自然の人間的歴史がこれまでそれ自身として存在したためしはないのだが。私はさらに人間的自然を人間的生（生命－生活）として具体化しようとした。人間は人間的自然として、生命過程であるとともに、それ自身の生活を織りなしていく存在である。生にあって、生活と生命は不可分である。

ところが、アドルノからすれば、精神（あるいは人間）が自然から分断されると、精神はそれ自身疑似自然と凝固してしまうのであった。このとき、人間の歴史はアドルノの意味であの残忍な自然史になり、この意味での自然史にあっては、自然に対する支配と人間に対する支配とが絡み合う。この時人間の自然支配は自然の虜になった自然支配となる。このアドルノの意味での自然史を私は「人間の自然史」と呼んだ。この意味での自然史は、マルクスやルカーチらによって捉えられていたものである。

とりわけ近代以降、自然の人間的歴史は人間の自然史として実現されたのである。本書は人間の自然史と自然の人間的歴史との絡みあいと抗争を主題化しようとした。これは前著『ハーバーマス理論の変換――批判理論のパラダイム的基礎』(二〇一〇年、梓出版社)の隠された筋として既にあったものであり、本書はそれに焦点をあわせた。アドルノ以降、人間の自然史は新自由主義的グローバリゼーションとして一層の展開を見たが、これに抗して、「別の世界は可能だ」を標語とする運動を私は、人間の自然史の中でそれを止揚し、それを自然の人間的歴史に変換しようとする運動として理解している。

私はアドルノのカント批判から叙述を始めた。全体の構成については、いろいろ迷った。はじめにカント哲学、とりわけ実践哲学を提示し、それからアドルノのカント批判を扱うという構想もあり得ただろうが、最終的に私はアドルノのカント批判からはじめ、そこから議論することにした。というのは、アドルノの自然史の概念を書き換えることが私の念頭にあった目的だからである。(アドルノの意味での自然史は新自由主義的グローバリゼーションとともに、新たな展開を見せた。アドルノが『否定弁証法』の第三部のⅡ.「世界精神と自然史――ヘーゲルへの補説」で語った世界精神はその歩みを一歩進めたのである。)私はアドルノのカント批判を解体するように試みた。そのことによって私は、カントのテキストではいかにもうっすらしているように思われたが、カントから自然の人間的歴史の構想を取りだそうとした。その過程で私が明らかにしたかったことは、アドルノのカント批判がフォーディズム時代の社会構造によって強く制約されているとともに、アドルノがカントの自然の人間的歴史の構想をアドルノの意味での自然史(つまり、人間の自然史)に同化して理解してしまっているということであった。カントから自然の人間的歴史の構想を取り出すことによって、更に人間の自然史のただ中での人間の自然史と自然の人間的歴史の抗争を描くことで、私はアドルノの意味での自然史概念を書き換え、一層展開するための準備をしたのである。実のところ、私にとって人間の自然史の自然の人間的歴史への変換のという論点のモデルとなったのは、カント哲学（とりわけその実践哲学とその歴史構想）そのものである。

私は、二〇一一年一月から五月までの四ヶ月間、カナダのアルバータ州にあるレスブリッジ大学で講義する機会を持った。講義に参加してくれた学生には、カナダの色々な地域出身の学生はもちろん、コンゴ、インド、バングラデシュ、日本、大陸中国、香港など出身の学生たちがいた。そのとき私が学生たちに出した課題の一つは、

Please write an essay on the following topics:
"How is one's way of life influenced by natural environment in one's province or city."
Focus on the area where you live or come from.

というものだったが、学生たちが提出したエッセイには、それぞれの出身国、あるいは地域での人々の生活の有様が、様々な困難のなかで人々が彼らの生活を織りなしていく様が生き生きと描かれていた。その内容は極めて多様であった。グローバル化の時代であるが、それぞれの自然環境の中で営まれる人間的生（生活－生命）は、この地球上で極めて多様な形態をとるのである。

そして、私が東日本大震災の報に接したのも、カナダにおいてであった。二人の学生がメールで知らせてくれた。「日本の北部で地震と津波で大変な事態になっている」というのである。私は以後、ネットで日本の新聞を読み続

けた。(そのときに、私はまた、日本の原子力政策に関するおそらくは急いで書かれたであろう論文を、人手を介して、著者であるレスブリッジ大学のある教授からもらった。)新自由主義は人々の生活世界を破壊し解体する強力な傾向を有する。そのときに私が危惧したのは、カナダの地で読んだ日本の新聞のなかに既に現れていたのだが、東北の再建が新自由主義的な方向で行われていくのではないか、東北の人々の生活の再建がそれがために困難に遭遇するのではないかということだった。

帰国してから、私は中断していた本書の執筆を再開した。このときに私は以前に読んだことがあった浅野慎一『人間的自然と社会環境』(大学教育出版、二〇〇五年)を思い出した。本書で、氏のこの著書から引用させてもらったが、それは以上の経験によるのである。

私は、本書で、新自由主義的グローバリゼーションはアドルノが語った自然史(人間の自然史)の一層の展開であり、アドルノが語った世界精神(これはアドルノからすれば、自然史のイデオロギーであった)はその歩みを一歩進めたと述べた。そこには例えば貧困の拡大再生産を強制する(いわば社会的な)メカニズム(制度的なメカニズム)が組み込まれており、人間社会とその歴史のこの(疑似)自然化は、現代では、大規模化した工業社会の相貌と新自由主義的グローバル化の密接不可分な連関という形態をとっているが、こうした点を含めて、私は人間の自然史の現代的形態を、その具体的内容を詳しく書くことができたわけではない。私はそれを扱うための出発点的枠組みは書きたいと思ったのである。

最後になるが、前回と同様、梓出版社の本谷貴志氏には大変お世話になった。記して謝意を表したいと思う。

二〇一二年一〇月一日　　横田榮一

著者紹介

横田榮一（よこた　えいいち）
1949年生
1980年　北海道大学大学院文学研究科博士課程満期退学
現　在　北海商科大学教授
主要業績
『ハーバーマス理論の変換――批判理論のパラダイム的基礎』梓出版社，2010年
『グローバリゼーション・新たなる不透明性・批判理論』共同文化社，2009年
「言語と計算」日本科学哲学会編・野本和幸責任編集『分析哲学の起源　フレーゲ・ラッセル』勁草書房，2008年
G・フレーゲ『算術の基本法則』野本和幸編，フレーゲ著作集3，共訳，勁草書房，2000年
P・F・ストローソン『意味の限界『純粋理性批判』論考』共訳，勁草書房，1987年
『市民的公共性の理念』青弓社，1986年

カントとアドルノ

2013年4月10日　第1刷発行　《検印省略》

著　者©　横　田　榮　一
発行者　本　谷　高　哲
制　作　シ　ナ　ノ
東京都豊島区池袋4-32-8

発行所　梓　出　版　社
千葉県松戸市新松戸7-65
電話・FAX 047(344)8118

乱丁・落丁本はお取り替えいたします。
ISBN 978-4-87262-029-0　C3010